/中外宫廷奇闻录/

图书在版编目（**CIP**）数据

历史就是这么不堪：中外宫廷奇闻录 / 王建男编著 . -- 哈尔滨：北方文艺出版社，2013.10（2021.3 重印）

（半壁历史丛书）

ISBN 978-7-5317-3141-2

Ⅰ . ①历… Ⅱ . ①王… Ⅲ . ①宫廷 – 史料 – 世界 – 通俗读物 Ⅳ . ① K109

中国版本图书馆 CIP 数据核字（2013）第 201419 号

历史就是这么不堪：中外宫廷奇闻录

LISHI JIUSHI ZHEME BUKAN ZHONGWAI GONGTING QIWENLU

编 著 / 王建男

出品人 / 宋玉成

责任编辑 / 李玉鹏　张　喆

出版发行 / 北方文艺出版社　地 址 / 哈尔滨市南岗区宣庆小区 1 号楼　网 址 / www.bfwy.com

邮 编 / 150008　经 销 / 新华书店

印 刷 / 保定市铭泰达印刷有限公司

开 本 / 720 × 1020　1/16　字 数 / 286 千　印 张 / 20

版 次 / 2014 年 4 月第 1 版　印 次 / 2021 年 3 月第 2 次印刷

书 号 / ISBN 978-7-5317-3141-2　定 价 / 59.80 元

目录

皇帝奇癖

荒唐宫事

宫闱异举

宫廷传奇

历史就是这么不堪

——中外宫廷奇闻录

皇帝奇癖

HUANG DI *QI PI*

两男同榻断袖癖

——同性恋皇帝

人物小档案：

No.1　刘欣（公元前25年—公元前1年），字和，西汉第十三位皇帝，在位7年。是汉元帝庶孙，汉成帝的侄子，定陶王刘康之子，母丁姬。元寿二年六月戊午日（公元前1年8月15日），刘欣驾崩，年仅25岁，谥为孝哀皇帝。

No.2　董贤（公元前22年—公元前1年），字圣卿，西汉云阳人。其父为西汉御史董恭，是一个美男子。

汉哀帝

汉哀帝刘欣为西汉历史上的第十三个皇帝，元帝刘奭之孙，定陶王刘康之子。元帝三子：长子即成帝刘骜，皇后王政君所生；次子定陶王刘康，傅昭仪所生；三子中山王刘兴，冯昭仪所生。成帝即位二十余年而无子，为了继嗣问题，需要在弟与侄中择立一人为皇太子，以便将来可以继承皇位。其时定陶王刘康已死，中山王刘兴尚在，而刘康只有刘欣一子，可以考虑的人选其实只有刘兴与刘欣二人。成帝绥和元年，皇帝召集丞相翟方进、御史大夫孔光、骠骑将军王根、右将军廉褒、后将军朱博等有资格参与国家大计的将相大臣，讨论究竟应以何人为太子。翟方进、王根、廉褒和朱博都主张立刘欣，因为刘欣乃是帝弟刘康之子，于辈行上乃是皇帝的“犹子”，适合做嗣子；而刘兴乃是皇帝之亲弟，辈行不合，不适宜。御史大夫孔光则以为亲弟的血统关系较侄儿为亲，援照兄终弟及之义，应以刘兴为宜。但成帝却以翟方进等人之说为是，而且他认为刘兴亦不如刘欣聪明而有才，所以终于决定以刘欣为皇太子。这一年，刘欣年方十七。一年之后，成帝驾崩，刘欣继立皇帝。翌年改元，定年号为建平，是为汉哀帝。

汉哀帝少年时原本不好声色，是个熟读经书、文辞博敏的有才之君。即位初期，面对汉朝中道衰落的局面，哀帝很想有一番作为。他为此曾躬行节俭，省灭诸用，勤于政事，又启用龚胜、鲍寅、孙宝等有识之士，颁布限田令、限奴婢令等法令，试图抑制日益严重的土地兼并。然而哀帝生不逢时，当时汉家王朝根基已动，无论何人也无力回天。哀帝的革新政策也因受到大贵族官僚的反对而失败，而长于权术的祖母傅太后的干政，使哀帝办起事来力不从心，结果导致权力外移，朝风日坏。面对失败和挫折，年轻的哀帝很快便气馁了。而后宫的生活也不令哀帝满意。他的皇后傅氏是祖母家的堂侄女，比他大两岁，怎么看都像年轻的傅太后，只有威仪而没有温情。围绕在哀帝身边的女人都长于权术，天长日久，他渐渐对女色意兴阑珊起来。即位之初的锐气很快荡然无存，代之而来的是在声色犬马之中寻求刺激。这样，即位不久的哀帝便由一个颇有朝气的年轻有为之君，彻底堕落为一个比成帝还要荒淫腐败的昏君。哀帝在意识到自己所有的改革政令到最后都变成一纸空文后，心灰意冷，正是在他迷茫的这段时间，他邂逅了董贤。

董贤

董贤是西汉御史董恭之子，是一个美男子。董贤在汉哀帝刘欣还是太子时就曾当过太子舍人，与刘欣曾有数面之缘。哀帝即位后改任他职。古时没有现代钟表，只是用漏壶计时，董贤就在宫中管报时辰。建平二年（公元前5年），有一天，哀帝下朝回宫，看到殿前站着一个人，正在传漏报时，哀帝随口问道："那不是舍人董贤吗？"那人忙叩头道："正是小臣董贤。"正是这一瞥，哀帝忽然发现，时隔几年之后，董贤越长越俊美，比六宫粉黛还要绝色。只见他身材修长，七尺有余，面如敷粉，目似朗月，明眸善睐，顾盼生辉，天生一种柔美，别有一段风情，让人过目难忘。他不禁大为喜爱，遂命他为随身侍候。一次午膳过后，哀帝命董贤前来侍奉，他让董贤同座饮酒，并且详细询问了董贤的家里情况，董贤皆应答如流。哀帝心里很是高兴，他觉得终于寻觅到一个真正的知音了。在朝廷里，男人们想的是争名夺利，千方百计地逢迎皇帝。而后宫中的女人们则更加狠毒，这些后妃哪一个不是把皇帝当做飞黄腾达的工具，她们爱的只是权力和金钱，简直不敢让人亲近。这个董贤他也曾观察过，他做舍人时尽心尽责，而且在家里很孝敬父母爱护弟妹，在董贤的身上，哀帝找到了一种特殊的温情。时日长久，哀帝对董贤产生了异样的感情，从此对他日益宠爱，同辇而坐，同车而乘，同榻而眠。到后来，哀帝越发被董贤的容貌所吸引，拜他为黄门郎，而董贤也懂得投桃报李，做了哀帝的入幕之宾，自此哀帝和董贤有了同性恋关系。

哀帝未即位前，偏居巨野之时，时常起居失度，饮食失宜，造成气血不畅，寒热失调，加之近年来心火上乘，邪热侵体，落下了痿痹之症。总觉得手足无力，严重时四肢乃至躯体都麻木痉挛，关节浮肿，痒痛难忍，甚至痛不欲生。禁宫的御医都召遍了，哀帝最信任的崔御医下了最终结论："皇上，肺热致病五脏，是本症之源，迄今尚无根治良策。只宜将养，切莫久卧。平居之时，多做推拿按摩，户外散步。"其实，他没敢说医书上的话，“骨痿久卧，不能起于床者，死”。然而，哀帝心里清楚，自己青春旺年即患此症，既难以生育子嗣，也谈不上长寿了。思前想后，喟然长叹，无可奈何。所幸董贤来到自己身边，无疑是及时雨，给自己带来欣喜和一丝朦胧的希望。只要哀帝有闲暇之时，董贤不是为他按腰捶背，就是护送他去荼蘼圃散步，一切井井有条，董贤亦忙得不亦乐乎。哀帝需要每天两次按摩推拿，以前的按摩师总拿不到火候，哀帝早就将其赶出宫去。董贤一接手就做得得心应手，拿捏得哀帝浑身通泰。哀帝的症状稍见缓解，气色好看多了，精神也大为改观。虽然贵为人君，哀帝打心眼儿里感激董贤对自己无微不至的照顾——这是哪一个后妃也比不了的。

哀帝很宠爱董贤，他又擢拔董贤的父亲董恭为御史大夫，俸禄二千石；董贤为驸马侍中都尉，俸禄也是二千石。不多时间，父子二人俸禄相加，由八百石陡然涨到四千石。这消息传遍了天下，人人都为之侧目。朝野间也流传着各种各样的议论，说董贤女人气十足，性格温柔，能说会道，善于逢迎，人见人爱，这样的男人其实比褒姒妲己还要危险，有朝一日甚至会颠覆朝纲。这些话传到哀帝耳朵里，他偏不信。他特意让董贤做骖乘驾车，出门在车上护卫自己，入宫又让他陪侍左右，君臣二人形影不离，俨然如夫妇，气得傅皇后无可奈何，向姑母傅太后哭诉多次，然而傅太后也管不了这个固执的孙儿。

不仅如此，哀帝每隔十天半个月，就给董贤赏钱成千上万，令朝臣惊讶莫名，私下里议论纷纷。只有刘康做定陶王时的太傅、现任车骑将军韦赏公开替哀帝辩护：“臣以为，能爱君护君，那才是忠君，董侍中是个真正的忠臣！”后来哀帝一直将董贤升为大司马。董贤有一个妹妹，还未嫁人，面貌与董贤相似，于是他将妹妹也送进宫侍奉哀帝。哀帝非常高兴，第二天就封董氏为昭仪，地位仅次于皇后。皇后的宫殿称“椒房”，董昭仪所居处特赐号“椒风”，表示与皇后名号相等。哀帝也想得十分周到，因为董贤常年在宫里，难得回家与妻子团聚，就下诏把董贤的妻子调进宫来，登上名册，随便出入，并腾出房舍让董贤夫妇居住，如同一般宫廷官吏一样。董贤的妻子美艳非常，她名隶宫籍后，出入宫禁，被哀帝看见。哀帝不禁心动，令她与董贤同侍左右。从此董贤与妻妹三人，轮流值宿，俗语称作“和窠爵”。

董贤不仅长得像个美女，言谈举止也十足像个女人，他“性柔和”、“善为媚”。董贤把女性的气质发挥得恰到好处，他性格温柔，嘴巧会说，善于逢迎，人见人爱。每当哀帝赐他梳洗沐浴，都不肯离哀帝一步，留在禁中侍候医药。哀帝赏赐给董昭仪及董贤夫妻的钱各以千万计。同时，提拔董贤的父亲为少府，赐爵关内侯，有封邑可食，不久又转为卫尉。又任命董贤的妻子为将作大匠（掌建宗庙、路寝、宫室、陵园的土木工程），妻舅为执金吾。诏令将作大匠大造宅第于北阙下，如皇帝制度，前殿后殿，殿门相对，土木之工极其富丽堂皇，支柱与轩阑之板都用丝绸包裹。就连董贤家的奴仆也受到哀帝的赏赐，赏赐物有武库的兵器、上方的珍宝。以至于东园秘器（棺材）、珠襦玉匣，都预先赏给董贤，无所不备。四方进贡的宝物，哀帝宁愿用差的，而把最贵重的赐给董贤。哀帝继位时，本来非常简朴，在自己身上舍不得花钱，要求一切从简，这本来是件好事，可惜省下来的钱没用在国家和百姓身上，全数给了董贤，经常一赏就是千斤黄金。他又命将作六匠为董贤在义陵旁修建坟墓，内为便房，用坚硬的柏木做棺材的里层，外为专供巡行出人的道路，四周围墙长数里，门阙罘罳（宫阙门外的疏屏，上面饰有云气鸟兽，镂空状）。

董贤墓前被推倒的保护碑

哀帝对董贤的爱之深，达到令人无法想象的地步。据说，董贤经常与哀帝同起同卧，俨如夫妻。一天哀帝早晨醒来，他想起，下午库车王要来朝见，必须以国礼相待，就打算起身去厅室换衣。他身体往上一挺，却感到一只衣袖提不动，回头一看，原来他的衣袖被压在了董贤的身下。

此时的董贤，面无傅粉，却白皙俊美，犹如花瓣，安详恬静，妩媚动人。哀帝看得呆住了，甚至都屏住了呼吸。哀帝无论如何也不忍惊扰了心上人的好梦，于是他便拿出随身的短剑，小心翼翼地去割自己的衣袖，唯恐有什么动静惊醒了董贤。待董贤醒来，见身下压着哀帝的断袖，也感到哀帝的深情，从此越发柔媚，须臾不离帝侧。所以后人把嬖宠男色称作“断袖癖”。自从这件事以后，董贤知道了皇帝对自己的一片赤诚爱意，当然也非常感动。但是为了避免以后再发生这种事情，他率先穿起了窄袖短襟的衣服，既在行动上有所便利，同时又大方得体，而不再像汉朝以前的穿衣习惯那样，以穿着长袖宽衫为美。他的这种改变，在皇宫中引发了不小的反响，当时宫女都加以效仿而割断一只衣袖，妃嫔们也都争相学着他的样子，割断自己的衣袖，穿起简便舒适的衣服，并且以此作为新的审美标准。

哀帝一直想封董贤为侯，但苦于找不到机会。正当此时，待诏孙宠、息夫躬等人告发东平王刘云的夫人到庙中祭扫，祈求鬼神降祸于所恶之人的不法事，交刑部治罪，当事人也都低头认罪。

哀帝没有儿子，又体弱多病，东平王的这一举动刚好触痛了哀帝的疮疤。结果，东平王畏罪自杀，王后被处死。哀帝授意孙宠、息夫躬说是通过董贤才将此事办成功的，把功劳记于董贤，他在朝堂上晓谕众大臣：刘云身为宗室藩王，本应为国之股肱，辅佐寡人，却勾结叛逆之人，诅咒寡人，企图篡逆。本该腰斩，念及同为高祖之后的亲情，不忍屠戮，废除东平王位，待罪迁徙房陵，永生永世为庶人。哀帝又接着宣布：“擢拔孙宠为南阳太守，谷师谭伟颍川都尉。董贤另有封赏。”众人正疑惑董贤的另有封赏是什么意思，第二天便看到哀帝下的封董贤为高安侯，息夫躬为宜陵侯，孙宠为方阳侯，食邑各千户的诏书。不久，哀帝又追加董贤两千户。

由于对董贤喜爱至极，哀帝在封赏董贤和其家人时，全然不顾其他大臣的劝谏和反对，一意孤行。执金吾毋将隆上书请求皇帝不要把皇家武库的兵器往董贤家送，结果被贬了官。有一个叫鲍宣的当朝大儒弹劾哀帝宠幸董贤，被判了剃发带刑服役。还有一些人因为劝谏哀帝不要过度贵宠董贤而丢了性命。

下场最为悲惨的是丞相王嘉，他上密奏，列举哀帝对董贤的种种娇宠无度，并以邓通、韩嫣骄横过度而最终丧生为例，劝诫哀帝要节制对董贤的宠爱，以保全他的生命，不要因为爱他反而害了他。这本是一片忠心，谁知这下却把哀帝得罪了。时隔不久，王嘉又将哀帝假托傅太后的遗诏，要他们增加董贤采邑二千户的诏书封起退回，这回彻底把哀帝激怒了，孔光等一帮大臣也乘势进行打压，以“嘉迷国罔上，不道，请谒者召嘉诣廷尉诏狱”弹劾他，哀帝把王嘉关押在监狱，折辱了二十余天，王嘉终因不进饮食吐血而死。

哀帝即位时，外祖母傅太后、母丁太后皆健在，因此两母后的娘家人先被提拔了起来。傅太后的堂弟傅喜先做了大司马辅佐朝政，数次进谏，因不合太后旨意被免官。哀帝的舅父丁明代理大司马，到丞相王嘉死，丁明为他鸣不平，被哀帝撵回家去。哀帝让董贤代丁明为大司马卫将军，并授以全权。这一年，董贤才22岁，虽为三公，却常居宫中，领尚书事，百官奏事都需经他手方能上达。因他父亲不宜在卿位，转为光禄大夫，俸禄二千万。弟弟董宽信代董贤为驸马都尉。董家亲属皆是侍中各衙门的奉朝请（汉代对没有固定职位的大臣、外戚、将军、公卿、列侯多给以奉朝请的名义，参加朝会），恩宠超过了丁、傅两家。

第二年，匈奴首领单于来访，在宴会上与大臣会见。单于看董贤非常年轻，感到很奇怪，问中方翻译，哀帝叫翻译传话说：“大司马确是年轻，是因为能干才居高位的。”单于听了，不觉肃然起敬，赶紧起身相拜，祝贺大汉得了一位贤臣。这以前，丞相孔光为御史大夫，当时董贤的父亲董恭为御史，侍候孔光。到董贤当了大司马，与孔光同为三公，哀帝让董贤私访孔光家，借以试探孔光的意向。孔光为人一向谦恭谨慎，心知哀帝要尊宠董贤，听说董贤要来，早就做好准备，衣冠楚楚出门迎候，望见董贤所乘的车来了，便毕恭毕敬，一步步退着走回。董贤到了中门，孔光已进入大门旁的小门，董贤下车后，方出门拜见，点头哈腰，甚是恭谨，不敢以宾客同等之礼相待。哀帝听说了为之一喜，立刻拜孔的两个侄儿为谏大夫常侍。

这时，成帝的外戚王家衰败，只余平阿侯王谭的儿子王去疾。王去疾在哀帝做太子时，因为是庶子而得过宠。哀帝即位，为侍中骑都尉。哀帝因王家没有在位的，便因过去的老关系亲近王去疾，又晋升王去疾的弟弟王闳为中常侍。王闳妻的父亲萧咸，是前将军萧望之的儿子，长期为郡守，因病免官，为中郎将。兄弟二人并列于朝，董贤的父亲董恭非常羡慕，要和萧家结亲家。王闳替董贤的弟弟驸马都尉董宽信求萧咸的女儿做媳妇，萧咸诚惶诚恐，誓不敢当，私下对王闳说："董公为大司马，皇上册命说'允执其中（诚然能掌握住中庸之道）'，这是唐尧禅让虞舜的话，不是三公旧例，有阅历的人见了，无不心怀恐惧。这哪里是我们萧家子孙所能承受得了的呢！"王闳是个有知识谋略的人，听萧咸一说，心里马上开了窍，于是回去向董恭转达了萧咸不敢高攀之意。董恭叹道："我家何以有负天下，让人们畏之如虎！"

后来有一天，哀帝在麒麟殿摆酒，董贤父子及其亲属应邀赴宴，王闳兄弟都是座上客，在旁陪侍。哀帝酒劲上来了，眯缝着眼看董贤笑，说："我欲效法尧禅让舜（传位给董贤）如何？"王闳急忙说："天下是高皇帝（指刘邦）打下的天下，不归陛下所私有。陛下继承祖宗的事业，应传给刘姓子孙以至于无穷。继承权至关重大，天子无戏言！"哀帝默然不语，从此冷落王闳，但以后也没有提及此事。

董贤的宅第建成后富丽堂皇，坚固无比，可是有一天它的大门却无故自坏，董贤暗自思量，觉得这不是个好兆头。果然没过几个月，哀帝驾崩。

可谓盛极而衰，水满则溢，董贤的好日子随着汉哀帝的死去也走到了尽头。他的政敌和被他整过的人聚在一起，向其发动了猛烈攻击。王莽乘机弹劾他，禁止他出入宫殿司马衙门。其他一些大臣也向皇太后指责董贤乱政，淫乱后宫。董贤秃头光脚到宫阙谢罪。皇太后早就看不惯董贤了，也就顺水推舟，下诏没收董贤大司马的印绶，撵其回家，永不录用。

当天，董贤与妻子自杀，为哀帝殉情，死时还保留着哀帝留给他的玉玺。董家害怕张扬出去，夜间草草埋葬了事。王莽怀疑董贤装死，派人掘坟查验。王莽又让大司徒孔光上奏，历数董贤的罪状，没收董家的财产充公，借董贤裙带关系当官的一律罢免。董贤的父亲董恭、弟弟董宽信与家属迁到合浦，母亲回自己的老家钜鹿，董贤一家就此陨落了。

相关链接：

古代对同性恋的代称

古代除了用“断袖之癖”来代指男性之间的有违伦理的恋情之外，还有“分桃”和“龙阳”之说。

分桃：《韩非子·说难》记载：春秋时，卫国大夫弥子瑕受卫灵公宠爱。有一天，弥子瑕在果园里陪卫灵公游玩。他从树上摘下一个桃来，咬了一口，觉得甘甜可口，非常好吃，就立刻把剩下的递给卫灵公吃。卫灵公夸奖他说：“弥子瑕对我太好了！自己认为是美味的东西省下来舍不得吃，而给我吃。”后来，“分桃”就成为了同性恋的代名词之一。可是，等到后来卫灵公不再喜欢弥子瑕，给国君吃剩余桃子的事就变成弥子瑕的罪行了，他因此受到惩处。

龙阳：龙阳君是战国时魏王的男宠，像美女一样婉转媚人，后宫美女在他面前都黯然失色。他是中国正史上第一个有记载的同性恋者，据《战国策·魏策》记载，有一天他陪魏王钓鱼，钓得十条大鱼，不觉泪下。魏王问他何故伤心，他说：“我刚钓到鱼时很高兴，后又钓了一些大的，便想把前面钓的小鱼丢掉。如今我有幸能与大王共枕同寝，但四海之内，美人甚多，闻知臣得幸于大王，必定打扮得花枝招展来向陛下献媚，臣就像前面钓到的小鱼一样，也会被抛弃，臣怎能不哭呢？”魏王听了很感动，便下令：四海之内，有敢向我介绍美人的，即灭其族！“龙阳之癖”（亦作“龙阳之好”、“龙阳之兴”）因此成了同性恋的代名词。

傅太后

傅昭仪年轻时为上官太后（上官皇后）的才人。汉元帝为太子时，傅氏成为妾侍，封号为傅良娣。汉元帝即位，立傅氏为婕妤，甚有宠。傅婕妤为人有才略，善于为人处事，下至宫人左右，饮酒酹地，皆祝延之。傅氏生一男一女，女为平都公主，男为定陶王刘康。刘康有才艺，很受父亲汉元帝的宠爱。汉元帝宠爱傅婕妤，而冯婕妤也被宠幸，生中山孝王刘兴。汉元帝想给两位婕妤特殊的地位。于是汉元帝以二人皆有子为王而自己尚在，两位婕妤又不能称皇后，乃更号曰昭仪（从此后宫始有昭仪之位）。赐以印绶，昭仪的地位在婕妤之上，皇后之下。后成帝病逝并未留有子嗣，过继定陶王刘康之子刘欣为子，是为汉哀帝，尊祖母定陶太后傅氏为太后。

王莽

王莽（公元前 45 年—公元 23 年），字巨君，新朝末年荆州江夏郡新市（今湖北京山）人，建立新朝（在位时间：公元 9 年—公元 23 年）。幼年坎坷，父兄先后去世，由其叔父们抚养长大。青年时期，谦恭俭让，礼贤下士，尊敬长辈，被誉为楷模。而后王莽青云直上，加官为大司马，仕途平坦。西汉末期，社会矛盾激化，由于王莽在朝野素有威名，被视为挽救汉王朝的不二人选，权势熏天。公元 9 年，王莽代汉建新，改元“始建国”。建国后，王莽试图缓和社会矛盾，推行了一系列的改革措施，史称“王莽改制”。但是，改革并没有挽救危机，反而使社会矛盾激化，各地起义不断。公元 23 年，起义军攻入长安，王莽被乱军杀死，享年 69 岁。而新朝也成为中国历史上的短命王朝之一。

叹息痛恨于桓灵

——财迷皇帝

汉灵帝刘宏

人物小档案：

刘宏（156年—189年），东汉第十一位皇帝，168年—189年在位。他是汉章帝的玄孙，其父刘苌是汉桓帝的堂兄弟，母亲为董夫人。他与其前任汉桓帝的统治时期是东汉最黑暗的时期，所以，谥号孝灵皇帝（“灵”为贬义谥号，表示“乱而不损”），世称“汉灵帝”，葬于文陵。

官职者，国家之名器也。历史上的那些腐败王朝，大都存在买官卖官的现象。但即便是很腐败的朝廷，在卖官时也是遮遮掩掩的，是通过巧立名目进行操作的。然而，历史上有一位皇帝，却将卖官行为推向了极致：不仅堂而皇之地专门设置了官吏交易所，明码标价公开售官；而且将卖官鬻爵行为制度化和持续化，公开卖官长达7年之久。这位腐败透顶的皇帝，就是东汉第十一位皇帝——汉灵帝刘宏。汉灵帝与其前任汉桓帝的统治时期是东汉最黑暗的时期，诸葛亮的《出师表》中就有蜀汉开国皇帝刘备每每“叹息痛恨于桓灵”的陈述。

汉灵帝刘宏能登上皇帝位是幸运的。他的前任皇帝汉桓帝刘志36岁时就死了，身后无一子嗣。年轻的窦皇后（桓帝死后被尊为太后）及其父亲窦武，为了便于控制朝政，就把继承人的年龄选定在了少年段。于是当时只有12岁的刘宏成为了皇位的继承人。刘宏是汉章帝的玄孙，其曾祖父是河间王刘开，父亲解渎亭侯刘苌与桓帝刘志是堂兄弟。

汉桓帝永康元年（167年），光禄大夫刘儵与中常侍曹节带领中黄门、虎贲、羽林军1000多人，前往河间迎接刘宏。第二年正月二十日，刘宏来到夏门亭，权臣窦武亲自持节用青盖车把他迎入殿内。第二天，刘宏在窦武等的安排下登基称帝，改元为“建宁”。就这样，刘宏懵懵懂懂地由一个皇族旁支子弟，一下子成为了君临天下的天子。

汉桓帝留给汉灵帝的是一个千疮百孔的王朝。汉灵帝即位时，汉王朝政治已经十分腐败了，天下旱灾、水灾、蝗灾等灾祸泛滥，四处怨声载道，百姓民不聊生，国势进一步衰落。他即位不久，宦官与外戚便展开夺权大战，最后宦官推翻外戚窦氏并软禁窦太后，夺得了大权，宦官还杀掉了正义的太学生李膺、范滂等100余人，流放、关押800多人（这些人后来多惨死于狱中），并折磨死了敢于仗义执言的太傅陈蕃。贤能忠义的进步势力遭到彻底打击。宦官们通过镇压，消除了与自己直接抗衡的力量，专权达到了历史的顶峰。宦官是一个十分腐朽的政治集团，身体的残缺和社会的鄙视，使得他们具有卑劣的人格和极强的报复心理。因而当这个集团左右了皇帝，操持了朝政，总揽了大权之后，东汉的命运便不可避免地走向衰落了。

汉灵帝刚刚当上皇帝，就遇到了如此大的一场政变。他只是十来岁的小孩子，又来自外藩，从没有生活在皇宫，哪里能明白这士大夫和宦官的斗争是怎么一回事。甚至宦官曹节等指控“党人”图谋不轨的时候，小皇帝还不知晓“不轨”是什么意思。不过他看到周围人头纷纷落地，也觉得害怕，从此甘愿把大权交到宦官手中。他周围的张让、赵忠等10名宦官，都曾担任中常侍，封为列侯，号称“十常侍”。这些宦官本是在皇帝身边伺候皇帝的人，见皇帝年幼，也甘愿给他寻找各种新鲜玩乐之法，好让他寻欢作乐，不理国事，方便自己掌权。汉灵帝见这些宦官如此知心知意，就更加宠幸他们，有一次竟然说：“张常侍是我父，赵常侍是我母。”宦官们作了皇帝的“父母”，从此大权在握，其父兄子弟、姻亲宾客遍布天下，专横跋扈，贪婪放纵，大肆抢掠财物，损害百姓。甚至连他们造的宅第都模仿宫室的样子。他们怕汉灵帝登台看到自己的宅第，就骗他说：“天子不应该登高。天子登高，百姓就会失散。”汉灵帝对宦官言听计从，从此就不敢再登台榭。

汉灵帝年少之时，还未懂得淫乱为何物。他即位后立了扶风宋氏为皇后，这位皇后姿色平平，汉灵帝也就对她没兴趣。这时，中常侍王甫枉杀了勃海王刘悝及他的王妃宋氏，宋氏是宋皇后的姑母，王甫怕宋皇后迁怒于他，就诬陷宋皇后在宫廷里挟巫蛊诅咒皇帝。这种罪名一般一告就灵，汉灵帝正看皇后不顺眼，就借此收回了她的玺绶。宋皇后不久忧虑而死，接着她的父亲以及兄弟全部被杀。一天，汉灵帝做了个梦，梦见已故的汉桓帝指责他无罪而枉杀宋皇后，还说宋皇后在天帝那儿去告他。天帝很生气，是不会赦免他的罪过的。先帝托梦本来就是件很严重的事情，又加上天帝生气，这事情就更严重了。汉灵帝十分害怕，就问羽林左监许永这是什么征兆。许永就趁机表白了宋皇后的无辜，还请求改葬以使冤魂得到安宁。汉灵帝虽然受制于宦官，没有听从许永的话，但他能做那样一个梦，说明在内心的深处多少也是有一些愧疚的。

随着年龄的增长，汉灵帝对女人的兴趣也随之增加，“淫乱”的本性渐渐暴露出来。皇后不能得到汉灵帝的欢心，他就把眼光放到宫里别的女人身上。他命令宫中所有的嫔妃和宫女都必须穿着开裆裤，而且里面什么都不穿，为的就是临幸起来方便，否则还要宽衣解带，岂不是扫了兴致？这种荒唐的行为实在令人瞠目结舌。

男女皆全裸在一起厮混，汉灵帝并不是第一个有此想法的人。商代有名的暴君纣王就做过这样的事情。他制造了一个著名的“酒池肉林”，就是以酒为池，悬肉作林，让男女一起脱光了衣服来做“长夜之饮”。不过那时毕竟是上古，物资条件匮乏，只以满足口腹为第一要务，所谓“淫欲”不过是附带而已。而汉灵帝的想法则更有情趣和创意。中平三年(186年)，他在西园修建了一千间房屋，让人采来绿色的苔藓覆盖在台阶上面，引来渠水绕着各个门槛环流。当夏天到来的时候，渠水中种植着南国进献的荷花，花大如盖，高一丈有余，荷叶夜舒昼卷，一茎有四莲丛生，名叫“夜舒荷”。又因为这种莲荷在月亮出来后叶子才舒展开，月神又名“望舒”，就又叫它“望舒荷”。汉灵帝选择肌肤如玉，身体轻盈的宫女执篙划船，摇荡在渠水中。有时盛夏酷暑，他还命人将船沉没在水里，观看落在水中的裸体宫女们玉一般华艳的肌肤。这些宫女的年纪都在14岁以上18岁以下，正值青春年少，妖娆如花。汉灵帝看着她们载沉载浮，莺歌燕语，喧闹一片，自然心怀大畅，不免也下水与她们“裸游”一番。由此，他便给这处花园赐名为“裸游馆”。

光是和裸体宫女们戏水还不够。西域进献了茵犀香，汉灵帝就命人煮成汤让宫女沐浴，把沐浴完的漂着脂粉的水倒在河渠里，称作“流香渠”。对着这香艳旖旎的景象，汉灵帝感叹道：“假如一万年都这样的话，那真就是天上的神仙了。”不过一万年的事情太过渺茫，在当下想做神仙却不困难，能“但愿长醉不愿醒”就可以了。汉灵帝与宫女经常在裸游馆里饮酒作乐，往往通宵达旦。他为了让自己知道时辰，就在裸游馆北侧修建了一座鸡鸣堂，里面放养许多只鸡，打算通过鸡叫来确定时间。但他周围的内侍哪里愿意皇帝这么快放弃游乐，就争相学习鸡叫混乱真声，以致后来汉灵帝再听到鸡叫，都不知道是谁发出的了。汉灵帝整夜饮酒，往往醉得不省人事，宫廷的内侍只有把一个大蜡烛扔在殿下，才会把他从梦中惊醒。如此醉生梦死，恐怕就连那个暴君商纣王都要瞠乎其后了。

汉灵帝把朝政交给了堪比父母的宦官“十常侍”，他自己就不再为这些事情烦心了。除了每日与宫女嫔妃嬉戏外，他最喜欢的事情就是做生意。

汉灵帝对商贾之事感兴趣，也与他的出身有关。他本是一个小小亭侯的儿子，属于落魄的皇族，要不是运气太好做了皇帝，在民间不过是个地主。他虽然做了皇帝，却不忘本，依然保持地主的作风。皇帝号称天下之主，富有四海，但在汉灵帝眼里，这些都过于虚浮，他觉得钱要攥在自己手里才会踏实。于是外邦、各郡、各封国每次进贡，未纳入国库前，他就先行抽成据为私有，直接送进皇宫，还为自己的这种行为起名为“导行费”。汉灵帝的这种行径，连他身边的宦官吕强都看不过去了。他写奏章委婉地劝他作为天子，当以天下为重，不要为贪钱而惹得百姓不安。汉灵帝还没看完就大怒不已，把奏章扔在地上，当着宦官张让的面大骂吕强可恨。张让自然顺着他，也把吕强大骂了一顿。

汉灵帝大收“导行费”，给自己积攒了一笔丰厚的钱财，便在西园设置了一个金库把这些钱存了起来。他在后宫专门开辟了“宫中市”，仿造街市、市场，也设有各种各样的商店和摊贩，让宫女嫔妃一部分扮成各种商人在叫卖，另一部分扮成买东西的客人，还有的扮成卖唱的、耍猴的。所卖的东西种类也很丰富，从胭脂、发簪、玉佩到女人的胸衣，从书、画、琴、棋到各种服务，五花八门，热闹非凡。而他自己则穿上商人的衣服，装成是卖货物的商人，在这人造的集市上走来走去，或在酒店中饮酒作乐，或与店主、顾客相互吵嘴、打架、厮斗，好不热闹。肆中的货物都是搜刮来的珍奇异宝，被贪心的宫女嫔妃们陆续偷窃而去，甚至为了你偷的多我偷的少而暗地里争斗不休，汉灵帝却一点也不知道。不过即使他知道也没什么关系，从全国各处搜刮来的钱财，自会源源不断地进入他宫内的金库。

汉代文物

汉灵帝还亲自操辔执鞭，驾着驴车在上林苑转悠，面露得意之色。有了天子倡导于上，这种驴车很快就在京城里流行起来。上至王公，下至百姓，争相仿效，无不以拥有一辆驴车为荣，一时本来低廉的驴价骤然上涨，与马的价格相同甚至超过了马价。除了驴，汉灵帝还喜欢养狗，甚至把狗唤作“爱卿”。而“爱卿”这个词，通常是皇帝对大臣的称呼。汉灵帝大概受到了启发，就给一只狗戴上文官所用的进贤冠和绶带，让它后腿直立，摇摇摆摆地走了起来。他还乐得拍手大叫：“好一个狗官！”旁边的大臣听了，真是哭也不是，笑也不是，感到受了侮辱，却也无可奈何。

“宫中市”只是一时之乐，汉灵帝并没有感觉到内心彻底的踏实。他将收“导行费”得来的钱财，拿回河间老家去买田宅、起第观。他时常自我忧虑，觉得有了这些家产，万一当不成皇帝时，还能回去继续做个地主。不过他搜刮来的钱财实在太多，买田置地之外，还有不少剩余。头脑灵活的汉灵帝当然深知不能将全部的钱财都投在一个地方，于是他把这些钱财寄放在深受他宠幸的宦官家中，为了保险起见，他没有只放一家，而是每家都放上几千万银两。

汉灵帝的生意越做越大，也越来越上瘾。光靠区区“导行费”是不够的。于是，他绞尽脑汁，想出各种各样搜刮的办法。张让、赵忠给他献计献策，叫他以修宫殿、铸铜人为名，加收田税，每亩多出十钱，如此自然聚敛到一批财富。但汉灵帝还不满足，又下令各州郡输送木材、文石到京城洛阳。让宦官掌握验收大权，检验时百般挑剔，判定不合格的，强迫各州郡以原价的十分之一贱卖，宦官随后又卖回给各州郡，赚取差价。州郡买了这些木材，又运送到洛阳，宦官依然说不行。就这样反复操弄，运来的木材堆积如山，到后来都烂掉了。宫殿过了几年还没修成，汉灵帝却从中大赚了一笔。

后来，汉灵帝发现，劳心费力搜索这些敛钱之方，虽然有效，但是太过麻烦。自己既然做了皇帝，作为皇帝的优势他却忽略了，因为，在皇帝手中掌握着一种独一无二的能赚钱的东西，那就是官位。于是，汉灵帝便把他对商业的爱好发展到卖官鬻爵的方面。

这个想法还是汉灵帝的母亲董太后给的建议，董太后是个小家碧玉，本来就是一个嗜财如命的人物，忽然一夜之间飞黄腾达做了太后，这份贪欲就更是涨到了极点。汉灵帝四处搜刮、买田置地时，就曾经得到过她的大力支持。现在看到自己的儿子又一次为收集钱财而发愁，母子连心的董太后自然也十分焦心。但是，田赋已经提高得差不多了，供奉之物又早进了汉灵帝的私囊，再找可赚钱之路不是那么容易。这时，董太后从旁人那里得知前代有过卖官的事情，顿时感到这是一个巨大的潜在财源，立刻喜上眉梢，她将此事透露给了儿子。正在愁眉苦脸的汉灵帝与之一拍即合，马上下诏，在上林苑设置了卖官的机构，公开卖官。

汉灵帝之前的一些皇帝，也曾经卖过官，而东汉的卖官则起于邓太后，但那时只是偶尔为之，以比较温和的方式征富人之钱来“佐国之急用”而已，并没有将之作为生财的工具。而到汉灵帝之时，一切都是赤裸裸的，他把这种买官卖官的交易当做头等重要之事来做。最为荒唐的是，汉灵帝竟然在西园开办的官吏交易所内对官职进行明码标价，公开卖官。卖官所得钱款都流入了汉灵帝自己的腰包。汉灵帝亲自制定卖官的规定：地方官比朝官价格高一倍，县官则价格不一；官吏的升迁也必须按价纳钱。同时各项官职明码标价，罗列出了一张价目表来。一般来说，官位的标价是以官吏的年俸计算的，当时初步定下的价格是：年俸600石的官职600万钱，2000石的官职2000万钱，以此类推，按官定价。通过这个价目表可以看到官位的价格是官吏年收入的一万倍。除固定的价格外，还根据求官人的身价和拥有的财产随时增减。除了皇帝之位不卖之外，上至三公，下到县令，皆可以拿钱买到。即使是国家选拔的特殊人才，也要交一半或三分之一的费用。如果是肥缺或者重要职位，就得另外加钱。自然，直接地说拿钱买官毕竟有些不够雅致，于是对卖官所得的钱，汉灵帝给它起了一个专门的名字叫“礼钱”。意思是赤胆忠心的官员给朝廷送的礼物，于是不论买方还是卖方，就都不会再觉得难为情或者不敢下手了。

光和元年（178年），汉灵帝张榜出卖官爵，其榜文内容为：“公”要价“五铢”钱一千万，“卿”要价“五铢”钱五百万。有钱者可现钱交易，无钱者上任后加倍交付。官员升级也要先交卖官钱，而无钱者一律不升。在不到十年时间里，汉灵帝卖官所得已积“五铢”钱巨万，贮存于库中。

中平三年（186年），汉灵帝又令开铸新的“五铢”钱，为有别于库中所贮“五铢”钱，他别出心裁，将新的“五铢”钱背铸出四道斜纹，此纹由穿孔的四角直达外廓，世称“四出五铢”。所铸的“四出五铢”比一般的“东汉五铢”铸造得要好，钱的重量也要重一些。它的直径为2.5厘米，穿径约8毫米，廓厚0.15厘米，重3.6克左右。

汉灵帝卖官可谓雁过拔毛，不放过任何机会，连功劳很大、声望也很高的张温、段颎等人，也都是给汉灵帝先交足了买官的钱，才登上公位的。关于这一点，《资治通鉴》中有记载：“张温等虽有功勤名誉，然皆行输货财，乃登公位。”及至后来更变本加厉，官吏的调迁、晋升或新官上任都必须支付三分之一或四分之一的官位标价，也就是说，官员上任要先支付相当他25年以上的年俸禄。许多想做官的人都因无法交纳如此高额的“做官费”而望洋兴叹，徒唤奈何。

在汉灵帝卖官时，有一个叫做崔烈的买官人。崔烈出身于北方的名门望族，历任郡守及朝廷卿职。中平二年（185年）三月，崔烈想当司徒，便通过关系，花了500万钱买了个司徒。到册拜之日，宫廷举行隆重的封拜仪式，汉灵帝亲临殿前，百官肃立阶下。望着崔烈春风得意的样子，汉灵帝突然觉得他这司徒一职来得太过便宜，忍不住惋惜地对随从亲信嘟哝：“这个官卖亏了，本来该要他一千万的。”旁边的中常侍便插嘴道：“他能出五百万，已经很不错了。陛下您要知道，像崔公这样的冀州名士，岂肯轻易买官？现在连他都认可陛下卖官的行径，正好给我们卖官的消息做了传播，以后这官位就会卖得更好。”事后，崔烈有一天问儿子崔钧：“吾居三公，于议者何如？”意思是说，人们对我当上三公有何议论。崔钧据实相告：“论者嫌其铜臭。”这就是“铜臭”一词的来历。

汉灵帝的这场卖官大买卖从光和元年（178年）一直做到中平元年（184年）。买卖做久了，价格也就要随行就市，有所调整。地方官由于直接临民，刮起地皮比较方便，售价就要比朝官高上一倍；各县贫富不等，县官售价也就各不相同。不但平民想做官要买，就是官吏想升迁，也得出钱。为了激励他们出钱的踊跃性，求官的人还可以估价投标，出价最高的人就可中标上任。当然，买官的价格并不固定，也可以根据求官人的身价和拥有的财产随时增减。

如果没人来当官的话，汉灵帝就无法进行下去这个卖官的行动。所以，有些人不肯贪赃枉法，请求不去做官，竟然被强迫派去。比如，在当时司马直是很有名的清官，因而皇帝特别减掉了一些银钱，只收他三百万钱，派他做巨鹿郡太守。得到诏书后，司马直很不情愿，就想以告假为名，不去上任，但却得不到批准，没有办法，只好勉强答应。他走在路上，越想越气，就上书汉灵帝，他援经据典、抨击时弊后，居然服毒自杀了。

在朝廷上大部分人一当上官就拼命捞钱，争取在最短的时间里把买官的钱挣回来。如此自然要加大对百姓的盘剥，弄得哀鸿遍野，民不聊生，而汉灵帝荒淫无道，宦官弄权朝廷，上行下效，全国一片奢华浮糜之风。就这样，汉灵帝在声色犬马中，享受着他始料未及的短暂的人生，流连于聚敛财富的快乐和香艳女色的诱惑中，忘却了身为帝王的职责和尊严，在身边权宦的怂恿和引领下，在玩乐和贪婪的享受中，把东汉200年的宏伟基业置之脑后了。

相关链接：

《出师表》

《出师表》选自《三国志·蜀书·诸葛亮传》。221年，刘备称帝，诸葛亮为丞相。223年，刘备病死，将刘禅托付给诸葛亮。诸葛亮实行了一系列比较正确的政治和经济措施，使蜀汉境内呈现出兴旺景象。为了实现全国统一，在平息南方叛乱之后，经过一番准备，诸葛亮于建兴五年（227年）三月率军北驻汉中（今陕西省汉中市），准备北伐曹魏。可是后主刘禅庸愚懦弱，胸无大志，近佞远贤，难以守成。这是诸葛亮最为忧虑的。为了开导刘禅，布置朝政，表明心意，激励众志，诸葛亮写了这个表（篇名为后人所加）。表中以恳切委婉的言辞劝勉刘禅要广开言路、严明赏罚、亲贤远佞，以此兴复汉室；同时也表达自己以身许国，忠贞不贰的思想。情意真切，感人肺腑。因建兴六年（228年）诸葛亮率军出散关前，给刘禅又上一表，即《后出师表》，见于《三国志·诸葛亮传》裴松之的注文中，所以通常所说的《出师表》一般指《前出师表》。

卖官历史

中国封建时代买官卖官应该自秦朝始。秦始皇时，有一年因飞蝗成灾，秦始皇下诏书，向天下公开出售爵位：凡百姓缴粟千石，可拜爵一级。与秦代相比，汉代买官卖官市场更为成熟。到刘彻（汉武帝）当皇帝时，货币政策走强，卖官已不再收粮食，而是改为直接收银钱。据《汉书·食货志·下》记载，元朔六年（公元前 123 年），朝廷开卖武功爵。时武功爵分为 17 级，但从下往上只卖到第八级的“乐卿”。这爵位毕竟是虚的，买主不太积极，为刺激大臣买官的热情，朝廷便给买武功爵的人试着授以“实”官，武功爵中的“千夫”与文职中“五大夫”相同。最有名的就是曹操的父亲曹嵩，他以一亿万钱买官，官至太尉，成为当时轰动一时之事。

墓穴缠绵痴情帝

——荒唐皇帝

人物小档案：

No.1　慕容熙（384 年—406 年），字道文，十六国时期后燕末代皇帝。成武帝慕容垂少子，惠愍帝慕容宝之弟，昭武帝慕容盛之叔。后燕长乐三年（401 年）继位，在位 6 年。谥号“昭文皇帝”。

No.2　丁太后（？—402 年），献庄太后丁氏，即献幽皇后，后燕献庄帝慕容令的妻子，昭武帝慕容盛的伯母，昭文帝慕容熙的情妇。于 402 年同侄子丁信谋废慕容熙，事泄，被慕容熙逼迫自杀，谥号“献幽”。

No.3　苻氏姐妹，二人父亲是前秦重合侯、征西将军、幽州牧、中山尹苻谟。姐姐苻娀娥（？—404 年），为十六国后燕昭文帝慕容熙的昭仪。妹妹苻训英（？—407 年），慕容熙皇后。史称二苻“并美而艳，好微行游宴”。

后燕开国皇帝慕容垂死后，儿子慕容宝继位，后来被兰汗杀死。慕容宝之子慕容盛杀死兰汗继承帝位，慕容熙跟随左右，因作战勇猛深得慕容盛信赖。后燕长乐三年（401 年），慕容盛被部下刺死，按常规应该由其子慕容定继位，然而却是慕容熙登上了皇位。

慕容熙

那么，慕容熙是怎么当上皇帝的呢？他靠的是与慕容宝的皇后、慕容盛的母亲、后来的丁太后偷情，才当上皇帝的。

原来慕容熙是慕容垂的小儿子，年纪还不到二十岁。他风流秀雅，仪表出众，是出色的美男子。但在他出色的仪表之下，却包藏着狼子野心。他对皇位垂涎已久，执掌大权以后，便想取慕容盛而代之，登上皇帝宝座。想篡权，在宫内就必须有一个得力的帮手。于是他想到了自己的寡嫂，当今皇帝的庶母丁太后。

丁太后年轻时就是燕国著名的美人，人到中年依然雪肤花容，半老徐娘，风韵犹在，更有少女所不具备的丰满和妩媚。她本是个风流女子，如今中年丧夫，孀居中宫，独卧罗帐，空对花烛，真有说不出的寂寞和孤独。她常常揽镜自照，顾影自怜，自怨自艾，久而久之忧郁成疾，病倒了。

慕容熙闻讯大喜，知道接近丁太后的机会来了。仗着皇叔至亲，他时常出入宫禁，拜谒太后，询问病情，嘘寒问暖，殷勤周到。那丁太后本没有什么大病，只是久旷生怨，寂寞难耐罢了。如今见这位小叔子正当英年，绰有丰仪，又如此知疼知热，早已芳心暗许，免不了另眼看待。慕容熙趁机勾引，朝挑暮拨。你有情我有意，两人竟不顾叔嫂身份，凑成了一番露水姻缘。宫中大小妇婢，尽知其中奥妙，但两人权大势大，谁也不敢多嘴。只是叔嫂偷情到底有悖常情，又碍着皇帝慕容盛，这对野鸳鸯也不敢明目张胆地朝栖暮宿。

丁太后经历了独守空房的孤寂和难耐，如今有了这个年轻貌美又善解人意的小叔子偷欢作乐，自然高兴非常，对慕容熙的话也就无不听从。慕容熙见火候已到，一天便以探病为由，又来到丁太后寝宫。丁太后不敢怠慢，连忙设宴款待。酒酣耳热之际，两人又到里间行那苟且之事。慕容熙心里有鬼，行云布雨便格外卖力，极尽爱抚之能事，凭借自己的龙马精神，把丁氏侍奉得欲仙欲死，好不快活！云散雨收之后，慕容熙看着丁太后那乐不可支的模样说："我若做了皇上，你我做个长久夫妻，岂不更好？到那时便不用这样偷偷摸摸暗中来往了。"

丁太后早已被慕容熙迷得什么都来不及细想，此时让她为慕容熙死她都愿意，立刻便答应下来。

谁知上天好像要成全这对奸夫淫妇似的，还没等慕容熙动手，燕王慕容盛便被人刺杀了。原来，慕容盛鉴于其父慕容宝以懦弱失国，即位以后便反其道而行之。他刻薄寡恩，猜忌成性，臣下有些小的过失，便随意诛杀，搞得宗亲、勋旧人人自危。401 年，终于激起一场政变，慕容盛为其臣下段玑等人所杀。

政变被镇压下去后，中垒将军慕容拔、冗从仆射郭仲等人认为国家多难，宜立长君，向丁太后建议立素有贤名的平原公慕容元（慕容盛的弟弟）为王。这个建议得到了多数大臣的赞同。

丁太后听了这个建议，喜忧参半。喜的是太子慕容定不用费什么周折，便可废掉；忧的是自己虽属意心上人慕容熙，却不为群臣所认可。再说，叔继侄位也不合常情。她拿不定主意，便压下群臣奏折，派心腹连夜请慕容熙入宫商议。

慕容熙来到寝宫后，两人来不及温存，丁太后便把群臣建议和自己的顾虑和盘托出。慕容熙听罢笑道："太后多虑了。皇上驾崩，太后便是一国之君。一言九鼎，谁敢不从！再说，我手里的军队也不是轻易敢惹的。太后尽管明日宣诏立我为帝，大事定可成功。"一听此言，丁太后宛如吃了一颗定心丸。心境一好，春心又荡漾起来，急忙拉着慕容熙进入内室。两人颠鸾倒凤，自有一番恩爱。

次日早晨，群臣入朝。但见丁太后端坐龙床，慕容熙侍立在侧，殿中布满了杀气腾腾的武士。大家始知情势有变，胆小的早伏下身去，上表劝进。丁太后顺势说道："国家多难，太子年龄尚幼，恐难当大任，我已决定废黜。古人云：'国有长君，乃社稷之福。'河间公慕容熙德高望重，才智过人，堪当大任。我已决定立他为君。诸位可有异议？"

众臣见这阵势，哪个还敢说话？纷纷跪伏在地，山呼万岁。慕容熙还假意谦让了一番，群臣哪里肯依。于是，丁太后将自己的心上人扶上了皇帝宝座。

慕容熙登基之后，所做的第一件事是杀掉能够妨碍自己当皇帝的潜在对手。首先是没能当上皇帝的前太子、慕容盛的儿子慕容定；其次是当初两人都假模假样推辞的慕容盛的弟弟——慕容元，除掉慕容定没有理由，直接就赐死，所谓君叫臣死臣不得不死，慕容元除了死当然没有他路。

除掉了这些宗室，还有一些大臣如段玑、秦兴等，也因为当初站错了队，被他杀光了三族。做完这一切，慕容熙算是皇位稳固了，于是改元光始，改北燕台为大单于台。

至于丁太后，这个时候也不能称其为太后了，因为在慕容盛时代，她比慕容盛长一辈，是太后。到了慕容熙当皇帝，两个人是平辈，自然也不能称太后了，只是慕容熙一时还找不到适合给她的称谓，暂时还沿用旧称。

丁太后如愿以偿地将自己的情郎扶上了皇帝的宝座，她以为从此可以和自己心爱的男人双宿双飞，君临天下了。慕容熙当上皇帝以后，出于对丁太后的感激，对她宠爱有加，一退朝便去宫中与丁太后调情取乐，两人耳鬓厮磨，恰似恩爱夫妻一般。丁氏芳心大悦，还以为天长地久，从此生死不离呢！她每日浓妆艳抹，对慕容熙百般逢迎。谁知好景不长，她的如意算盘并不太如意，慕容熙来的次数越来越少了，有时甚至几个月避而不见。原来慕容熙已经开始厌倦丁氏了，丁氏已没有什么利用价值了；二则此时的丁氏，不管如何艳媚，终究是残花败柳，不及嫩柳娇枝，慕容熙早已提不起兴趣了。慕容熙地位稳固后，马上就另有新爱，他看中了两位姓苻的美女。想当初苻氏的前秦灭了慕容氏的前燕，慕容氏的美女尽入前秦的后宫，连当时的美少年慕容冲也不能幸免，如今苻氏美女进入慕容熙的后宫也算是历史的轮回。

慕容熙找到的这对姐妹很是不一般，姐姐叫苻娀娥，妹妹叫苻训英。这姐妹俩都长得月眉星眼，樱唇桃腮，柳腰笋手，体态轻盈，真个是沉鱼落雁之容、闭月羞花之貌。慕容熙一见，便格外怜爱。本来，慕容熙刚刚登基，正是要为后宫多选美丽女子的时候。恰恰在此时遇到了苻氏姐妹，从此，慕容熙便把他的龙马精神，全用在这姐妹双花身上去了。姐妹俩都是那么娇媚，慕容熙常常是拥了这个，舍不得那个，索性搂住二美，共赴巫山。此时的慕容熙，早把那年长色衰的丁氏忘到九霄云外去了。

丁氏在宫中望断秋水，每日都盼着慕容熙前来相会，可是几个月连慕容熙的影子都看不到。自从有了这两位苻氏美女，慕容熙对丁太后就爱理不理，十天半个月也难得到丁太后宫里去一回。偏偏这丁太后不识时务，认为慕容熙能当上皇帝全靠她的帮助，就应该死心塌地地爱她一个人，让她一个人享受。整日里欢天喜地地指望着从“皇太后”摇身一变为“皇后”。虽然慕容熙已经很久没有来她那里，但只要一有空，她就派宫女太监去召慕容熙来幽会。

慕容熙不胜厌烦，他屡次派人对丁太后说：“外面有闲话，请皇嫂自重。”丁太后一听，一股怒气和委屈无从发泄，竟一气之下跑到大殿上，指着慕容熙的鼻子，破口大骂：“你这个忘恩负义的狼崽子，你当初是怎么答应我的？没有我的扶持你能像模像样地坐在这里吗？如今你觉得自己羽翼丰满，就开始嫌我人老珠黄了是不是？你整天和苻家那两个狐媚的妖精厮混在一起，早都把我忘到脑后了是不是？”说着就往慕容熙身上冲。幸亏旁边的卫士护住了，才没能冲上龙椅。

慕容熙没想到这个丁太后如此泼辣，一时竟没了主意，僵在那里。丁太后冲不到慕容熙跟前去，索性放赖，扯开自己的头发，躺倒地上，一边哭，一边叫：“你们这些大臣给我评评理，他做皇帝的能说话不算话吗？骗我一个女人。”慕容熙尴尬地说：“我骗你什么了？”丁太后说：“你答应让我当皇后，我要让你封我当皇后。”这话，慕容熙在枕边的确说过，可是如今他的眼里只有那两个苻美人，怎么看得上丁太后呢？可是如今的局面也实在令人难堪，只有赶快将她支走。“你先回后宫去，你看你这个样子像是母仪天下的吗？”丁太后却不肯罢休，扬言今天要当着众大臣的面把话说清楚，她要挟慕容熙如果不让她当上皇后，不杀了那两个苻氏小妖精，她就不起来。众大臣看到这个场面个个目瞪口呆，皇室的丑闻，他们劝不好，不劝也不好。僵持了约半个时辰，慕容熙实在忍无可忍，命卫士将丁太后强行拖走，丁太后哪里肯依，一路上又哭又骂，总算被拖走了。慕容熙铁青着脸，一言不发走了。众大臣也都悻悻然作鸟兽散。本来慕容熙与丁太后的丑闻就是一个公开的秘密，这一闹只是捅破那层窗户纸而已。慕容熙虽然恼怒，但是念在昔日的情分上，只是将丁太后打入冷宫，并没有太为难他，照旧跟他的苻美人寻欢作乐。

痴心女遇到负心汉，被打入冷宫的丁太后怎能不恼？怎能不怒？因情生怨，因怨生恨，到后来对慕容熙简直恨之入骨。她暗暗发誓，一定要把这个负心郎拉下马来。最后她决定铤而走险，秘密与自己哥哥的儿子、七兵尚书丁信谋划发动政变，废掉慕容熙。可是丁信办事一点不牢靠，政变消息很快被慕容熙探听到了，他立刻先下手为强，杀掉了丁信，然后派太监送了一杯毒酒给丁太后。太监头不抬眼不睁地说："这是皇上送给太后的。"丁太后冷笑道："哦，他还说了什么？"太监说："皇上说，请太后放心上路，皇上看在过去的情分上会给你一个风光大葬。"丁太后到了这个时候，知道一切都无法挽回了，泪流满面地拿过酒杯，高喊三声："熙郎！熙郎！熙郎！"一饮而尽，立刻香消玉殒。听到太监复命，慕容熙沉吟良久，眼角竟浸出了一丝泪花。然后轻轻地说："按太后的礼仪下葬吧。"

慕容熙在平息了政变，除去了丁太后的第二年，便昭告天下，封大苻为昭仪，立小苻为皇后。只因作妹妹的年龄既小，模样更俏丽，更能令人生出怜爱，所以位在姐姐之上。慕容熙和姐妹俩朝游暮乐，极尽声色。为了博得姐妹俩的欢心，慕容熙对她们言听计从，有求必应。

大苻女喜欢微行饮宴，为了博取她的欢心，慕容熙调集两万多人在龙城之北大修龙腾苑，一次就"役徒两万人"。又建逍遥宫、甘露殿，"凿天河渠，引水入宫"（《晋书》）。慕容熙还为她开凿曲光海、清凉池，正赶上三伏天，服役的民工热死渴死无数。

慕容熙对苻氏姐俩都很宠爱，但比较而言，他对小苻女也就是苻皇后更加喜爱。苻皇后喜欢出游，慕容熙便领着她北登白鹿山，东过青岭，南临沧海，山川大海江河湖泊四处游玩。每次出宫，兴师动众，沿途骚扰百姓，践踏民田，所到之处百姓怨声载道，而士卒为豺狼所害及冻死

小苻

者五千余人矣。

慕容熙是一刻不能离开苻皇后的，连行军打仗也让她随行。攻打辽东时，苻皇后一同出征，将士们造冲车，挖地道，猛攻辽东城，眼看就要攻破，慕容熙却传令：“待铲平贼寇，朕要与皇后乘御辇入城，不准众将士先攻入城内抢功。”将士听了不肯苦战，城内守军借机严密戒备，周密防守，城池竟难以攻破。不久风雪交加，气候突变，后燕兵士冻死无数，慕容熙只好退兵。又有一次，慕容熙携苻皇后领兵袭击契丹，见契丹兵多将广，人强马壮，不敢贸然攻击，想收兵回国，但苻皇后不肯空还，慕容熙遂命全军放弃重型物资，轻装奔袭高句丽，转了三千里大圈子，一路上士兵马匹劳累冻饿而死的不绝于途，但进攻高句丽木底城失利，只好无功收兵。

一次，慕容熙带大苻女到城南游玩，在一棵大树下休息时，听到树中似有人声，便令卫士将大树劈开。突然，从树中蹿出一条一丈多长的大蟒，全身鳞光闪耀，昂首吐信，煞是吓人。大苻女受了这次惊吓，回宫后便卧床不起，奄奄一息。御医们百般诊治，毫无效果。慕容熙心疼爱妃，连忙张榜招贤，悬以重赏。有个叫王温的土郎中因为贪财而揭了皇榜。慕容熙听说有人揭榜，心花怒放，赶紧将王温请进宫中，好言好语相抚，大鱼大肉侍候。王温拍着胸脯保证：“皇上，不是小人自吹，您可到我们街坊打听打听，大前年张员外的小妾难产死了，都已经入殓了，后来请我来，我一剂药灌下去，孩子生下来了，大人也活了。去年，兴隆当铺的钱朝奉独生儿子突发羊角风，自己拿脑袋撞墙，血肉模糊，我去了，朝他屁股上踢了一脚，立马好了。”慕容熙听了，忍不住问：“这是什么道理？”王温头一昂，说：“穴位，皇上，人身体上有三十大穴，点穴可以救命，也可以要命。”慕容熙听了连连点头：“那好，你赶紧去看看苻昭仪的病吧，只要你给治好，朕这太医院可就归你主持，另外朕再赐你一千两黄金。”王温也不拒绝，深鞠一躬说：“那就多谢皇上了。”看上去似乎十拿九稳，药到病除似的。

谁知两三剂药用过，折腾大半天，竟把这位如花似玉的美人医得两眼翻白，一命呜呼了。慕容熙听说自己心爱的苻昭仪给大话连篇的王温治死了，当场大怒，将王温逮到公车门，一刀一刀凌迟处死，并夷其三族。就这样慕容熙仍不解恨，又将王温的尸体用火焚烧，挫骨扬灰。

慕容熙痛失爱侣，号啕大哭，若丧考妣，当时慕容熙将苻昭仪的尸体拥在怀里，一边抚摸一边痛哭流涕：“她身子冷掉了，怎么办啊？她活不过来了啊！”说完，竟伤心得晕厥过去，经过太医们的紧急救治，过了很长时间，才缓过气来。

接受了苻昭仪已死的事实后，慕容熙决定为这个女人披麻戴孝，出格的是他竟然穿了“斩缞”的孝服。“斩缞”是中国古代“五服”中最重的丧服，都是臣为君，男子及未嫁女为父，长房长孙为祖父，妻妾为夫才穿的丧服，显然如果按照礼制的话，慕容熙是绝对不能为自己的一个妾穿这种丧服的。此外，在吃的方面，慕容熙也别出心裁，不吃米饭、面食这些主食，改吃稀饭，以表示对苻昭仪的思念之情。

然后他开始计划给苻昭仪建一个奢华的坟墓。慕容熙下令全国百姓，无论是公卿王侯，还是平民百姓，每家都要出人给他心爱的女人建坟墓。在花光了国库所有的金银财宝后，总算建成了一个“下锢三泉，周输数里”的大坟墓。这个墓的规模庞大，所谓下锢三泉，也就是说向地下挖，一直穿过了三道地下河，可见其挖得有多深！

好在宫中还有一位小苻皇后，本来就是宠逾其姐，如今更是千般温存，百番劝解，才把慕容熙的悲伤渐渐地化解了。如今姐妹双花已经凋谢了一朵，慕容熙对小苻更是百般呵护。他为小苻皇后修建了一座雄伟壮观的承华殿，工程浩大，赋敛烦急，民不堪命，举国同怨。

然而，自古红颜多薄命，小苻福命也不长。407年，小苻暴病身亡。慕容熙惊痛非常，又如丧考妣，捶胸顿足，呼天抢地，竟然哭昏了过去。经左右救醒，又哭泣不止。他不让左右为小苻殓尸，自己终日陪着小苻尸体，不时抚摸，口里喃喃自语，时哭时泣。这样过了两天，才让左右装殓。时值盛夏，尸体已发出阵阵异味，慕容熙却浑然不觉。

有一天，慕容熙到苻皇后的墓地去监督建造进程，他对造墓的人说："你们好生建造，朕将随后入此陵。"当时的人都认为慕容熙的这句话非吉利之语，不过伤心过度的慕容熙却没有意识到这一点。大殓已毕，准备盖棺移殿时，慕容熙又抚棺大哭起来，怎么也不忍从此分离。于是，又命左右打开棺盖，最后一睹芳颜。装殓后的苻皇后，仍然杏脸桃腮，面色如生。想起她生前那么的婀娜多姿、明眸皓齿，慕容熙且看且哭，又亲加抚摸。美人眼下静静地躺在那里，依然是那么国色天香，那么倾国倾城，仿佛睡熟了一样。顿时，以往的花前月下，往日的鱼水之欢，都像一幅幅动画一样在他眼前一幕幕闪过，令他情不自禁、欲火焚身，竟伏下身去，与他的死皇后接了一个吻。两唇相交，淫欲难制，慕容熙竟遣开左右，爬入棺内，与他那快要腐臭的小苻皇后作了一场名副其实的生死夫妻。直到尸体发出臭气，慕容熙才命人盖棺移殿，并在宫内设立灵位，下令百官哭灵。他又令人暗中监视，有声有泪者有奖，否则有罪。群臣为应付他，无不将辛辣之物抹在脸上，硬弄出眼泪来。慕容熙还逼令高阳王妃张氏自尽，为小苻皇后殉葬，又费巨金修建陵墓，几乎耗尽了国库储蓄。

为小苻皇后送葬时，慕容熙披发赤足，徒步跟从灵车走了二十余里。因丧车高大，不能出城，慕容熙竟下令拆毁北门。当时老百姓叹息说："慕容氏自毁国门，怎么能够长久呢？"

果然不出人们所料，趁慕容熙葬后未归之机，大将高云、冯跋等人发动政变。慕容熙在脂粉阵中不愧是一员能征惯战的大将，真正临阵杀敌时，便是银样蜡枪头一个，根本上不得阵。两军交战，胜负未分之时，他却先行逃走。部众失掉主帅，也便如鸟兽散。慕容熙终被叛军拿获，即行处斩。一代荒淫暴虐之君终于毙命，年仅 23 岁。后燕也因此灭亡了。

相关链接：

五服

五服制度是中国礼制中为死去的亲属服丧的制度。它规定，血缘关系亲疏不同的亲属间，服丧的服制不同，据此把亲属分为五等，由亲至疏依次是：斩衰、齐衰、大功、小功、缌麻。西晋定律第一次把“五服”制度纳入法典之中，作为判断是否构成犯罪及衡量罪行轻重的标准，这就是“准五服以制罪”原则，它不仅适用于亲属间相互侵犯、伤害的情形，也用于确定赡养、继承等民事权利义务关系。

斩衰，“衰”（读作“催”）就是指不缝缉的意思。这种孝服是用最粗的生麻布制作的，不缝边，左右和下边都不缝起来，基本上就是一个开了个口子的大麻袋。因为丧服的上衣叫“缞”（“衰”通“缞”），所以这种丧服叫“斩缞”。凡诸侯为天子、臣为君、男子及未嫁女为父母、媳对公婆、长房长孙对祖父母、妻对夫，都要穿斩衰，是最重的孝服。

齐衰，是用本色粗生麻布制成的。自此制以下的孝衣，凡剪断处均可以收边；下摆贴边都可以砸边际。孙子、孙女为其祖父、祖母穿孝服；重子、重女为其曾祖父、曾祖母穿孝服；为高祖父、高祖母穿孝服均遵“齐衰”的礼制。

大功，是用熟麻布制作的，质料比“齐衰”用料稍细。为伯叔父母、为堂兄弟、未嫁的堂姐妹、已嫁的姑、姐妹，以及已嫁女为母亲、伯叔父、兄弟服丧都要穿这种丧服。

小功，是轻于“大功”的丧服，是用较细的熟麻布制作的。这种丧服是为从祖父母、堂伯叔父母、未嫁祖姑、堂姑、已嫁堂姐妹、兄弟之妻、从堂兄弟、未嫁从堂姐妹，和为外祖父母、母舅、母姨等服丧而穿的。

缌麻，是用稍细的熟布做成的。现在大多用漂白的布做成，称为“漂孝”。凡为曾祖父母、族伯父母、族兄弟姐妹、未嫁族姐妹，和外姓中为表兄弟、岳父母穿孝都用这个档次。

五服之外，古代还有一种更轻的服丧方式，叫“袒免”。在史籍中记载：朋友之间，如果亲自前去奔丧，在灵堂或殡葬时也要披麻；如果在他乡，那么仅仅“袒免”就可以了。袒，是袒露左肩；免，指不戴冠，用布带缚髻。

五服规定，是晚辈对长辈的丧服规定，夫妻属平辈不穿孝服，戴黑袖标即可。

皇宫里的超级男声

——歌手皇帝

人物小档案：

No.1　高纬（556 年—577 年），字仁纲，汉族，南北朝时期北齐第五位皇帝（565 年—577 年在位）。父亲是北齐武成帝高湛，母为胡皇后。生于并州的王邸。

No.2　陆令萱（？—577 年），北齐女官，封女侍中，后主高纬乳母，被称为太姬（北齐皇后之母的尊称）。

No.3　冯小怜（？—581 年），北齐后主高纬妃，有姿色，擅琵琶，工歌舞。冯氏自幼入宫，充当后主穆皇后的侍女，穆皇后宠衰，后主临幸冯氏，晋封淑妃，从此获得专宠，旋封左皇后。

河清四年（565 年），年仅 10 岁的高纬做了北齐的皇帝，是为北齐后主。据史书记载，高纬的家族嗜杀戮，开国皇帝文宣帝高洋便凶暴异常。大臣杨愔为北齐立下累累功绩，且是高洋的亲戚，但却也在无任

高纬

何理由的情况下，被高洋用马鞭狠抽背脊，接着又被高洋用小刀扎进肚子，其惨状就连旁边的宦官都看不下去，连哄带骗地才让高洋把刀子拔了出来。不过高洋还没尽兴，又命令将杨愔装进棺材，钉上铁钉，用车运来运去，做送丧游戏。幸好杨愔命大，最后总算免于一死。高洋还曾一怒之下将宠妾薛氏五马分尸，并将尸块陈列在宴请大臣的宴会上，另将薛氏的头盖骨做成琵琶在大庭广众之下演唱。高纬的祖先如此凶残，而高纬的母亲胡皇后则生性荒淫，在这样的环境下，高纬也免不了染上一些令人瞠目结舌的嗜好。

天统四年（568 年），太上皇高湛驾崩，高纬开始表现出暴君和昏君的行迹。他先杀掉了自己的弟弟琅琊王高俨，又杀了功臣斛律光，后来开始猜忌战功卓著的兰陵王高长恭，派人将高长恭给毒死了。经过一番杀戮之后，高纬觉得异己已尽，也就渐渐安生下来。虽然安生了，但他并没有管理国事的心思，而是要想方设法地大肆玩乐。他喜欢养马，亲自给马配制饲料，有十几种之多，还为公母马交配特地建造“青庐”，甚至给这些马郡守一样的名号，让马享受食禄。他还大肆挥霍，动辄赏赐巨万。宫女锦衣玉食者五百多人，有的宫女一件裙子的价值就达万匹布，而且只穿一天就扔掉了；一个镜台也能用上千两黄金。他为宠爱的穆皇后造七宝车，载满金银到北周买珍珠。北周恰逢太后丧礼，不肯卖给他，他就花费巨亿从别的地方买来。他大兴土木，而且好恶反复无常，尽管各处宫苑修得富丽堂皇，却屡毁屡修，从事建筑的工匠没有一时的休息，夜里点起火把照明施工，天冷时得用热汤和泥。他还在晋阳造十二院，开凿晋阳西山塑造巨大佛像，一夜间要点燃万盆油灯，灯光可以照到宫中，劳费数亿计。如此胡闹，不久就府库积蓄匮乏，民不聊生。但是高纬不以为然，反而把国库亏空当成自己荒唐的理由。于是他不断地告诉自己，现在自己已经身无分文，是个穷人，穷人自然要做乞丐。于是，他专门在华林园旁设立一个贫儿村，给自己穿上破衣烂衫，拿着个破碗，向人行乞，自己还觉得好玩得不行。他又仿照民间开设市场，自己一会儿装卖主一会儿装买主，忙得不亦乐乎。他还喜欢玩打仗游戏，画下西域一些城池的图样，依样仿造，让卫士身穿黑衣模仿北周兵攻城，他却用真正的弓箭在城上射杀这些“敌兵”。高纬就这样不断地荒唐胡闹，竟然不知道天下还会有什么让人忧愁的事。高纬酷爱音律，喜欢自己填词作曲。他亲自创作了一支曲子，名曰《无愁》，还亲自弹奏琵琶演唱，让左右数百人唱歌跳舞来应和。于是，民间就把这位皇帝叫做“无愁天子”。

这位“无愁天子”除了喜爱音乐之外，还喜欢各种惨无人道的暴行。有人向他告发南阳王高绰的种种劣迹：高绰在定州刺史任上荒淫残暴，无所不为。他喜欢养波斯狗，经常纵狗咬人。一次，在路上看到一个女子抱小孩，就上前从她怀中夺走孩子，丢在地上喂他的波斯狗。女子号哭，高绰大怒，又纵狗去咬她，那狗刚吃饱小孩，不去咬，他就把小孩身上的血涂抹于女子身上，众狗便一扑而上，把女子撕裂食尽。高纬听说此事，不仅不怒，反而对这个同父异母兄弟大为佩服。于是立刻召他进京。两人一见面，高纬就迫不及待地问他在定州什么事情最有趣。高绰说：“把蝎子和蛆放在一起看它们互相噬咬。要是把人和蝎子放在一起，看他们斗来斗去，是最有意思的事情了。”高纬听后便派人连夜搜寻蝎子。第二天早晨，忙碌了一个晚上的侍从们好不容易捉到了两三斗蝎子，高纬把蝎子放在一个大浴盆里，然后绑了个人扔了进去，蝎子蜂拥而上，那个人被蜇得号叫翻转，哀声动天。高纬和高绰却在一旁看得津津有味，看到忘情处竟手舞足蹈。高纬还埋怨高绰说：“这么有趣的事情为什么不早一点告知我。”自此之后，他对这个兄弟喜欢异常，封他为大将军，让他日夜陪自己在宫中寻欢取乐。

皇帝只顾自己玩乐，朝政却落到了一班奸佞小人的手上。高纬的宠臣有穆提婆、韩长鸾、高阿那肱等人，这三个人为鲜卑人，当时号称“三贵”。他们见高纬喜欢音律，便陪着高纬日以继夜地酣饮歌舞；而他们一见朝臣就瞋目张拳，大有吃人之势。他们之所以这么得宠，除了陪着皇帝玩得高兴之外，还和宫中皇帝的乳母陆令萱很有关系。

陆令萱也是鲜卑族人，因为丈夫谋反被杀而没入皇宫为婢。她巧黠多智，善于奉迎，很快就得到了齐武成帝高湛和胡皇后的信任，特意命令她做太子高纬的乳母。陆令萱自然尽心尽力，高纬也和她十分亲近，叫她“干阿妈”，对她言听计从。高纬亲政之后，更是把宫中的事情都交给她掌管。后来高纬的母亲胡太后因为与和尚的奸情败露，被高纬关了起来，陆令萱就成为了后宫的主人。她的儿子穆提婆也因此由一个宫奴变成了深受皇帝宠信的朝廷大臣。于是，陆令萱开始干预朝政，勾结高纬的那些宠臣大肆弄权。一时间哪怕是奴婢倡优之人，只要附和他们，都可以被封官晋爵。

陆令萱在朝廷大事上独断专行，在后宫自然就更加说一不二，就连高纬后妃的废立，都掌握在她手中。高纬的皇后斛律氏是功臣斛律光的女儿，斛律光被诬谋反而被处死，斛律氏也被废掉。高纬又立了胡太后的侄女为皇后，但他喜欢的却是前皇后斛律氏的侍女穆黄花。穆黄花也是个聪明的女子，知道自己出身卑贱，就拜陆令萱为母，在宫中找到了一个坚实的靠山。陆令萱也为了提高她的地位不遗余力，让她的儿子高恒成了太子，接着又在胡太后面前进谗，太后听后大怒，把胡皇后废掉了。这样，穆黄花就被立为皇后，陆令萱也因为是皇后之母，被封为“太姬”，相当于一品官，班列在长公主之上。穆皇后整日与高纬把盏对饮，两人经常喝到玉山倾倒，酩酊大醉。因此，在北齐京城传出了“黄花势欲落，清觞满杯酌”的歌谣。然而，在她们志得意满之际，却没有想到喜新厌旧的高纬又一次转移了目标，爱上了另外一个侍女——冯小怜。穆皇后本是斛律皇后的侍女，却没想到天意弄人，她自己也吃了侍女的亏。

冯小怜

穆皇后深宫寂寞，哀怨不已。她的侍女冯小怜生得姿容出众，性格乖巧，看到皇后这个样子，十分不忍，便向皇后献了一计，情愿以己身为饵，前去离间高纬和诸嫔妃的关系，把皇帝重新夺回到皇后身边来。穆皇后认为这个计策可行，便把冯小怜盛装打扮了一番，推荐给高纬。高纬本是酒色之徒，一见冯小怜这般风姿绰约，立刻神魂颠倒，和她夜夜春宵，从此把后宫嫔妃视作粪土一般，对于穆皇后，更是忘到九霄云外。而冯小怜大概也已经忘了她对皇后的承诺，沉浸到与皇帝的恣情欢乐中去了。高纬封冯小怜为淑妃，让她住在隆基堂。隆基堂本已雕梁画栋，极尽绮丽了。冯小怜却嫌那是别的嫔妃的旧居，太不吉利，就命令拆梁重建，并把所有的地板都换了，挥霍了许多金银。高纬对此毫无异言，任她所为。

冯小怜一直生活在后宫，对那些嫔妃争宠之事耳濡目染，早就练就了一套狐媚惑主的本事。她不但天生冰肌玉骨，聪慧伶俐，还精通音律，能歌善舞，尤其擅长演奏琵琶。高纬如获知音一般，自己作词，谱成琵琶曲，与冯小怜一唱一和，其声嘈嘈，其语切切；艳舞狂欢，彻夜不歇。两人快活异常，神仙一般。冯小怜还无师自通地学得一手按摩的本领，当年在穆皇后那里就使得她当时的女主子夸赞不已，现在又用来侍奉皇帝。美人的一双玉手在高纬身上揉揉捏捏，已是叫他的骨头酥了一半，再加上冯小怜的按摩技术还颇为精妙，更弄得高纬通体舒泰，飘飘欲仙，就更是离不开她了。两个人坐则同席，出则并马，整天耳鬓厮磨，卿卿我我。还经常祈愿生死一处，做个永远夫妻。

高纬十分迷恋冯小怜玲珑浮凹的身体，这个酷爱音乐的皇帝极具想象力，每当冯小怜为他按摩之时，他总是幻想自己变成了一柄琵琶或古琴。琴弦一触即发，冯小怜则成为最高明的演奏者，每按一处仿佛拨动弦音一般，都令他心跳不已。

在呵气成霜的冬天，皇宫肃杀而寒冷，冯小怜的身体却又软又暖，似怀抱温香暖玉。而到了炎炎似火的夏日，冯小怜的身体却又是冰肌玉骨，清凉无汗，纤细的腰身不盈一握。因此，高纬便爱不释手，与大臣们议事的时候，他不仅将冯小怜带到朝堂之上，更要把冯小怜抱在怀里，或放在膝上，前来奏事的大臣见状都羞得满脸通红，只好唯唯而退。

高纬觉得还不尽兴，他思索着：我有如此美丽绝伦的女人，你们这些大臣居然视而不见，没有一个人发出赞叹，真是太扫兴了。古人云：独乐乐不如众乐乐。他当下决定把欣赏冯小怜裸体的“独乐”变成“众乐”，要让他所有的臣子都知道他的淑妃小怜是怎样一个风情万种的女人，他为此煞费苦心地策划了一番，让人在议政的大殿中央摆了一张桌子，叫冯小怜除去衣衫，裸身躺在朝堂的几案上。

大臣们进入大殿后大吃一惊，平日里威严肃穆的大殿中居然躺着一个美艳风情的裸体女子，仔细一看，居然是皇帝的专宠淑妃冯小怜。众人都感觉到奇怪，高纬却兴高采烈，他让大臣们排着队，来一个“两眼共霁色，秀色共氤氲”。议事的大臣们也觉得不好意思，或在心里意淫，策对语无伦次，说话不着边际。这些大臣的官位都不小，都颇有见识。但在皇宫大殿中看裸体女人，却是第一次。高纬见大臣们看得都很起劲，便让冯小怜做出各种动作，表演那些曾给自己独演过的裸舞。此时的冯小怜并不羞怯于有那么多男人在注视着光着身子的自己，按高纬的要求在桌子上扭动臀部，忽掩忽现乳房，大幅度摆动大腿，飞扬纤小的双足，让众大臣觉得眼前氤氲着一片秀色之气，涎水止不住要流了出来。看了一阵，众大臣都想起高纬的喜好，纷纷说出一长串赞赏冯小怜裸体的奉谀之词。高纬乐得忘乎所以，当场宽衣解带，到桌子上和冯小怜行云雨之事。这样极度荒唐的戏码，却发生在了庄严肃穆的大殿之上，许多朝廷大事自此也荒废下来，而“玉体横陈”的典故却因此流传开了。

如果没有什么事情，也许高纬还能这么一直夜夜笙歌下去。但是，此时北齐的敌人北周已经变得越来越强大。北周武帝宇文邕是个雄才大略之主，他即位后便整顿内政，禁断佛道二教，发展经济，很快使北周达到鼎盛。宇文邕早就以统一天下为己任，对于高纬荒淫怠政引得臣民离心也早就看在眼里。于是，武平六年（575 年），北周武帝宇文邕率军进攻北齐。但高纬不以为意。北周进攻的时候，他正和淑妃冯小怜打猎。警报从早晨到中午已传来了三次，高纬置之不理，他的宠臣还在一边帮腔，斥责士兵道：“皇帝正在游猎，边境稍有战争，乃是常事，何必急急奏闻。”后来警报越来越多，高纬也有些不安起来。可冯小怜兴致未尽，要他再猎一围才肯罢休。高纬从不肯拂逆了美人的意思，就答应了她，又猎了好长时间，获得几头野兽，方才尽兴而回。此时，北周军队已经攻破平阳城（今山西临汾）了。

于是，高纬御驾亲征，大军直奔平阳而来。但是，他舍不得心爱的美人，便也带上冯小怜，命丞相率前军先进，自己同冯小怜后行，一路上形影不离。而且御驾亲征的高纬此时关注的不是如何击退北周军队收复失地，而是要让冯小怜开心，居然还有闲情陪着她游览附近的名胜古迹。北齐军队到达平阳城外后，北齐将士为收复失地，个个奋勇争先，挖掘地道，架设云梯，昼夜猛扑。毁去城堞与城墙，挖地道进入城下，城墙塌了十余丈，将士们打算乘势攻入，平阳城眼看就要收复在望的时候，高纬却敕令暂停进攻。原来他听说晋州城西的石头上，有圣人留下的痕迹，他打算与冯小怜一同去观看。冯小怜画眉刷鬓，抹粉搽脂，对镜顾影自怜，好多时才姗姗来迟。这时，那城墙缺口处早已被北周守兵用木为栅，堵塞得十分坚固，重新掌握了这座军事重镇。齐兵失去了大好时机，士气十分低落。高纬又怕城中射下的弩矢伤及爱妾，又拆了本来就不多的攻城木具筑造一座桥，以便他与冯小怜登桥遥视。不料桥不坚固，禁不起人来人往，突然间坍塌了，当时高纬与冯小怜正在桥上面，差点做了水底鸳鸯。等到北齐北周两军相交之时，高纬和冯小怜并马观战。忽然之间东翼阵脚略有退却，冯小怜吓得花容失色，大叫“我们败了！”齐主手下将领劝高纬不可轻举妄动，免得惑乱军心，但高纬哪里肯听，立刻带着冯小怜奔逃而去。于是北齐兵败如山倒，被杀万余人，百里之间，军资器械丢弃无数。

高纬在奔逃中忽发奇想，又命人回晋阳去取皇后的朝服绶节，准备封冯小怜为左皇后。冯小怜穿上皇后礼服，他左瞧右看，欣赏不已。这时，又报周军来追，他才继续奔逃。就这样，本来在战场上有很多次转机，高纬却由于迁就冯小怜，把一场胜仗打成了败仗，他和他的儿子都做了周武帝的俘虏，对此，高纬毫不介意，居然还说：“只要小怜无恙，战败又有何妨。”在他眼中战败自然无妨，顺便还可以欣赏一下心爱的美人身着戎衣时那别具一格的风姿，在高纬看来，这比她身着舞衣的娇媚更增添了几分风韵。亡国和自己被抓对于高纬来说并不是太大的痛苦，他真正在意的是他的一帮姬妾成了北周的俘虏，其中就包括令他心心念念的冯小怜。于是，他一见到周武帝，便跪下来叩首，请求周武帝把冯小怜赐还给自己。

周武帝看这个皇帝居然没有一点家国之念，也不禁觉得好笑，就说："朕连天下都不在乎，哪里会吝惜一个妇人。"就把冯小怜还给了高纬。高纬大喜过望，开怀畅饮，不一会竟趁着酒劲跳起舞来。不久，有人诬告高纬谋反，周武帝把他和北齐宗室诸王一并赐死，把冯小怜赐给了代王宇文达。代王宇文达本来是个颇为严正的人物，节俭廉洁，不好声色。周武帝恐怕也正是觉得他是个坐怀不乱的君子，才肯把冯小怜赐给他。可万万没有想到，这位王爷一见到冯小怜这般尤物，立刻神思大乱，失魂丧魄，把多年的好名声抛到一边，立刻宠爱得不得了，连自己的正妃李氏都差点让冯小怜陷害得活不下去。而冯小怜虽然受到宇文达的百般宠爱，却也难以忘怀高纬对她的一段恩情，有一次，她弹琵琶断了一根弦，便作诗一首："虽蒙今日宠，犹忆昔时怜。欲知心断绝，应看膝上弦。"可见她内心深处依然对高纬眷眷不已。本来，冯小怜在宇文达这里享有专房之宠，也算是有个好归宿。可没想到几年以后，隋文帝篡周自立，大杀宇文氏宗室，宇文达也难逃此劫，被隋文帝腰斩处死。于是，冯小怜又一次面临被转手的命运。真是造化弄人，她这回竟落到了宇文达正妃李氏的哥哥李询手里。于是李询的母亲正好得报当年女儿备受冷落的一箭之仇。她把冯小怜贬为仆役，令她身穿粗布衣服，每天舂米，使她受尽磨难，又对她百般凌辱虐待。于是冯小怜不堪忍受，最终自杀身亡。

相关链接：

胡皇后

武成皇后胡氏是北齐武成帝高湛的皇后。父胡延之，母为范阳卢氏。天保（550年—559年）初年，选为长广王高湛的王妃。生二子——高纬、高俨。高湛继承帝位后，逼奸嫂嫂李祖娥，日日沉迷于酒色，胡皇后深宫寂寞，就看上了高湛的一个亲信和士开。和士开擅长一种"握槊"游戏，胡皇后说她也想学，高湛便命和士开教她。有了这样的便利条件，胡皇后经常与和士开眉来眼去，两人慢慢地就勾搭在一起。对此，高湛或有耳闻，却毫不在意，毕竟这样的事情在自己家里早有先例。当年高洋就曾经逼奸过哥哥高澄的妻子，以报高澄生前调戏自己妻子之仇。所以他也不在乎多这么一件类似的事情，便对胡皇后与和士开听之任之，还把和士开擢升为黄门侍郎。565 年 6 月 7 日高湛贺崩，她的亲子高纬即位，史称后主。胡太后与和士开的关系公开化，他们二人就更加肆无忌惮。而和士开排除异己，封淮阳王，后被高俨杀死。等到和士开被杀，胡太后伤心不已，百无聊赖，不甘寂寞，数次出诣佛寺。在佛寺，她看上了一个叫昙献的和尚，二人经常在禅房私会，将国库里的金银珠宝尽情搬入佛寺，甚至把高湛的龙床都搬了进去。除了昙献和尚，胡太后还勾搭了不少少年僧人，为了掩人耳目，就把他们都扮成尼姑。一次高纬入宫向母亲请安，看到有两个年轻貌美的女尼，不觉垂涎万分，便逼她们侍寝。可是两名女尼抵死不从，高纬大怒，命宫人强行脱下两人的衣服，一看，原来是两名男扮女装的少年僧人。他又惊又怒，一下子明白了母亲的秽行，便杀掉那些和尚，把胡太后迁居北宫，幽闭起来。后来北齐灭亡，胡太后流落到北周的都城长安，无以为生，竟操起皮肉生涯，做起妓女来。她还不以为苦，乐在其中，声称做皇后不如做妓女来得有乐趣。如此淫荡，也真是令人叹为观止了。

北齐二首

一笑相倾国便亡，何劳荆棘始堪伤。小怜玉体横陈夜，已报周师入晋阳。

巧笑知堪敌万几，倾城最在著戎衣。晋阳已陷休回顾，更请君王猎一围。

这是唐代诗人李商隐所作的《北齐二首》，形象地刻画了一位“红颜祸水”的形象。该诗是两首咏史诗。诗通过北齐后主高纬宠幸冯淑妃这一荒淫亡国的史实，借古鉴今。语言精练，对比鲜明，给人以强烈的艺术感受。

广蓄面首祈成佛

——佛陀女皇

人物小档案：

No.1 武则天（624 年—705 年），籍贯是并州文水（今山西文水东），生于利州（今四川省广元市）。人称“武媚娘”，性巧慧，多权术。是唐太宗李世民的才人，唐高宗李治的皇后，唐中宗李显、唐睿宗李旦之母。她在高宗去世后，相继废掉两个儿子中宗和睿宗，亲登帝位，自称圣神皇帝，废唐祚于一旦，改国号为周，成为中国历史上空前绝后的唯一女皇。

No.2 薛怀义（？—694 年），是武则天的第一个面首。京兆鄠县人，本名冯小宝。受太平公主推荐成为武则天的男宠，为白马寺寺主，受封右卫辅国大将军、鄂国公。

No.3 张易之、张昌宗（？—705 年），二人均是武则天的宠臣。定州义丰（今河北安国）人，白皙貌美，兼善音律歌词，张易之被称为五郎，张昌宗为六郎，而张昌宗美貌尤甚五郎，人称六郎“美若莲花”。

武则天

武则天是中国历史上唯一的女皇帝，封建时代杰出的政治家。李唐王朝290年的历史中，有近半个世纪是由武则天这位女性皇帝主导的。一代又一代人热衷于评说她一生的功过，有褒扬也有贬抑。其中她曾拥有几个男宠这个千古难泯的丑闻，却成为文人墨客热衷讨论的话题，以至于她所创造的卓著政治业绩也随之淹没了。

武则天生于武德七年（624年），14岁入宫为唐太宗的才人，唐太宗赐号媚娘，唐高宗时初为昭仪，后为皇后。她在高宗去世后，相继废掉两个儿子中宗李显和睿宗李旦，亲登帝位，自称圣神皇帝，改国号为周。武则天还是寿命最长的皇帝之一（终年83岁）。武则天是非常讲究保养的人，御医们也为她的保养开出了很多美容秘方，武则天80岁的时候，还能保持秀美的容貌，看来跟她经常使用这些美容秘方不无关系。而武则天养面首之事，虽然褒贬不一，但是从古代房室养生的角度来看，如果和谐有节，一样也可以达到养生保健、延年益寿的作用，所以这也可以从另一个角度揭示武则天长寿的原因。

武则天宠爱的几个年轻面首中，有一个是她的御医，名叫沈南蓼，此人长得年轻俊美，又会医术。沈南蓼认为武则天血气衰弱，通过药石来补气是很难的，应该采取元阳方法，阴阳合才会令血气充足，对于武则天养面首从医学角度加以支持，这令武则天非常高兴。沈南蓼的医术不见得有多高明，不过因为侍奉了女皇而出名，在御医史上也是一桩奇事。

除了沈南蓼，武则天宠幸的人主要还有薛怀义、张易之、张昌宗等。高宗死后，首先入侍武则天的是薛怀义。

薛怀义原名冯小宝，本是同官县（今陕西铜川）街头卖膏药的小贩，后来因为在街头帮人打架误伤人命，为躲避官府的缉拿，潜逃到洛阳，在白马寺出家当了和尚。

太宗时期，武则天并不得宠，深宫生活的寂寞，使武则天慢慢品味到宫廷生活的方方面面，这对于一个不甘于现状的人来说，倒成了一种受用不尽的财富。当她还未来得及为自己前途做打算的时候，太宗皇帝驾崩，她便同其他未生养子女的宫人们一起被剃度落发，进了感业寺，开始了一种新的更加寂苦的生活。

削发后的武则天忍受着寺内各种清规戒律的制约，但是，她坚信这样的日子不会很长，她把感业寺当成了蛰伏之地。白马寺和感业寺只有一墙之隔，而且两寺同饮一口井水。有一天，武则天去井台打水，因体弱打不上来水，正在为难。这时，身材高大、健壮有力的冯小宝也来井台挑水，便帮她打好了水，还将水挑着送到了尼姑庵的大门口，然后再自己去挑水，于是二人便相识了。

感业寺旧址

和尚和尼姑都是戒吃荤腥的，冯小宝半路出家当然戒不掉。有一天，冯小宝又来井台挑水，看见一只山鸡因口渴，落在井沿儿找水喝，冯小宝轻手蹑脚地靠上去，一扁担打死了山鸡。他把扁担放下，不顾挑水，到前边树林子里捡来一堆柴火，拢火烤鸡去了。

偏巧这时，武则天也来井沿儿挑水，她看见井台上放着冯小宝的水桶，却不见冯小宝的踪影。这时，顺风刮过来一股烤肉的香味儿。武则天自从离开后宫以后，就再也没有吃过肉。这肉味儿好香啊！这时，她才发现不远处的小树林里正冒着一缕青烟，冯小宝正在那里烤着什么。

过了一会儿，肉烤熟了，冯小宝从火上取下烤得焦黄的鸡肉，扯下一条鸡腿咬了一口。

“什么肉，香吗？”武则天忍不住地问。冯小宝忽然听见有人说话，当时吓了一跳，回过头一看，见是武则天，就不好意思地笑了，说：“鸡，野鸡……”说着，撕下另一个鸡腿，递给武则天，说：“你敢不敢吃？香极啦！”武则天接过来鸡腿，大口大口地吃起来。从那以后，冯小宝三天两头不是弄一只鸡，就是弄个狗大腿，偷偷送给武则天。武则天为了和冯小宝相会，也抢着去井沿为寺里挑水。

武则天当上皇帝后，立刻让冯小宝当上了洛阳名刹白马寺的主持。高宗死后，武则天就让冯小宝随便出入后宫，并把他的名字改为“怀义”，因他不是士族出身，就赐给薛姓，改名叫薛怀义。又让他与太平公主的丈夫薛绍联宗，让薛绍称他为叔父，这就大大抬高了薛怀义的地位。

薛怀义不仅得到武则天的宠幸，同时也是太平公主的情夫，是武则天与太平公主母女两人共享的男妾。有了这样的身份和地位，薛怀义越发骄纵嚣张起来。《资治通鉴》中有一段记载：薛怀义出入宫禁时，乘坐的是天子的车马，身边有十几个宦官侍奉陪同，百姓遇到了，都奔走逃避，如果有人胆敢靠近他的马车，就会被打得头破血流。

由于薛怀义是和尚，看不惯道士，因此，薛怀义在路上遇见道士，就无故殴打，还把道士的头发剃光。薛怀义压根儿没把朝廷重臣放在眼里，一些朝廷显贵见了他都要跪地爬行，向他敬礼膜拜，就连武承嗣、武三思都以童仆的礼节来侍奉他，为他拉缰绳赶马车。薛怀义还纠集了一批市井无赖，把这些人都剃发为僧，纵容他们为非作歹。当时没人敢言语，只有右台御史冯思勖站出来主张正义，以国家法令来处理违法行为。薛怀义从此记恨在心，在路上遇到冯思勖，便命令随从殴打，险些将冯思勖打死。

为了能让薛怀义不受人诟病，让他做出一些成绩来，武则天让薛怀义主持修建明堂。明堂是儒教的宗教建筑，古代文化的中心在宗教，而明堂则是以宗教为中心，集宗教、政事、教化为一体的所在。不到一年时间，薛怀义就修建起一座崭新宏伟的明堂，这座明堂高二百九十四尺，三百尺见方，共分三层，下层模仿四时，中层模仿十二时辰，上层是圆盖，有九只龙拱捧着，设有铁制的凤鸟，高有一丈，外表用黄金涂饰。是历代明堂中最为壮观的，号称“万象神宫”，许百姓进入观赏。接着，薛怀义又在明堂的北面造了一座天堂，更为雄伟，一共五层，到第三层就可以俯瞰明堂了，这个天堂专门用来供奉佛像，佛像极大，仅他的一根小指里就能容纳几十个人。武则天在明堂里祭拜，把各种珍禽异兽、宝物都排列在祭坛前，气派十足。

由于薛怀义成功地建好了明堂，武则天提拔他为正三品的左威卫大将军，封为梁国公。为让薛怀义将大将军之职履行得实至名归，同时基于对当时朝堂中的武将的不信任，武则天派薛怀义去讨伐突厥。幸运的是，薛怀义未动用一兵一卒便恰逢突厥军队内乱，突厥撤退，薛怀义凯旋而归。武则天大喜，又将薛怀义升官，封他为二品辅国大将军。

此后，薛怀义愈加骄横傲慢，并且在外面偷娶了很多小妾，还生育了十几个子女。有一天在朝堂之上，薛怀义与丞相苏良嗣相遇，苏良嗣看不惯他的嚣张气焰，命令左右随侍的人结结实实地打了他几个耳光。薛怀义捧着红肿的脸向武则天哭诉，不料得到的答复是：这老儿，朕也怕他，你以后走路尽量避开他。

慢慢的，武则天对薛怀义的跋扈骄横也产生了不满，开始喜欢上了御医沈南蓼，有时跟沈御医亲昵也不避讳薛怀义，这让薛怀义心里很不是滋味，对武则天产生了怨怼。

695 年正月十五，宫内大肆庆典。武则天下令在明堂开法会。薛怀义在法会之前特别精心布置了一番，他命人在明堂的地下挖了一个五丈深的大坑，然后把佛像埋在里面，又用丝绸彩带搭了一座小宫殿。这是一个精心设计的机关，待武则天等人一到明堂，佛像由人从坑底拉起，拉到模拟的宫殿之中。这一番场景从侧面看，仿佛佛像是从地底涌出，很是别具一格。薛怀义唯恐这个场景还不足以让武则天满意，他又想出个办法，杀了一头牛，用牛血画成一个高二百尺的大佛，挂在天津桥南，却对武则天说这是他刺破自己的腿，用鲜血画成的。但不幸的是，武则天对这些并没有显露出半点儿的感动。

见到此景，薛怀义认为武则天对他的宠爱已经衰减，御医沈南蓼有取而代之之势。一怒之下，薛怀义在正月十六夜里纵火焚烧天堂，火势迅猛，很快蔓延到明堂，熊熊大火把神都的黑夜照耀得如同白昼一般亮堂。到天明时，天堂和明堂一同化为灰烬。昔日气派壮丽的建筑转瞬成了一片焦黑的残渣。

武则天无论如何也想不到，薛怀义竟然做出如此疯狂之事，一把火烧掉了天堂和万象神宫！那是大周王朝最重要的建筑，代表着女皇武则天秉承天命统御万民，是神圣的旨意！可它们就这样一夜之间化成了灰烬，武则天无论如何也不能原谅薛怀义，下定决心要除掉他。

圣元年（694 年）二月初四，薛怀义应武则天的邀请前往洛阳太初宫的瑶光殿，当年薛怀义初入宫时，便时常与武则天在瑶光殿幽会。薛怀义策马奔驰在通往瑶光殿的长堤上，不禁感慨万千。他相信，武皇之所以在此与他相约，显然是要旧梦重温。忽然，前面一棵大榕树下慢慢转出一个人来，站在那儿眯着眼看他。又走近十几步，才看清那个人是建昌王武攸宁。薛怀义满腹狐疑，这个人怎么在这里，武皇呢？忽然间，薛怀义恍然大悟，赶紧掉转马头，但一切都已经来不及了。武攸宁轻轻地挥了挥手，四周的树丛后迅速蹿出一群手持棍棒的黑衣大汉。薛怀义刚刚策马跑出几步，就被一棍打落马下，然后十几根棍棒同时落了下来……薛怀义遮挡了几下，很快便七窍流血而死。武攸宁随后把他的尸体秘密运到了白马寺，并且遵照武则天的命令将其焚毁，然后把骨灰搅拌在泥土中，用这些泥土建起了一座佛塔。随后，朝廷将薛怀义手下的一干侍者和僧徒全部流放边地，彻底肃清了他的势力。

还在薛怀义未被杀之前，由于薛怀义的身份是和尚，武则天的女儿太平公主劝告她说："为什么不选择姿禀秾粹的人，用来帮助游赏圣情，揭除烦虑，何必去宠幸那些市井无赖之徒，为千秋万世所讥笑呢？"武则天颇为感慨地答道："你讲的确实很正确，早几天宰相打薛怀义的嘴巴，就正好是欺侮他是市井小人啊！假如是公卿子弟通晓文墨的，南衙又岂敢随便侮辱他！"于是太平公主就趁机把自己的另一男宠、太宗时凤阁侍郎张九成的两个儿子举荐给武则天。张氏兄弟年近弱冠，玉貌雪肤，眉目如画，身体是通体雪艳，毫无瑕疵，瘦不露骨，丰不垂腴。张易之为兄，张昌宗为弟。一般人称易之为五郎，因为他行五；昌宗行六称为六郎。太平公主悄悄地向母亲描述了与张氏兄弟床笫之间的旖旎风光，使人神飞魄荡。武则天色霁心喜，即说即做，把张易之和张宗昌兄弟一齐纳为男宠。铺象牙床，饰七宝帐，饮鸳鸯盏，食陆海味，从此张氏兄弟轮番侍寝，无所避忌。

招纳男宠使武则天遇到了忠心耿耿的大臣的阻挠。狄仁杰上书言：二张在陛下左右，实在有累皇上的盛名，皇上志在千秋，留此污点，殊为可惜。武则天自知理亏，只好委婉地加以解释，称赞狄仁杰是忠正老臣，所以把国家的重任委托给他。但皇帝的私事大臣不宜过问。还诡辩嬖幸二张是为了修养身体，过去躬奉先帝，生育过繁，血气衰耗已竭，因而病魔时常缠身，虽然经常服食参茸之类的补剂，但效果不大。现在只有采取元阳，以培根本，才能阴阳合而血气充足。

为了能够名正言顺地将张氏兄弟留在宫内侍奉她，武则天先将张易之和张昌宗任为中郎将和少卿，后屡屡加官。武则天创设控鹤府，以张易之为控鹤府监。道家成仙时乘鹤飞往海外仙山享受红尘外的悠闲，与天地造化共长久，由此也透露出晚年武则天的心态，即希望能够长生长寿，羽化成仙佛。因为武则天年事已高，就将很多政事交由张氏兄弟处理，二人权倾朝中，连武则天的侄儿武承嗣、武三思等都争着为二人执鞭牵马。

张氏兄弟受到武则天的宠信后，便比赛似的显示豪奢和残暴。比如，二人在烤制肉食上就展开了创意大赛：张易之制作了一个大铁蒸笼，笼内燃着炭火，火旁边放一个铜盆，盆里盛着五味汁。将鹅鸭放进铁笼中，鹅鸭受到烘烤，必然焦渴，就饮那汤汁，而汤汁也已被烤热。这样，鹅鸭内外受热，不一会儿就毛落肉熟而死。张昌宗则是建造了一间小房子，密不透风，中间燃上炭火，火旁放置五味，把一头毛驴拴在房中，像张易之烤鹅鸭似的直到把驴肉烤熟，供他食用。

到最后，控鹤府里充满了各色美少年，这些美少年便成了武则天的后宫男宠。可悲的是，这个藏满美少年的控鹤府渐渐成了一个男色同性恋的场所。因为秽声四播，结果，有一个青年平民给武则天上了一个奏折，滑稽之至，令人捧腹，为平民给帝王上书以来所未曾有。原来这个姓魏的青年平民在奏折中声称，凭他的私处之美，他有入控鹤府充当供奉的资格。这时，年已70岁的刚正儒臣朱敬则闻听魏某出此秽言，不由大怒。以为身为大臣，不可不言，乃上书武则天：“窃以为陛下有张氏兄弟亦可以自娱矣。陛下岂以二臣为不足必欲置美少年耶？满朝之中已人言啧啧矣。窃闻有魏厚祥者，以精力过人自炫，公然自请位列宿卫……”武则天看完奏折后，对朱敬则说：“爱卿为国勤劳，殊可嘉勉。但此事朕并不知悉！”这件事使武则天觉察出控鹤府的丑声外泄。她觉得应当改一下控鹤府的名称，于是索性将其改为“奉宸府”。

武则天肆意同张易之、张昌宗兄弟共享床笫之欢，还引出一段有关宫女妆容的插曲：武则天有一个心腹侍女叫上官婉儿，上官婉儿不仅长得妩媚艳丽，秀美轻盈，还天生聪秀，过目成诵，文采过人，下笔千言，尤其书法秀媚，格仿簪花。武则天所下制诰，多出上官婉儿的手笔。武则天将上官婉儿倚为心腹，甚至与张易之、张昌宗兄弟在床榻间交欢时也不避忌她。上官婉儿情窦初开，免不得被触动，加上张昌宗姿容秀美，使得上官婉儿不由地心如鹿撞。一天，上官婉儿与张昌宗私相调谑，被武则天看见，武则天顿时大怒，拔出金刀，插入上官婉儿前髻，伤及左额，且边插边怒目道："汝敢近我禁脔，罪当处死。"亏得张昌宗替她跪求，才得赦免。上官婉儿因额有伤痕，便在伤疤处刺了一朵红色的梅花以遮掩，谁知却益加娇媚。宫女们皆以为美，有人偷偷以胭脂在前额点红效仿，这种妆容在宫中竟风靡一时。

史称武则天蓄面首三千，尽管后世学者对"三千"的数目颇多质疑，但"广蓄"却是不争的事实。但武则天为何"洎乎晚节"，在60岁的时候突然广蓄面首呢？单纯上的生理需求或者挑战男权似乎都太单纯了，骆宾王《为徐敬业讨武曌檄文》一文所谓"洎乎晚节，秽乱春宫"，颇有夸大的意味，不能全信也不能全然置之不理。

武则天本身笃信佛教，而且被认为是现世的弥勒菩萨，且当时的佛教气氛非常浓厚。对于佛教信徒而言，还有什么比"成佛"更加迫切和充满诱惑呢？然而，佛教认为女身有五漏，不能成佛，即使顿悟得佛性，在成佛之前的一刹那，也必须转化为男身。武则天称帝之时也是假借佛陀转世来为自己营造声势，这正符合她笃信佛教之心。所以，武则天广蓄面首的真正深刻原因在于"若要成佛，除非是广蓄面首，如此这般利用采补术了"。

相关链接：

面首

《辞源》解释"面首"为："面，貌之美；首，发之美。面首，谓美男子。引申为男妾、男宠。"意思是所谓的美男子要有美好的容貌和漂亮的头发。首先确定“面首”这个称谓的，是南北朝时期南朝刘宋的前废帝刘子业。《宋书·前废帝纪》载：“山阴公主淫恣过度，谓帝曰：‘妾与陛下，虽男女有殊，俱托体先帝。陛下六宫万数，而妾唯驸马一人。事不均平，一何至此！’帝乃为主置面首左右三十人。”意思是山阴公主好淫逸，她对皇帝刘子业说：“我和陛下您虽然男女有别，但都是先帝的子女。陛下有六宫粉黛数以万计，而我却只有驸马一个男人，这实在是不公平的事情。”后来刘子业就为山阴公主送去男宠30多人。

白马寺

白马寺坐落在河南十三朝古都洛阳市东郊一片郁郁葱葱的长林古木之中。它被称为“中国第一古刹”、世界著名伽蓝，乃佛教传入我国后官办的第一座寺院，被中外佛教界誉为“释源”、“祖庭”。这座1900多年前建造在邙山、洛水之间的寺院，以它那巍峨的殿阁和高峭的宝塔，吸引着一批又一批的游人。白马寺创建于东汉永平十一年（68年），史载：汉明帝刘庄因夜梦金人，遣使西域拜求佛法。公元67年，汉使及印度二高僧摄摩腾、竺法兰以白马驮载佛经、佛像抵洛，汉明帝躬亲迎奉。公元68年，汉明帝敕令在洛阳雍门外建僧院，为铭记白马驮经之功，故名该僧院为白马寺。白马寺坐北面南，总面积200余亩，是一处保存完整、古色古香的古建筑群。其主体建筑有：天王殿、大佛殿、大雄殿、接引殿、毗卢阁五层殿堂及中国第一释迦舍利塔。

白马寺

上官婉儿

上官婉儿（664年—710年），又称上官昭容，唐代女官、女诗人、唐中宗昭容。陕州陕县（今属河南三门峡）人。唐高宗时宰相上官仪孙女。麟德元年（664年），上官仪因替高宗起草将废武则天的诏书，被武则天所杀，刚刚出生的上官婉儿与母亲郑氏同被配没掖廷。在掖廷为奴期间，在其母的精心培养下，上官婉儿熟读诗书，不仅能吟诗著文，而且明达吏事，聪敏异常。仪凤二年（677 年），上官婉儿曾被武则天召见于宫中，当场命题，让其依题著文。上官婉儿文不加点，须臾而成，且文意通畅，辞藻华丽，语言优美，好像是夙构而成。武则天看后大悦，当即下令免其奴婢身份，让其掌管宫中诏命。不久，上官婉儿又因违忤旨意，罪犯死刑，但武则天惜其文才而特予赦免，只是处以黥面而已。以后，上官婉儿遂精心伺奉，曲意迎合，更得武则天欢心。她掌管宫中制诰多年，有“巾帼宰相”之名。唐中宗时，封为昭容，权势更盛，在当时的政坛、文坛有着显要地位，曾建议扩大书馆、增设学士，在此期间主持风雅，代朝廷品评天下诗文，一时词臣多集其门。710 年，临淄王（即唐玄宗）起兵发动“唐隆政变”，与韦后同时被杀。

打球也能中状元

——马球皇帝

唐僖宗

人物小档案：

No.1　李儇（862 年—873 年），是唐朝第十八位皇帝（武则天除外），唐懿宗第五子，初名俨。873—888 年在位，在位 13 年，即位时年仅 12 岁，是为唐僖宗。终年 27 岁，死后谥号为惠圣恭定孝皇帝。

No.2　田令孜（？—893 年），唐朝宦官。字仲则，本姓陈，四川人。咸通时，任小马坊使。僖宗即位，提升他至左神策军中尉，左监门卫大将军。

唐僖宗是懿宗的第五子，本名李俨，生于咸通三年（862 年）五月八日。懿宗病重弥留之际，他在宦官的支持下被立为皇太子，改名李儇，并于懿宗死后，于咸通十四年（873 年）七月二十日，在懿宗柩前即位，是为唐僖宗，时年 12 岁。僖宗即位时还是个幼弱的孩子，自然缺乏必要的理政能力，政事全部听由宦官处置。僖宗在位期间最信任的宦官是田令孜。僖宗自幼就由田令孜照顾起居，感情上很是有些依赖，并称呼田令孜为“阿父”，因此即位后便让田令孜做了神策军中尉。这样，僖宗朝的重大决策几乎都掌控在田令孜手中了。

12 岁的李儇当上了皇帝，他年纪还那么小，哪里懂什么国家大事，就把国事统统交给“阿父”田令孜，自己去做自己喜欢的戏耍。田令孜读过一些书，很有心计巧思，玩弄权柄，收纳贿赂，任命官吏均不请示僖宗。每次与僖宗相见，总是准备水果食物两盘，与僖宗边吃边慢慢饮酒，许久才退。僖宗嫌皇宫里只有他一个，没人陪他玩，太寂寞，就经常跑到各王府去找跟他年龄差不多的王爷们去玩，在玩的过程中还学会了不少“本事”。僖宗其实本身也是很聪明的，很多技艺比如骑射、剑槊、法算、音律，样样精通。单单法算一门，在当时就包括《孙子》、《周髀》、《五经算》、《缀术》、《缉古》等多门学科，僖宗能够做到精通，可见他还是颇有头脑和天赋的。只可惜，虽然他会了这么多，对于如何当一名好皇帝，却依然一窍不通。他还喜欢赌博，特别是斗鸡、赌鹅，多次让地方官员举荐专门玩斗鸡的人入宫陪他斗鸡，有不少人就因为善斗鸡而被封官。他还和那群小王爷们一起斗鹅，一时间弄得鹅价飞涨，一只竟能卖到五十万钱。他也喜欢蹴鞠，练起蹴鞠来特别投入，甚至达到二三个时辰之久，有时连饭都忘了吃，急得身边的太监侍女们团团转。不过，在这众多爱好之中，他最喜爱的，还是打马球。

僖宗平日里就喜欢跟着宗室那些亲王、郡王们在球场上打马球，他的马球技术很是了得，可以骑在飞奔的马上，用杖连续击球至数百次之多，快得如同奔雷闪电，连那些打球老手都叹服不已。有一次，他和伶官石野猪、田令孜等人一起打马球，只见木质的球正从僖宗的身后飞过，距离僖宗还有丈许的距离，僖宗一拉马缰，胯下骏马人立而起，僖宗就在马背上一拧身，球杆向后一扫，“啪”的一声轻响，木质的马球向回飞去，正好落入离地有丈许高的球门之中。

场外观战的众嫔妃、大臣、侍从齐声喝彩，就连场上的马嘶之声都被掩盖了过去。僖宗很是兴奋，跨着骏马在场上耀武扬威，仿佛三军阵前向敌军挑战的将军一般。紧接着僖宗又接连进了几个好球，场外又是一阵阵响亮的喝彩。僖宗也感觉有些疲累了，就骑着胯下的骏马驰出场外。身为左神策军中尉、左监门卫大将军的大太监田令孜早就在场外等着了，田令孜一边扶僖宗下马，一边替僖宗擦着额头的细汗，道："皇上的球技冠绝天下，无人能及，看的老奴眼都花了。"

僖宗听到"阿父"田令孜的称赞，不由地对自己的高超球技得意洋洋起来，便很自负地对田令孜说："若现在的科举中设置马球进士科，朕肯定能考个状元。"田令孜开了个玩笑道："那是自然，皇上乃真龙天子，哪里有人能胜得过皇上？不过若是让尧、舜为礼部侍郎，恐怕陛下就未必过得了他们那一关。"僖宗听了哈哈大笑，道："尧、舜都是上古贤君，哪里肯做什么礼部侍郎？再说了，朕又岂能真的去参加什么击球应试，朕也不过是开个玩笑而已，没想到阿父也这么喜欢开玩笑。"

田令孜一看小皇帝这么荒唐，就想刺激一下他，说："若是让尧舜那样的圣君做主考，只怕陛下要被淘汰。"僖宗听了之后，居然没恼，只是嘻嘻一笑。

田令孜也跟着笑了一阵，道："前些日子老奴跟陛下说的在神策军中挑选皇上的亲信镇守三川的事情，陛下考虑得怎么样了？"

僖宗皱眉道："陈敬瑄、杨师立、牛勖、罗元杲四人都是神策军中的高级将领，也都是朕的亲信，可三川的节度使只有三位，这四位将军让谁去不让谁去朕还真有些拿不定主意。"

田令孜心中暗笑，如今天下纷乱，流寇四起，田令孜虽然位高权重，深得僖宗信任，可他也怕万一哪一天长安也有守不住的时候，是以他就想先给自己留一条后路。田令孜本姓陈，陈敬瑄正是田令孜的哥哥，杨师立、牛勖、罗元杲三人也都是他的亲信，无论是他们四人中哪三人镇守三川，都可以让自己有一个可靠的后路。他听僖宗如此说，知道僖宗已经同意由他们四人中的三人镇守三川，心里哪能不高兴？

田令孜笑道："陛下既然拿不定主意，何不让他们四人上马在场中击球，以球定输赢。进球最多的西川节度使，第二名为东川节度使，第三名就当山南西道节度使。这样他们各凭本事，事后也没有什么好埋怨的，岂不甚好？”

僖宗听后，拍掌称好，称赞道：“还是阿父有办法，就这么办，正好他们都是击球高手，也好让大家伙儿乐呵乐呵！”

田令孜满脸笑意地谢过了僖宗的称赞，并传达了僖宗的口谕。陈敬瑄等人一个个身穿紧身轻甲，跨着骏马进入球场，一场中国历史上赌的彩头最重的球赛拉开了序幕。

田令孜看了一眼球场中看似激烈的比赛，又看了一眼身边看得兴高采烈的僖宗，心中别提多高兴了。这场看似争得你死我活的比赛对田令孜来说根本没有任何悬念，西川节度使肯定是田令孜的大哥陈敬瑄，东川节度使是杨师立，山南东道节度使是牛勖，这些都是田令孜早已经安排好了的，这场比赛不过只是走一下过程而已。

宰相卢携也是田令孜的朋党，他虽然知道田令孜的用心，可哪里会当真告诉僖宗这个大唐天子？凤翔节度使郑畋虽然有心说破，可毕竟知道田令孜是当年僖宗当晋王的时候府中的旧人，其受宠程度非外人可比。这些年田令孜权势熏天，又广植党羽，想扳倒他几乎没有什么可能性。郑畋为官多年，当然知道官场上的险恶，这眼前亏他哪里肯吃？

其他人就更是敢怒而不敢言，更多的人却是跟在后边鼓掌附和，大呼：“圣上英明！竟然想出如此绝妙的办法……”

西南边关三大重镇节度使的职位就这么被一场球赛给定了下来，这便是历史上著名的“击球赌三川”了。

“宫殿千门白昼开，三郎沉醉打球回。九龄已老韩休死，明日无复谏疏来。”这是宋人晁无咎题在《明皇击球图卷》这幅画上的诗，显然是在讽刺唐玄宗沉迷于马球，不理国事。但这样的指责对唐玄宗可是有点冤枉，他在年轻的时候虽然十分喜爱马球运动，但照样还是开创了“开元盛世”；老来虽然将国家弄得乌烟瘴气，却实在和他打马球拉不上关系。而这位“马球状元”唐僖宗，却真正把这个打马球的爱好变成了误国之举。其实，打马球不仅是一项娱乐运动，也是训练骑术和马上砍杀技术的最好手段。如同唐人阎宽在《温汤御球赋》中说的：“击鞠之戏者，盖用兵之技也。武由是存，义不可舍。”唐代马球运动如此盛行，是有军事训练的目的的。唐代皇帝喜爱马球运动，也有提倡尚武精神的意义。而且，打马球还是一项危险性很高的运动，骏马奔跑起来的速度是很快的，本来就不太好驾驭，在这个过程中还要关注于击球，就很容易顾此失彼，从马上摔下来。如唐穆宗因为打马球而受伤，把命都丢了。所以后来就有人用驴来代替马，变出一种“驴鞠”来，不过在真正的马球高手看来，这也太不刺激了，因而只在女子之间流行。唐僖宗喜欢这项运动，还很精通，说明他还是很有冒险精神的，协调技术也不错，若是将来发展得宜，也许还能成为一个叱咤马上的武将。可惜，命运却让他做了皇帝，而他并没有把这份天才用在国家大事上，把国家弄得一团糟，连他喜爱的马球运动，也受此连累，得到一个亡国之举的骂名。

稍微有点良心的官员无不暗自摇头叹息，心中暗骂僖宗昏庸糊涂，可这话在心里说说还行，哪里真的敢说出口来？这时左拾遗侯昌业站了出来。侯昌业虽然没有亲见在大明宫含元殿旁球场上球赌三川的事情，可也略有耳闻。他气愤不过，就上疏说僖宗不亲政事、贪玩儿成性，还说田令孜专权，欺凌天下、蒙蔽圣上等等。还扬言道长此以往必将社稷不保。

其实经常上疏的人也大有人在，可一般都到不了僖宗的手里，大都被田令孜中途给拦下了，偶尔有那么一两个被僖宗看见，他也是一笑置之，不去理睬。可这次侯昌业的话说的有些露骨了，特别是最后一句让僖宗有些受不了。大怒之下就把侯昌业交给了田令孜，让他狠狠地“修理”这个小小的左拾遗。田令孜把侯昌业弄到了内侍省，用一杯毒酒送他去了黄泉路。对此僖宗以为理所当然，并未放在心上，却哪里知道田令孜对外宣称是僖宗大怒之下下诏赐死了侯昌业，把杀人的罪名全推在了僖宗的身上。

本来有好些人对侯昌业死于内侍省的事情有些不忿，可听说是僖宗下诏赐死的，也就不敢做声了。君让臣死臣不能不死，哪里有商量的余地。

就在这时，河南各地发生自然灾害，申奏似雪片般地飞来，却都被田令孜等奸臣隐瞒不奏。而僖宗只知道嬉戏游乐，整日和禁中内园小儿斗鸡、赌鹅、骑射、剑槊、发算、音乐、围棋、赌博。赏赐给他们的金银数以万计，已经把国库弄到入不敷出的地步，并不知外边的自然灾害到了什么程度。

也许是因为从小就生活在皇宫里，心性比较高，僖宗把那些金银财宝统统不当一回事。而且他还是个小孩子，只要玩得高兴就好，也想不出那些东西会有什么用。左右伺候他的人得了他的欢心，他就把国库里的东西任意赏赐。他对那些东西的贵贱也没有概念，觉得国库里堆的满坑满谷，总是多得用不完。周围那些宫廷乐师、杂技师、伶人，逗得小皇帝高兴了，就每次都有万两金银以上的赏赐。只是皇帝虽然大方，国库也毕竟不是聚宝盆，在他的豪爽行为之下，很快就见了底。于是，小皇帝就向“阿父”田令孜求助，让他想办法帮自己再聚敛一些钱财。

田令孜完全是凭借着年轻的僖宗来弄权，因而万事都顺着僖宗的意思，既然僖宗提出要充实国库，他便向主管财政的判度支杨严施压。但那时国家的形势已经十分不妙，所谓“国有九破”：“终年聚兵，一破也。蛮夷炽兴，二破也。权豪奢僭，三破也。大将不朝，四破也。广造佛寺，五破也。贿赂公行，六破也。长吏残暴，七破也。赋役不等，八破也。食禄人多，输税人少，九破也。”当时连年大旱、蝗灾，关东大地饿殍载道，百姓纷纷揭竿而起，国家处于一种半崩溃的边缘。在这种情况之下，国家的财政局面尤为严峻，杨严负责财政，得想尽各种办法筹措钱粮。但面对困境，只能东挪西凑、挖肉补疮。为了筹集军费，他以国家的名义向富人借贷钱粮，借贷不足又卖中等官爵的空头官职。现在僖宗又伸手向他要钱，他就更加无能为力了，便连续上了三次辞呈，恳请告老还乡。不过当时满朝大臣，哪个在管理钱财方面也比不过杨严，所以不管他怎么请求，僖宗就是不答应。

在杨严这里已经没有什么指望了，田令孜就给僖宗在别的方面另打主意。他叫僖宗下诏，命令登记京城两市商人的货物并一律收缴，充实宫库。两市是京城中两大贸易区，街市内货财二百二十行，四面立邸，四方珍奇皆所集聚。东市华商较多，西市多为中亚、波斯、大食商人所居。僖宗为了自己的奢侈欲望，也就不去考虑什么国别和后果，不管是本国人还是外来的商贩，直接下诏立即执行。执行时有宦官在现场监视，有人感到不满想告状，就送到京兆府乱棍打死。后来，为了镇压黄巢起义，富户和定居在长安的胡商也被纳入了搜刮之列，但可能僖宗也觉得上次那种做法太说不过去，就下敕向他们“借”一半家产。富户、胡商明知僖宗借钱是有借无还，但谁敢不给。这时负责镇压黄巢起义的主将高骈从前线发回奏章，奏称天下盗贼蜂起，都是因为饥寒交迫造成的，只有富户、胡商未反，并提醒僖宗：莫非真要做个“孤家寡人”，连这些人也想逼反？僖宗这才收敛了一点。

由于连年蝗灾，不可能再从田赋上搜刮到更多的油水了。僖宗就开始打起盐、酒、茶专卖的主意。这些民间日常物资一向是由国家控制的，不允许私人贩卖。既然朝廷垄断，那真是想卖多少钱，就卖多少钱。不过这些东西都是百姓日用不可离的，所以在政治清明的时候，朝廷对价格都有所控制，不能把老百姓逼得太紧。现在僖宗急需要用钱，就把这些东西的官价定得高高的，好从中大捞一笔。这边僖宗想法子捞钱，那边老百姓就倒霉了。虽然僖宗把东西卖的贵得吓人，可就算是能不喝茶，不喝酒，却不能不吃盐。于是上有政策，下有对策，有人便开始贩卖起私盐来。而盐、酒、茶专卖是朝廷利权所在，自然要残酷打击，于是那些贩私盐者为了做生意不得不武装起来，久而久之，竟形成了一种武装力量。官盐如此之贵，私盐又受到打击，一般的老百姓买不起盐吃，就只好淡食。但人是不能不吃盐的，百姓的忍受力也是有限度。再加上朝政腐败，赋税苛重，官逼民反也就成了题中之义。而僖宗却依旧玩乐度日，天天在马背上以击球来游戏大唐江山。

相关链接：

马球

马球是一项历史悠久的运动。顾名思义，马球就是人骑在马上，持棍打球，以把球击入球门为胜，因此也叫做击鞠。其中的球仅如拳头大小，是用质量轻而有韧性的木料制成的，中间挖空，外边涂上颜色，一般呈红色或彩绘。而打马球的棍子叫做“球杖”或“鞠杖”，有木制的，也有藤制的，外边裹以牛皮。据记载，马球这项运动最早出现在三国时期，但以唐代最为兴盛，它在唐代受到了各个阶层的广泛喜爱。尤其是大唐的天子，更是对这项运动情有独钟，还在皇宫专门为皇帝和显贵们

唐代马球俑

建有球场。唐玄宗李隆基就是一个马球爱好者。在唐中宗的时候，吐蕃派使者到长安来迎接金城公主。中宗邀请吐蕃使者观看马球比赛，那个使者看到那些人球艺一般，就上前禀奏中宗，要与唐朝马球队比赛，中宗答应了他。结果，几局下来，吐蕃使者都赢了，让中宗灰溜溜地觉得很没面子。这时候，还是临淄王的李隆基主动请战，要和吐蕃使者比试比试。开赛之后，李隆基往来奔驰，如风回电激，挥动球杖，所向无敌，连连洞穿对手大门，并大获全胜。那个吐蕃使者连连称赞，说想不到王爷会有这么好的球技。中宗也大喜，赏赐了优胜者。后来，李隆基当了皇帝，依然十分喜爱马球运动，天宝六年，他已经 62 岁了，还想参加球赛，经别人劝阻，才坐在场外观看。他还和宠爱的杨贵妃一起打马球，宋人李公麟有一幅《明皇击球图卷》，画的就是这个场景。除了唐玄宗，很多唐代的皇帝也喜欢马球，如唐代章怀太子李贤的墓室里，就有描写打马球的壁画。算起来，在大唐 300 年间的 22 个皇帝中，有 18 个是马球运动的爱好者，不过，这之中的“状元”，却还是非唐僖宗莫属。

黄巢起义

唐末，连年凶荒，黄河以南尤其严重。唐僖宗乾符二年（875 年）初，王仙芝、尚让等在长垣（今河南长垣东北）发动起义，唐末农民战争爆发。五月，黄巢【曹州冤句（今山东曹县西北）人，稍通书记，屡举进士不第，以贩私盐为业。家富于财，善击剑骑射】募众数千响应。王、黄两军会合，协同作战。乾符五年，王仙芝战死，其余部与黄巢所部会合，推黄巢为黄王，从此，黄巢成为起义军的最高领导人。

黄巢再度北上，沿黄河南岸西进，“欲窥东都（洛阳）”，唐朝急调军队增援东都。黄巢于是引兵南下。在越州，遭到高骈部将的阻击，义军乃转由浙江南进，进入福建，攻克福州后又攻占广州。同年冬，黄巢率军北伐。义军于广明元年（880年）十一月占领东都洛阳。进军途中，义军“整众而行，不剽财货”，沿途群众纷纷参加义军，众达百万。入洛阳城后，义军劳问居民，闾里晏然。黄巢在东都并未久留，随即转旗西指，于年底突破潼关天险，最后攻下了京师长安。十二月十三日（881年1月16日）黄巢即位于含元殿，国号大齐，改元金统。黄巢在长安执行严惩皇族、公卿，没收富豪财产的政策，唐宗室留长安者几无遗类。

但黄巢既未派大军追击唐僖宗，也没有全力歼灭分镇关中的唐朝禁军，大齐政权也缺乏必要的经济政策，生产、财政均无着落。中和二年（882年），大齐防御使朱温叛变降敌；沙陀族李克用应唐朝的乞援，率劲旅南下。这时，黄巢发现困守关中已很不利，乃于中和三年四月东撤。六月间，义军开始围攻陈州（今河南淮阳）。守将赵犨顽抗，义军久攻不克，朱温和李克用又先后前来增援，黄巢遂于中和四年四月解围，逾汴而北，又遇到唐徐州节度使时溥的阻击，作战不利，最后退至狼虎谷（今山东莱芜西南），于六月十七日兵败自杀（一说为外甥林言所杀）。

起落如梦"李天下"

——伶官皇帝

人物小档案：

No.1　李存勖（885 年—926 年），即后唐庄宗，神武川之新城（今山西雁门）人，五代时期后唐政权的建立者。唐末河东节度使、晋王李克用的长子。沙陀族人，本姓朱邪氏，小名"亚子"。908 年继晋国王位，923 年 4 月在魏州（河北大名府）称帝，国号"唐"，史称后唐。李存勖以勇猛闻名，但他虽为武人，却洞晓音律，能度曲。存词 4 首，载《尊前集》。926 年死于兵变。

No.2　刘玉娘（？—926 年），后唐庄宗皇后。魏州成安（今河北成安）人。父刘叟，江湖游医。924 年被立为皇后。谥号"神闵敬皇后"。

No.3　张承业（846 年—922 年），唐末五代间宦官。同州（今陕西省大荔县，位蒲城县东南）人。字继元，原姓康。唐僖宗时为宦官。后李存勖僭帝位，张承业苦谏不听，大哭不食死于晋阳（今山西省太原市）。谥正宪。

李存勖

李存勖即后唐庄宗，他自幼喜欢骑马射箭，胆力过人，为其父李克用所宠爱。少年时随父作战，11岁就与父亲到长安向唐廷报功，得到了唐昭宗的赏赐和夸奖。成人后状貌雄伟，稍习《春秋》，略通文义，作战勇敢。当时，军阀混战，占据河东的李克用常被控制河南的朱全忠（即朱温）牵制围困，兵力不足，地盘狭小，非常悲观。李存勖劝说其父："朱全忠恃其武力，吞灭四邻，想篡夺帝位，这是自取灭亡。我们千万不可灰心丧气，要积蓄力量，等待时机。"李克用听后大为高兴，重新振作起来，与朱全忠对抗。李克用去世后，李存勖通过征战，自立为帝，成为了开国皇帝，李克用被追封为晋王。但李存勖登基后，国号却没有依照惯例称"晋"，而是改成大唐，以表示是延续唐朝李姓的统治。但他本是沙陀族人，这个"李"，是当年唐朝的赐姓，实际上是没有一点血缘关系的。但是，李存勖却真有不少地方和唐朝的皇帝相似，他的骁勇善战、每出必胜酷似太宗李世民；他爱好戏曲、精于音律则像玄宗李隆基。

李存勖能自己制作曲子。他给自己的部下制作战歌，率军出征，就高唱而去；得胜归来，更是凯歌而还。据说效果不错，能使"人忘其死"。这些乐曲流传了很长时间，北宋欧阳修在《新五代史·伶官传》里讲，到他生活的时代，汾阳、晋阳的人民还在唱李存勖创作的曲子。可惜现在已经失传了。除了激昂的战歌，李存勖也能写出婉约清丽之作，如《忆仙姿》：

曾宴桃源深洞，一曲清歌舞凤。长记别伊时，和泪出门相送。如梦，如梦，残月落花烟重。

此调为李存勖首创，后人根据其中之"如梦，如梦"，将其改名为

《如梦令》。

精通音律的李存勖从小就喜欢看戏演戏。他小的时候就和晋王府的戏班子走得极近。后来南征北战，自是不能在这上面用心太多。等到大仇已报，建立后唐之后，就不免生出了享乐之心，不但看戏，还自己登台表演。他宠爱的刘氏，出身微末，为了争夺皇后之位，对自己的出身百般避讳。偏偏就在这个时候，她战乱时失散的父亲找上门来，趋炎附势的刘氏哪肯认父，竟让人在宫门口把父亲痛打一顿，赶了出去。李存勖就根据这个编了一出《刘山人认女》，自己穿着破衣，背着褡裢、药囊，叫儿子李继岌提着破帽子跟在后面，趁刘氏午睡的时候，径直走入她的卧房，大声喊道："刘山人来探视女儿。"刘氏一下被惊醒，想想自己的负心背义，不觉恼羞成怒，她不好拿皇帝李存勖怎么样，就去拿板子打儿子李继岌，追得他满宫乱跑，宫里上上下下都大笑不已。

李存勖不但爱演戏，还给自己取了个艺名。由于他是皇帝，又姓李，就把艺名叫做"李天下"。他对自己这个艺名十分得意，有一次在登台演出的时候，不禁大喊了两声："李天下！李天下！"这时，最受他宠爱的伶官敬新磨走上前来，重重地打了他两巴掌。李存勖一下子给打懵了，愣在那里，其他的伶官大为紧张，纷纷指责敬新磨居然敢打天子。敬新磨却不慌不忙地对李存勖说："理（李）天下只能有一个皇帝，你喊了两声，还有一个是谁呢，难道能有两个人来治理天下？"这倒也是尊崇皇帝的意思，李存勖觉得大为有理，所以不但不生气，还给了他不少赏赐。

敬新磨敢打皇帝，自是胆子不小，却也是仗着皇帝对他的宠爱。李存勖本是沙陀族人，他的左右侍卫也多是西域胡人，在相貌上高鼻深目，和中原人不太一样。这些人自恃是皇帝侍卫，往往仗势凌辱百官。敬新磨看不上他们这样的行为，就经常嘲讽道："现在天下已定，还要这些只会拉弓射箭的人干什么，他们又没有别的好处，就是比别人鼻孔大眼睛深而已。"那些人受到了敬新磨的讥嘲，就纷纷到李存勖面前告状。李存勖本来以李唐后裔相标榜，现在有人论他出身，自然很不高兴，把敬新磨召来，对他说："我出自蕃部，天下皆知，你不替我避讳，反而骂我的部下，让他们到我这里哭着告状，这算怎么回事。"敬新磨却说：

“陛下可别叫他们骗了，想来那些人眼窝如此之深，那眼泪就是用水车来抽，都未必能有，怎么还会哭？”李存勖不觉大笑，却也有点恼恨语出讥刺。这时大殿上正有不少狗，就叫一条狗去咬敬新磨。敬新磨躲来躲去，最后爬到了柱子上，大声喊：“陛下，可不要纵容你的儿女咬人呀。”当时中原人往往鄙称沙陀、契丹等少数民族为“犬羊贱种”。李存勖听他把恶狗比喻为自己的儿女，便勃然大怒，张弓搭箭，准备把他射死。敬新磨就急忙大声呼道：“陛下千万不要杀臣！臣虽然下贱，却与陛下同为一体，休戚相关，杀了臣可是很不吉利的。”李存勖很吃惊，询问缘故。敬新磨一本正经地说：“陛下登基开国，改年号为‘同光’，天下都称陛下为同光帝。同就是铜嘛。臣的名字叫敬新磨，这敬也就是镜。镜子新磨了，铜才有光亮；如若杀了敬新磨，‘同’就无光了。”李存勖听了他这一番解释，倒很欣赏他的机智，于是哈哈大笑，把他放了。

不过，这个敬新磨虽然仗着皇帝宠爱，“没大没小”，却是个正直的人，很有是非观念。有一次，李存勖带一批侍卫到中牟县去打猎。此时正值秋收，打猎的队伍呼鹰唤犬，把农民的田地踏得一团糟。中牟县的县令看不过去，拉住李存勖的马缰劝阻。李存勖打猎正在兴头上，看到这么个小小县令，居然来败他的兴，很是恼怒，让左右的人把县令拉开。这个县令却很执拗，仍然劝谏不止。李存勖大怒，打算杀掉他。这时，敬新磨便带了几十个伶官上前，捉住县令，厉声指责道：“你身为一县之主，难道不知道我家天子喜欢打猎吗？知道就应该让百姓把地空闲着，好给天子打猎用。你怎么能纵容百姓种地，给国家交税，妨碍天子飞鹰走犬。如今不认罪过，还敢到这儿来唠唠叨叨，罪大恶极，理应处死！”说完，转过身来，对李存勖跪下，拿腔作调地说：“请陛下快快传令行刑！”十几个伶人也同声应和道：“请陛下快快传令行刑！”李存勖觉得十分有趣，放声大笑，不过也领会了他的劝谏之意，放过了中牟县令，传令部下绕田而行。

如果李存勖只是爱看戏演戏，和伶官们打打闹闹，虽不甚庄重，倒也无伤大雅。可是，他由于宠爱伶官，竟然任用他们做官，管起国家大事来。在灭梁之后，原先被梁军俘虏的伶官周匝见到了他，对他说后梁教坊使陈浚、内园栽接使储德源救过自己，希望能封他们做一郡长官。

这时大将郭崇韬劝他："新朝刚建立，跟陛下一起身经百战的将士还没得到封赏，反倒让伶人当刺史，只怕大家不服。"可李存勖见到周匝，异常欢喜，不听郭崇韬之言，对周匝保举的那两个人连人也不看，立即应允。但是，他宠爱的这些伶官，却不可能个个都像敬新磨那样正直。其中有一个叫景进的，就是一个阿谀奉承之徒。李存勖建都于洛阳，所居宫室为唐朝旧宫，当时嫔御不多，景进就和宦官们说宫内夜间见鬼，怪怕人的，李存勖问如何除鬼，他就说唐时后宫人数众多，现在人少，怪物就出来活动了，因此需要扩充宫女。李存勖听了自然高兴，就派景进到邺都采集美女。景进到了那里，大肆搜刮，连当地军士的妻女都不放过，抢来的女子马车不够装了，就用牛车。而当地人们害怕被捉充，大量逃亡，有几千人之多。就这样惹得天怨人怒，将士离心，李存勖还认为他能干，授予他银青光禄大夫、检校右散骑常侍、守御史大夫。有时还派他到地方上去，赋予其特种使命，采访官场和民间的事情，秘密报告自己。所以当景进晋见李存勖言事时，在场的人就纷纷退出，以便他们密谈。

李存勖在登基之前，为报父仇，南征北战，后方的稳固是一个很重大的问题，他就把维护后方的重任交给了父亲的老臣张承业。张承业本是唐朝派给晋王李克用的监军宦官，但他为人忠直，很有才干，和李克用甚为相得。朱温篡唐自立，李克用打出为唐复仇的旗号，不肯称帝，仍做大唐的晋王，使对唐忠心耿耿的张承业十分感激，对李克用父子更加尽心尽力。李存勖初袭王位，就是在张承业的帮助下将心怀异志的叔父李克宁诛灭的。因此，李存勖对张承业十分尊敬，称他为"七哥"。当李存勖外出征战之时，张承业便主持内政事务，征兵买马支援前线，招抚流民生产务农，征集准备粮草充实军用，将河东的后方治理得井井有条。

张承业清廉正直，公私分明，从来不用手中的权力为自己谋私利，对于李存勖亲信的不合理要求一概拒绝，就是对李存勖本人也是这样。李存勖在征战之余，有时回到太原探望母亲，他身边那些人向他讨要赏赐，他就向张承业要钱，但张承业却不肯多给他。李存勖没法，就心生一计，在钱库中设酒宴招待张承业，席间让儿子李继岌给张承业表演歌舞。张承业给他玉带马匹作为“缠头”，李存勖就说：“这些值不了多少，七哥还是把钱库里的钱多给他点吧。”张承业却说：“郎君为我歌舞，承业已经拿出自己的俸禄钱还报。而这些却是国库之物，是要支援三军作战用的，不敢用公物当私人礼物随便送人。”李存勖很不高兴，借着酒劲责骂他，但张承业却始终坚持自己的意见，李存勖也无可奈何。后来李存勖的母亲曹太后听说此事，还亲自领着李存勖到张承业府上道歉。因为有张承业在内打理政事，就使李存勖得到源源不断的兵源和粮草的支持，没有后顾之忧，专心对付后梁。所以后来史书上说：“成是霸业者，承业之忠力也。”

张承业为李氏父子的事业竭忠效力，是存着一份复兴唐室的心思。所以，当李存勖登基称帝时，他十分吃惊，不顾自己生病跑去责问他。李存勖也觉得有点不好意思，就支支吾吾地说这都是将士们的意思。张承业伤心至极，不久病死。而李存勖没了这位老臣，自然也就没人再管他花钱了，于是，他贪财的本性便暴露出来了。

为了多多搜刮钱财，李存勖重用贪官孔谦为租庸使。孔谦为敛民财供他挥霍，便绕过藩镇将领直接下令到州县催交赋税。虽然有的藩镇上奏弹劾孔谦违反朝廷制度，但李存勖却一方面下诏表示照制度办事，一方面又对孔谦姑息纵容，致使其横征暴敛，民心大失。皇帝纵容孔谦，其他官吏也就纷纷效仿，层层加重剥削，致使百姓流亡他乡，士兵挨饿受冻。李存勖又听信宦官的主张，将国家的财富划分为内外府库，州县供奉的钱财纳入外府库，充当军事和政治费用；藩镇所贡献的钱财则送入内府库，供酒宴、游玩和赏赐伶人所用，最后导致外府库经常枯竭，经费紧张；而内府库的钱财却堆积如山。当遭遇水旱灾害，民不聊生之际，有大臣请求废除地方的苛捐杂税，以收揽民心，可李存勖依旧奢侈享乐毫不收敛，反而预先征收河南第二年的赋税以供自己享用。

李存勖如此聚敛贪财的背后，还有他妻子刘皇后的影子。这个刘皇后就是那位为了富贵不认亲生父亲的刘氏。她本是小家女子，在兵乱中被劫，成为了李存勖母亲曹太后的侍女，后来曹太后又把她送给李存勖作妾。她姿容出众，能歌善舞，很受李存勖的宠爱，再加上她给李存勖生了长子李继岌，李存勖登基后就把她立为皇后。刘氏本来就是贪图富贵之人，为了做皇后，连亲爹也不认。做了皇后，就更加贪婪，反而认了大臣张全义作义父。张全义本是后梁降将，出身豪富，李存勖经常带刘皇后到他家饮酒作乐。张全义每回也伺候得十分周到，不但满席山珍海味，美酒佳肴，还经常赠送珠宝玉器。刘皇后就对李存勖表示想认他为义父，李存勖当场同意，张全义更是不肯错过这个良机，因为有了刘皇后这个义女撑腰，也就从根本上保住了自己的权势和富贵。从此，每遇节日，张全义便命人送贵重礼物入宫给刘皇后。各处的藩镇见状，也纷纷巴结刘皇后，以巩固自己的权势。

李存勖虽然贪财，但比起刘皇后来，还是略逊一筹。刘皇后为了更多更直接地聚敛钱财，还派人经商贩卖物品，从中渔利，为了多销商品，竟将干鲜果品以自己的名字命名出售。皇后如此贪财，对于李存勖的聚敛行为，自然不会加以劝阻，反而乐得坐享其成，把内府库视为己有，不肯拿出一点以解国家急需。当将士缺乏粮饷怨声载道的时候，宰相无奈之下乞请发放一些内府库的钱财赏赐将士，以解燃眉之急，等日后再如数补还。刘皇后一听脸色大变，回屋拿出日常用的银盆两个，又将皇子三人领出来，道是宫中已是一个钱也没有了，就剩下这些，让他卖了犒赏将士。刘皇后如此刁蛮撒泼，宰相也无可奈何，只好拜辞而去。

最后，李存勖和刘皇后的贪财聚敛终于促使危机爆发。士卒们由于缺粮食吃，竟将妻子儿女出卖，或者到山里挖野菜充饥，但常常有在半路饿死的。军队中怨声四起，再加上功臣宿将们横遭猜忌，接连被冤杀，国家面临巨大的危机。而这时，李存勖和刘皇后二人还在金钱堆里醉生梦死，不知命在旦夕。直到后来兵乱迫在眉睫，李存勖才想起用钱财赏赐将士，让他们为自己卖命。但士卒们拿到钱物，不仅没有一点感激之情，反而大骂："我们的妻子儿女已经饿死了，要这些干什么！"当李存勖许诺重赏，低三下四地求士卒护驾时，士卒们却说："陛下赏赐太晚了，我们不感激圣恩！"

李存勖在战场上是勇猛无敌，百战百胜的将军。可自从登基做了皇帝，却自以为大仇得报，便日益骄纵，不再约束自己，做上了快活天子，与先前判若两人：一方面宠信伶官，纵容他们胡作非为，扰乱吏治；一方面又大肆搜刮，搞得民穷财尽，将士离心。不但如此，他还对以前的功臣产生了猜忌之心，大加杀戮。郭崇韬被杀，就是一桩大冤案。

郭崇韬是后唐的名将谋臣，为人清廉，做事干练，而且遇事机警，应对从容。郭崇韬还忠直敢谏，曾奏时务利害25条。就是对于李存勖本人，他劝谏起来也毫不留情面。李存勖登基后日渐奢侈，有一年的夏天热得让人难以忍受，李存勖到处找避暑的地方，都不如意。宦官就说："现在大内的楼观，还不及昔日长安里大臣家盖得高。以前有大明和兴庆两宫，房屋多达数百，都是雕梁画栋，高到指云蔽日，自然凉快，现在陛下的皇宫却没什么遮挡烈日的高楼，所以才会没地方纳凉。"李存勖听了，很不服气："朕现在富有天下，还能建不起一座高楼？"他马上命人建造，但又怕郭崇韬会劝止，就派人对郭崇韬说："今年酷热难忍，朕原来在黄河边上和敌人对垒，行宫里也是湿热，但那时却感觉不到，竟像乘凉一般；现在安然居于深宫，却不能忍受，这是为什么呢？"他的本意是希望郭崇韬说出让他修宫殿的话来。但郭崇韬却说："陛下昔日在战场上时，后梁未平，陛下废寝忘食，心在战事，所以不管酷暑严寒，都不在意。现在天下已定，中原无事，能够经常吃喝享受，没什么牵挂，到了夏季，纵有高楼百尺，宫殿九重，也不能忘掉酷热。希望陛下常想着当初的艰难创业，那么现在的暑热就可以变成凉爽了。"李存勖没有想到郭崇韬会装糊涂，不软不硬向他说了这些话，他一时语塞，但还是听凭宦官们去建造高楼。郭崇韬知道了，又奏道："宫内大兴土木，浪费财物；而有的地方却闹灾害，百姓吃不饱肚子，臣请求皇上停建。"李存勖不仅不肯听他的，反而对郭崇韬的劝谏厌烦起来。

同光三年（925年），李存勖得知前蜀政治腐败，兵力空虚，就兴起了灭蜀的念头，任命自己的儿子魏王李继岌为元帅，郭崇韬为副将伐蜀。李继岌当时还很年轻，没有什么作战经验，所以一应战事，都是由郭崇韬策划。书檄先行，大军后进，所至不战而降，在70天内就灭掉了前蜀。李继岌身边的宦官们却是一帮贪财的小人，见郭崇韬的门前车水马龙，送礼巴结的人络绎不绝，自己却没有机会捞到一点油水，就千方百计地在李存勖面前挑拨是非，陷害郭崇韬。在他们的挑拨之下，两人的矛盾越来越深。

郭崇韬秉性刚直，素来对宦官们深恶痛绝。他曾对李继岌说："蜀地一平，大王就是太子了，将来登基，一定要选用士族，把那些宦官统统除掉。”这还不够，他又刻薄地说了一句：“不但这些阉人不能用，就是连骟马也不要骑。”宦官自然对他恨得咬牙切齿。这时，宦官向延嗣带诏书到达蜀地，命郭崇韬班师回朝，但郭崇韬素来看不起宦官，在向延嗣到的时候没有按照礼节去郊外迎接。向延嗣对此气愤不已，李继岌身边的宦官又对他添油加醋，说郭崇韬大权在握，骄横跋扈，军中的将领也全是郭崇韬一党的，魏王一人没什么力量制约自保，万一命郭崇韬班师，恐怕就会生祸乱了。向延嗣回去之后，便对李存勖说蜀地的珍宝都进了郭崇韬的府内。

贪财的李存勖本来就不满郭崇韬向他进奉的金银太少，听到向延嗣的谗言，不由大怒，马上命宦官马彦圭火速赶往蜀地去调查，随即便把郭崇韬诱来杀掉了。

郭崇韬死后，李存勖又听信伶人景进的谗言，冤杀了功臣朱友谦一家。大将康延寿打着为郭崇韬和朱友谦复仇的旗号造反，四川大乱。康延寿兵败身亡之后，四川继续混战。此时，镇守瓦桥关魏博镇的将士戍守期已满，回镇途中经过贝州时，李存勖突然下令不准回乡，就地驻守。在这种情况下，人心浮动，士兵便发生了哗变，大举南下攻入魏州。李存勖闻讯忙派人领兵镇压，却一触即溃。李存勖只得再派素来猜忌的李嗣源率领侍卫军征讨。

李嗣源是李克用的养子，也是后唐战功赫赫的功臣。李嗣源率兵到魏州城下，决定第二天攻城，但当天夜里他率领的军队便发生了兵变。将士们进逼李嗣源的大营，李嗣源斥责叛将，兵士们却说：“皇上对我们士卒丝毫不知体恤，听说在平定魏州叛乱后，要把我们全部杀死，我们没有叛心，只不过不想白白送命。我们已经商量好了，和城中军队合为一处，击退各路军队后，拥立您和皇上隔河分治，做我们的皇帝。”在哗变将士的胁迫下，李嗣源只好先进了魏州城，后来借口出城召集各路流散士卒才得以脱身。出了魏州城后，他召集部队，想回都城向李存勖言明心迹，但手下却认为无法说明真相：哪里有在外兵变，军队的首领还能毫无干系呢，劝他当机立断。李嗣源无奈，只好向南进军。

此时的李存勖可谓是众叛亲离，可他万万没有想到，最后致自己于死地的，竟然是他最为宠爱的伶官——亲兵“从马直”的首领郭从谦。郭从谦原来是伶官，艺名郭门高。平时视郭崇韬为叔父，而且又是李存义的养子，郭崇韬和李存义都被李存勖冤杀后，郭从谦恨恨不平，准备复仇。“从马直”的一部分人由于饥寒交迫，想兵变造反，由于泄密而被镇压了。李存勖在和郭从谦闲谈时，就问他为什么依靠郭崇韬和李存义，为什么教唆兵士造反。李存勖本来和伶官们开玩笑开惯了，说这些话也没有责问的意思。但郭从谦却以为李存勖有所察觉，心里更是异常不安，便发动兵变，带着叛乱的士兵乱杀乱砍，火烧兴教门，趁火势杀入宫内，乱军之中李存勖被流箭射中，不久便气绝身亡。众人都逃散了，只有一个伶人拣了些丢弃的破烂乐器放在李存勖的身上点火焚尸。宠信伶人的李存勖，最后得到的就是这么一个下场。

李存勖死于乱军，他的刘皇后也不去探视，反而收拾金银细软，与李存勖的弟弟李存渥在骑兵保护下逃出宫门，想到晋阳暂时躲避。在路上，刘皇后为求保护，竟和李存渥通奸。到了晋阳城下，守将却由于刘皇后素来贪婪不爱护将士，不肯开城门收留。这时，李存渥被部下杀死，刘皇后走投无路，只好做了尼姑。后来李嗣源攻入洛阳，派人从灰烬中找到了李存勖的一些零星尸骨，葬于雍陵。他以“监国”的身份先掌握了政权，得知魏王李继岌被害于四川，才接受众大臣的劝进，继位称帝，是为后唐明宗。称帝后，他没有放过那个误国的刘皇后，派人找到她，逼她自尽了。此时，距李存勖建立后唐，占领中原只有短短的三年时间。李存勖成为了历史上唯一一位开国家基业又将江山亲手葬送的皇帝。

相关链接：

伶官

伶官即乐官，源自《诗·邶风·简兮序》：“卫之贤者，仕于伶官。”郑玄笺：“伶官，乐官也。伶氏世掌乐而善焉，故后世多号乐官为伶官。”（伶官就是乐官，被称为伶的人擅长并掌管音乐，所以后世很多地方都管乐官叫做伶官。）

后来人们通称演戏的人为伶，在宫廷中授有官职的伶人，叫伶官。

后唐庄宗李存勖取得政权后，荒淫腐化，癖好音律，宠用伶人景进、史彦琼、郭门高等，让他们做官掌权，以致败政乱国，只做了三年皇帝便身死国灭。为了提供历史借鉴，欧阳修在《新五代史》里写了一篇《伶官传》，记述了相关史实。

宫廷乐舞

不爱江山爱木工

——木匠皇帝

人物小档案：

朱由校（1605年—1627年），明朝第十五位皇帝，明光宗朱常洛长子，生母为王才人。16岁即位，1627年因服用“仙药”而死，终年23岁，庙号熹宗，谥号“达天阐道敦孝笃友章文襄武靖穆庄勤悊皇帝”，葬十三陵之德陵。

明熹宗

朱由校，明代第十五任皇帝，庙号为熹宗。“熹”宗原本是“嬉”宗，后来臣子们经过商议，觉得堂堂天子怎能以嬉戏为荣，因此，更名为“熹”。“熹”字本有光明的含义，但对于朱由校来说，却是“熹微，日欲暮也”，是明朝垂亡的象征。明熹宗其全称应是“熹宗达天阐道敦孝笃友章文襄武靖穆庄勤悊皇帝”。这样的称号可谓是集所有褒词于一体，只可惜名不副实，对他而言反而成了绝大的讽刺。他年号天启，而“天启”二字出自《左传》，意为“天开辟了统治者之道”。想到大明在他身后不久即亡，这样的年号同样徒令后人耻笑而已。朱由校共在位七年，这期间他为政没有任何建树，却为后世的木器收藏开辟了先河。

明熹宗时，外有金兵侵扰，内有明末起义，正是国难当头，内忧外患的时期。明熹宗却不务正业，不听先贤教诲去“祖法尧舜，宪章文武”，而是对木匠活计有着浓厚的兴趣，整天与斧子、锯子、刨子打交道，只知道制作木器，盖小宫殿，将国家大事抛诸脑后不顾，成了名副其实的“木匠皇帝”。明熹宗死后，崇祯帝朱由检入继大统。见到先帝留下的一座沉香假山，上面池台林馆悉俱，灯屏、香几精美依旧，崇祯帝轻声叹息说：“亦一时精神之所寄也。”这一句话道尽了明熹宗的辛酸，他做木工也不过是聊以慰藉罢了。

明熹宗不好女色，偶尔有一些奢侈做法，例如他派人从云南飞马传送来他最爱吃的云南名产“鸡枞”（真菌的一种，菌盖呈圆锥形，中央凸起，熟时微黄色，可以吃）。每年雨季一到，就有亲信大臣专门到云南做好安排，每天将现采集的新鲜“鸡枞”收在一起，由专人通过各地的驿站，飞马向京中传送。但这种奢侈的排场只是偶尔为之，明熹宗最醉心的依然是他手中的木工器具。

明熹宗自幼便有木匠天分，他不仅经常沉迷于刀锯斧凿油漆的木匠活之中，而且技巧娴熟，一般的能工巧匠也只能望尘莫及。据说，凡是他所看过的木器用具、亭台楼榭，都能够做出来。凡刀锯斧凿、丹青揉漆之类的木匠活，他都要亲自操作，乐此不疲，甚至废寝忘食。他手造的漆器、床、梳匣等，均装饰五彩，精巧绝伦，出人意料。据《先拨志》载：“斧斤之属，皆躬自操之。虽巧匠，不能过焉。”文献载其“朝夕营造”，“每营造得意，即膳饮可忘，寒暑罔觉”。《诗经》说：“有匪君子，如切如磋，如琢如磨。”用这 12 个字来形容明熹宗做木工时的专注和他所打造的木器作品的气质，是非常贴切的。

明代天启年间，匠人所造的床极其笨重，十几个人才能移动，用料多，样式也极普通。明熹宗自己设计图样，亲自锯木钉板，一年多工夫便造出一张床，床板可以折叠，携带移动都很方便，床架上还雕镂有各种花纹，美观大方，为当时的工匠所叹服。明熹宗做了那么多精美的木器，自己却不用，只是一味地做，享受做木匠活的过程。他还善用木材做小玩具，他做的小木人，男女老少，俱有神态，五官四肢，无不具备，动作亦很惟妙惟肖。他派内监将这些小木人拿到市面上去出售，市人都以重价购买，他便十分高兴。他卖小木人并不是为了卖钱，只是想给自己的作品找个识货的主人。有时候，他自认某件作品属于“得意之作”，就会叮嘱小太监：御制之物，价须多少多少以上。要是真卖了好价钱，则“熹宗大悦”，便加倍努力制作木人，往往忙到半夜也不休息。

明熹宗曾做过一个陈年水磨细竹料的圆形红子鸟鸟笼。笼门及镶头上雕刻着十八罗汉的图案，十八罗汉神态细腻、雕刻技艺精湛。由于红子鸟比较小，跟麻雀大小差不多，别人做的此类鸟笼都是50多根竹条的，笼条缝隙太大，红子鸟容易抿翅儿从笼条间钻出飞掉。而明熹宗的红子鸟鸟笼则有64根笼条，外径290毫米，高200毫米，既考虑了鸟与笼的比例，便于观赏，又防止了红子鸟飞掉。

明熹宗的漆工活也很在行，从配料到上漆，他都自己动手，并喜欢创造新花样，让身旁太监们欣赏评论。明熹宗还喜欢在木制器物上发挥自己的雕镂技艺。在他制作的10座护灯小屏上，雕刻着《寒雀争梅图》，形象逼真。《明宫杂咏》上有诗吟道：“御制十灯屏，司农不患贫。沈香刻寒雀，论价十万缗。”明熹宗雕琢玉石，也颇精工，他常用玉石雕刻各种印章，赐给身边的大臣、宫监。

明熹宗喜欢看傀儡戏，当时的梨园弟子用轻木雕镂成海外四夷、蛮山仙圣及将军士卒等形象。明熹宗情绪高时，也施展自己的手艺。他做的木像男女不一，约高二尺，有双臂但无腿足，均涂上五色油漆，每个小木人下面的平底处安一锔卯，用长三尺多的竹板支撑着。另外还有一个用大木头凿钉成的长宽各一丈的方木池，上面添水七分满，水内放有活鱼、蟹虾、萍藻之类的海货，使之浮于水面。再用凳子支起小方木池，周围用纱幔围成屏幕，竹板在围屏下游移拽动，这样就形成了水傀儡的戏台。在屏幕的后面，有一艺人随剧情将小木人用竹片托浮水上，游斗玩耍。当时宫中常演的剧目有《东方朔偷桃》、《三保太监下西洋》、《八仙过海》、《孙行者大闹龙宫》等，剧中的小木人均装束新奇，扮演巧妙，活灵活现。明熹宗做得是如醉如痴，看得也是如醉如痴。

不但是这种“水傀儡”戏，明熹宗对真正的戏剧表演也兴趣不浅。他这种兴趣是从对军事的爱好上来的。他本性好武，在魏忠贤的撺掇下，他在宫内设立内操，挑选年轻的太监300名，手持龙旗，列队在左；令宫女300人，手持凤旗，列队在右，大搞内操。他就这样喜欢上排兵布阵的打仗游戏，而且还玩得像模像样，规模越来越大，后来竟凑到了上万“勇士”，个个身披铠甲，服饰鲜明，整天操练不休，喊杀声不绝于耳，锣鼓之声响彻宫内外。从此紫禁城内吵闹喧天，明熹宗如同将军指挥打斗，玩得不亦乐乎。明熹宗还骑马亲自上阵，做“大军”的统帅，顾盼神飞，得意洋洋。看到明熹宗把好好的皇宫弄成了练兵校场，大臣们都觉得太荒唐了。作为皇帝，每天都会有许多军国大事需要处理，明熹宗却整天这样不务正业，只图自己快活，不顾江山社稷，臣子们不禁忧心忡忡，纷纷上奏请明熹宗结束内操。可明熹宗玩兴正浓，根本不肯听他们的。

明熹宗曾经在懋勤殿里设置了一个四周封闭的隧道，让戏班子在大殿中的隧道里面演戏。有一次演《金牌记》（即皇帝十二道金牌召回岳飞的故事），到“疯僧骂秦桧”一出时，魏忠贤因面子上有些挂不住，起身离开。明熹宗心中知晓，外面的百姓都将魏忠贤比作秦桧。他故意命戏子先停下来，派人去找魏忠贤，一定要让他到场后再演，还是他的奶娘客氏求情才作罢。看来明熹宗本身也并不是真的糊涂，他思虑的是只要魏忠贤不危及到他的皇位，他也就视而不见，继续潜心于自己的爱好中。

真正到了觉得看戏不能尽兴的时候，明熹宗还带着太监们亲自登台演出。明熹宗一看到关于打仗的戏就显得兴奋异常，他热切地希望在里面扮演一个角色。他曾经排演过一个戏。其中有一场是“雪夜访普”，就是宋太祖赵匡胤在大雪之夜拜访宰相赵普，商议如何统一全国的事。既然叫“雪夜”，可见是冬天，剧中的人物都要穿冬装。可明熹宗演戏的时候正值初夏，天气热得要命，但明熹宗却一丝不苟，他亲自扮演宋太祖赵匡胤，披上厚厚的大氅，又戴上了棉帽子，尽管汗流浃背，依然坚持演了下来。

明熹宗就如同一个长不大的孩童，他的很多嬉戏的内容都显得十分孩子气。比如，他曾经在大殿上悬挂一枚银铃铛，然后让宫女们蒙着头在殿里随便乱跑，谁要是碰到那个铃铛了，就把铃铛赐给她，再挂一枚接着玩。他还很喜欢捉迷藏，经常藏起来让宫女们找他，但他喜欢花，袖子里常常揣着很多花花草草，老远就能闻到香气。所以，尽管他藏得隐蔽，宫女们也早就从香气里判断出他在什么地方了。不过为了不让他扫兴，就故意装作找了好半天才找到，逗得明熹宗十分高兴。

每到冬季，西苑冰池封冻，冰坚且滑。明熹宗便命一群太监随他一起玩冰戏。他亲自为自己设计了一个小拖床，床面小巧玲珑，仅容一人，涂上红漆，上有一顶篷，周围用红绸缎为栏，前后都设有挂绳的小钩，明熹宗坐在拖床上，让太监们拉引绳子，一部分人在前用绳牵引，一部分人在床前引导，一部分人在床后推行。两面用力，拖床行进速度极快，瞬息之间就可往返数里。

明熹宗亲手制作的娱乐工具也颇为精巧。有一次他做了个木制花园，里面的人可以走路，鸟可以唱歌，水能流动。他还发明了中国最早的喷泉，宫中的人都叫这种喷泉为“铜缸水戏”，这在当时可是天下一绝。那时宫中都用铜缸或是木桶盛水饮用，他就用大缸盛满水，水面盖上圆桶，在缸下钻孔，在里面设置机关，机关一操作，缸中的水就能飞散出来，形成水喷，再放置许多小木球于喷水处，启闭灌输，有时泻如瀑布，有时又散若飞雪，最后变成一根玉柱，击打着放在缸外面的许多小木球，木球浮在水尖上，随着水的喷吐而跳跃不已，久久不息。

除木工活外，明熹宗还醉心于建筑。吴宝崖在《旷园杂志》中写到明熹宗曾亲自在庭院中造了一座小宫殿，形式仿乾清宫，高不过三四尺，却曲折微妙，小巧玲珑，巧夺天工。明熹宗喜欢踢球，常与太监在长乐宫打球，他觉着玩起来不过瘾，就亲手设计、建造了 5 所蹴园堂。明熹宗酷爱建筑，还表现在对朝廷建筑工程的关心上。天启五年（1625 年）到天启七年（1627 年）间，明朝对紫禁城里的太和殿、中和殿和保和殿进行了规模巨大的重造工程，从起柱、上梁到插剑悬牌，整个工程中明熹宗都亲临现场。他常常在宫内房屋造成后，高兴得手舞足蹈，反复欣赏，等高兴劲过后，又立即毁掉，重新照新样制作，从不感到厌倦。

明熹宗也喜欢雕刻。他擅长雕琢玉石，作品颇为精巧。他曾经赐给客氏、魏忠贤二人金印，各重 300 两。魏忠贤的印中刻有“钦赐顾命元臣”，客氏的印中刻有“钦赐奉圣夫人”。他还把刻制的玉石时常赐给身边的宫女太监。

面对这样的主子，奸臣魏忠贤当然不会错过良机。他常趁明熹宗引绳削墨，兴趣最浓时，拿上公文请他批示，明熹宗觉着影响了自己的兴致，便随口说道：“我已经知道了，你尽心照章办理就是了。”正如《酌中志余》所述：“当斫削得意之时，或有急切章疏，奏请定夺，识字女官朗诵职衔姓名毕，玉音辄谕王体乾辈曰：‘朕已悉矣！汝辈好为之。’诸奸于是恣其爱憎，批红施行。”明朝旧例，凡廷臣奏本，必由皇帝御笔亲批；若是例行文书，由司礼监代拟批问，但也必须写上遵阁票字样，或奉旨更改，用朱笔批，号为批红。明熹宗潜心于制作木器房屋，便把上述公务一概交给了魏忠贤，魏忠贤借机排斥异己，扩充势力，专权误国。

就在整个大明王朝风雨飘摇的时候，一手制造了客魏专政的明熹宗却在后宫因嬉乐过度，酿成了一身的疾病，面无血色，虚弱乏力。天启五年（1625 年）五月十八日，明熹宗从安定门外祭方泽坛回来后，便携皇后去西苑游乐。到下午 4 时左右，皇后疲乏困倦，先自回宫。明熹宗游兴未尽，便由客、魏陪同在湖中乘船游荡。明熹宗好动，船行一程，竟改换小船，由两个小太监陪伴，自己划荡起来。不料大风突起，把小船吹翻，明熹宗与两个小太监都落入水中。随从人等顿然失色，喧呼救驾。管事太监谈敬率先入水，其他人也纷纷跳入水中，明熹宗被众人救上岸来，而两个小太监却溺死水中。对此，明末曾有诗记述道：

琉璃波面浴轻凫，艇子飞来芳画图，
认著君王亲荡浆，满堤红粉笑相呼。
风掠轻舟雾不开，锦鳞吹裂采帆摧。
须臾一片欢声动，捧出真龙水面来。

明熹宗遭此一吓，染病数日，虽经太医及时医治痊愈，但病根由此种下。到了天启七年（1627 年），年仅 23 岁的明熹宗突然得了重病，开始腰疼、发烧，以后又浑身浮肿，已经呈现出大限将至的迹象。从症状上判断，他得的大概是肾脏方面的疾病。有人给明熹宗进献了一种仙方，说是久服可以长生，叫做“灵露饮”。仙方的做法是：用银锅一口，内放桶状木瓯，木瓯有蓖，蓖中安长颈大口空银瓶一个。用淘净的米按程序添水瓯中，热气透一层，添一层，围在瓶外。银锅之上，扣一尖底银锅，其尖处正对银瓶之口。用水蒸气，尖底银锅外洒冷水，使锅内的蒸气迅速化为水，滴入银瓶，最后取出滴满的一瓶“灵露”（其实就是米的精华）。明熹宗日日饮“灵露”，却不见病情好转。三个月后，明熹宗去世，这时，他还不到“三十而立”之年，故不能说是“短命”，只能算是“夭亡”。一代木匠皇帝明熹宗朱由校就这样结束了他的一生，他是一个出色的木匠，但却是一个失败的天子。

相关链接：

魏忠贤

魏忠贤

魏忠贤（1568—1627 年），原名李进忠。后因认魏朝作为“干父”而改名换姓。他是中国明朝末期有名的宦官。北直隶肃宁（今属河北）人。出身于市井无赖，后为赌债所逼遂自阉入宫做太监，在宫中结交太子宫太监王安，得其庇佑。后又结识皇长孙朱由校奶妈客氏，与之对食。对皇长孙，则极尽谄媚事，引诱其宴游，甚得其欢心。泰昌元年（1620 年），朱由校即位，是为熹宗，年号天启。魏升为司礼秉笔太监。明熹宗是个“木匠天才”，喜欢刀锯斧凿油漆的工作，“朝夕营造”，“每营造得意，即膳饮可忘，寒暑罔觉”。魏忠贤总是乘明熹宗做木工做得全神贯注之时，拿重要的奏章去请他批阅，熹宗随口说：“朕已悉矣！汝辈好为之”。魏忠贤逐渐专擅朝政。时东林党人、吏部尚书赵南星在朝廷中排斥反对派，于是非东林派愤而结交魏忠贤。1624 年，魏忠贤遭到杨涟的弹劾，但幸免于难，于是开始大规模迫害镇压东林党人。天启五年（1625 年），魏忠贤借熊廷弼事件，诬陷东林党的左光斗、杨涟、周起元、周顺昌、缪昌期等人有贪赃之罪，大肆搜捕东林党人，史称“六君子之狱”。天启六年，魏忠贤又杀害了高攀龙、周宗建、黄尊素、李应升等人，东林书院被全部拆毁，讲学亦告中止。而负责防守边疆的孙承宗、袁可立等正直大臣也相继遭罢官。至此，东林党被阉党势力彻底消灭，时东林“儽儽相接，骈首就诛”。魏忠贤与皇帝乳母客氏沆瀣一气、狼狈为奸，极受宠信，被封为“九千岁”，自己也在民间养了不少“义子”，如什么“五虎”、“五狗”、“十孩”、“四十孙”等。在其全盛时期，各地官吏阿谀奉承，纷纷为他设立生祠，连辽东巡抚袁崇焕也积极参与其中。1627 年崇祯帝朱由检登位以后，魏忠贤遭到弹劾，被流放凤阳，在途中畏罪自杀。

客氏

客氏原是河北农妇，侯巴儿（侯二）之妻，姿色妖媚，狠毒残忍，生性淫荡，生子侯国兴。18 岁入宫成为皇孙朱由校的乳母。朱由校是当时太子朱常洛的长子。泰昌元年（1620 年）九月，刚刚登基一个月的明光宗朱常洛猝死，年仅 15 岁的朱由校登基，是为熹宗。当时魏忠贤、客氏深受朱由校宠幸。登基未逾月，朱由校便封客氏为奉圣夫人，其子侯国兴、弟客光先及魏忠贤兄魏钊俱锦衣千户。天启元年（1621 年），熹宗下诏赐客氏香火田，叙魏忠贤治皇祖陵功。御史王心一谏，熹宗不听。至熹宗大婚后，御史毕佐周、刘兰请遣客氏出外，大学士刘一燝亦言之。熹宗恋恋不忍客氏离去，曰：“皇后幼，赖媪保护，俟皇祖大葬议之。”不久，客氏被迫离开宫廷，复又被熹宗召入。客氏“每日清晨入乾清暖阁侍帝，甲夜后回咸安宫”，二人可能有淫乱的嫌疑，客氏常常将龙卵（马的外肾）烹煮给熹宗食用。客氏曾与魏朝、魏忠贤等宦官对食，“忠贤告假，则客氏居内；客氏有假，则忠贤留中”。客氏害死数个曾被熹宗临幸过的嫔妃，张裕妃怀孕临产，客氏竟断其饮食，裕妃饥渴难忍，在暴雨之夜到屋檐下接雨水喝，最后哭喊着断气。

天启三年（1623年），张皇后怀有身孕，即怀冲太子朱慈燃，却被客氏与魏忠贤暗中陷害而生下死胎，此后张皇后未再生育。《明季北略》记述，客氏曾在熹宗逝世前，安排怀孕的宫女进入后宫，以冒充熹宗子嗣。天启七年（1627年），熹宗无子而逝。十一月，其弟思宗即位后，籍没宦官魏忠贤及客氏。魏忠贤自杀，乾清宫牌子赵本岐奉命将客氏笞死于浣衣局，在净乐堂焚尸扬灰。其子侯国兴、其弟客光先与魏忠贤的侄子魏良卿同日被斩首。

历史就是这么不堪

——中外宫廷奇闻录

荒唐宫事

HUANG TANG GONG SHI

宦官也能握政权

——死后追尊为皇帝

人物小档案：

No.1　曹腾（100 年—159 年），字季兴，沛国谯县（今安徽省亳州市）人，东汉宦官，其父曹节，由于曹操的父亲曹嵩是他的养子，曹魏建立后将其追尊为魏高帝。

No.2　曹嵩（？—193 年），字巨高，沛国谯县（今安徽省亳州市）人。出身不详，魏武帝曹操之父。后高祖曹丕追谥其为太皇帝。

东汉永寿元年（155 年）曹操出生于豫州刺史部沛国谯县（今安徽亳州），此地位于京师洛阳的西南方向，距洛阳约五百里。曹家乃当地的第一大家族，家族祖户大都集中在县城以东、沿涡河居住。对于曹府的位置史书有确切的记载，郦道元在《水经注》里说：“城东有曹太祖旧宅，所在负郭对廛，侧隍临水。”也就是说，曹府背后即城郭和住宅集中之地，旁边是城壕和涡水。曹家的兴盛，来自于曹操的祖父大宦官

曹腾

曹腾。

魏明帝曹叡即位后，追尊其高祖曹腾为高天子，曹腾夫人吴氏为高皇后，直到西晋代魏，这个称号都一直保存着。曹腾也成为曹魏王朝五个拥有帝号的人物之一。历史上，被正式授予正统王朝天子称号的宦官，仅曹腾一人而已，可谓空前绝后。《三国志·武帝纪》裴注和《后汉书》均载有《曹腾传》。宋代诗人刘克庄的《杂咏一百首·曹腾》诗这样写他："费亭侯在日，乱已有萌芽。养得螟蛉种，犹能覆汉家。"

曹腾，字季兴，东汉著名的宦官。曹腾的父亲曹节，字符伟，生有三子。曹腾排行第三，从小就被送进皇宫当宦官。司马彪的《续汉书》记载了一段曹节的小故事：曹节的邻居丢了一头猪，到曹节家寻找并指认曹家的一头猪就是他走失的猪，曹节不与他争执，让邻居将猪牵回。后来邻居家走失的猪自己跑回家来，邻居感到羞愧，赶忙登门道歉，送还曹家的猪。曹节也不责怪，笑着接受了。于是乡里之间皆称赞曹节是一位仁慈敦厚的人。由此可见，曹节应是个普通的乡下农户，将曹腾送到宫中当宦官，也许是出于生活拮据。

曹腾是在东汉安帝时进宫为宦的，恰逢历史上有名的"文章太后"邓绥执政。邓绥是一位博学女人，政治上很有抱负，她对古典文化几近痴迷，不仅要满朝文武学习典籍，也要求太监、宫女们识文断字。曹腾进宫后受到邓太后的召见，一番询问下来，她认为曹腾年轻、温顺、忠厚，选他陪伴太子刘祜（即后来的汉安帝）在东宫读书最为合适。由于曹腾为人恭谨，成为太子侍臣后，很受太子的喜爱。刘祜非常赏识曹腾，给予他"饮食赏赐与众有异"的待遇。刘祜即位以后将曹腾提拔为小黄门，这是一个职轻权重的职务。曹腾后来与一吴氏女子结为"对食"夫妻，并收养同宗少年为子，即曹操父亲曹嵩。

汉顺帝刘保即位后，曹腾升任中常侍。他在宫内供事期间，做官很清廉，一直小心谨慎，其家族也从不在家乡横行霸道。当时有个蜀郡太守通过计吏顺便送些礼物给曹腾，他知道曹腾与皇帝经常接触，说的话要比大臣们更容易入耳。结果被益州刺史种暠在斜谷关查出。种暠上书告发蜀郡太守，由此牵扯出曹腾，请求将曹腾交给廷尉治罪。种暠原本是希望利用这件事对曹腾下手，除去他的宦官权利，汉顺帝说："信是从外面来的，不是曹腾写的，不是他的过错。"于是扣下奏折。由此可见曹腾在皇帝心中的地位，第一是一个值得皇帝信任的人，第二是一个正直的人。得知这件事后，曹腾丝毫不介意此事，经常在皇帝跟前称赞种暠是有才能的官员，能够把握作为臣子的分寸，他的赞誉使得种暠不断升迁，最后位至司徒。种暠感慨地说："我能当上司徒，都是曹常侍的帮助啊！"曹腾约束家族并且亲近士大夫，得到了当时社会各界的普遍赞誉。

当时梁商和曹腾私交甚厚，他的两个儿子梁冀、梁不疑也和宫内几个小黄门关系密切。宫内太监之间关系复杂，相互倾轧，汉顺帝永和四年，中常侍张逵、蘧政，内者令石光，尚方令傅福为夺权陷害曹腾，他们诬陷梁商和太监曹腾等阴谋废帝，向皇帝告状。汉顺帝一点也不糊涂，愤言道："大将军父子我所亲，曹腾等亦我所爱，必无此谋，肯定是汝辈嫉妒诬陷。"张逵等人闻言惶急，离开汉顺帝后就假传圣旨把曹腾等人在宫内逮捕收押。汉顺帝听说此消息后震怒，命人立刻释放曹腾等人，逮捕张逵和几个兴事的太监，严刑拷打后杀掉。虽然梁商此次幸免于难，也是受惊不小。两年以后，梁商病重卧床，临终嘱咐儿子梁冀等人："吾本无德之人，生享荣华富贵。一辈子没有为朝廷办什么事情，死后千万不要耗费公款为我营丧。金珠宝玉随葬，于朽骨何益！我死之后，用我平时所穿旧衣收敛，祭奠用常饭，不必用三牲大礼。孝子善述父志，千万不要违背我的遗言。"

遗憾的是，梁商有如此恬淡的个性，而他的儿子梁冀的个性和其却迥然不同。汉顺帝死后，刚刚满两岁的幼子汉冲帝在继位一年以后又夭折。当时大臣们都以为应该立一位年长有德的宗室当天子，都属意于清河王刘蒜，而梁商儿子、外戚大将军梁冀为了继续掌权，却立了渤海孝王年仅 8 岁的儿子刘缵当天子，即汉质帝。但这位小天子也很聪明，在朝会时指着梁冀对群臣说道："此跋扈将军也。"（"跋"有在山上行走的意思，引申如"跋山涉水"；"扈"有皇帝身边随从的意思，引申如"扈从"。"跋扈"一词字面的解释是"行走在皇帝身边的随从"。后引申为指"专横暴戾，欺上压下"，继而传于后世。）梁冀听说后，又恨又惧，生怕小皇帝长大了会不利于已，就派手下在煮饼中下毒药给小皇帝吃。小皇帝吃了煮饼后非常难受，腹内如绞，痛苦之余叫人把太尉李固召至殿内。小皇帝此时还能说得出话，李固问他病因原由，小皇帝说："吃了煮饼就变成这样。现在我肚里烦闷疼痛，喝了水兴许还能活下来。"当时梁冀也在一旁，他竭力反对："喝了水就会呕吐，不能喝水。"辗转痛苦了好一阵子，小皇帝终于毒发身亡。李固伏尸痛哭，极力主张深究病因和御医的责任。梁冀害怕阴谋败露，更加怨恨李固。

在汉朝，宦官拥立皇帝已经屡见不鲜了，而曹腾也恰巧遇到了这样一个"机遇"。刘缵死的时候才 9 岁，自然来不及为大汉朝指定好下一任皇帝人选。这时，推选谁做继任者的斗争十分激烈，很快形成了两种针锋相对的意见：一派拥戴蠡吾侯刘志，一派拥戴清河王刘蒜。拥戴刘志的是当时辅政的太后梁妠和她的哥哥，即大将军梁冀；拥戴刘蒜的是太尉李固、司徒胡广、司空赵戒等当朝三公，以及大鸿胪卿杜乔等一批朝臣。梁家兄妹手握大权，实力上占上风；李、杜等人占据道德高地，声势上占上风，双方势均力敌，一时难分高下。

梁家兄妹极力拥戴刘志有两个原因，一是刘志已经娶了梁太后的妹妹梁莹，从亲疏远近上讲，刘志是梁冀的妹夫；二是刘志年龄相对较小，仅 15 岁，而且头脑蠢笨，比较容易控制。而刘蒜血统上比较纯正，年龄上相对成熟，贤明有德，在士人中颇有声望，难以驾驭。两派互不相让，李固、杜乔两位重臣认为册立新帝关系到国家生死存亡，争得很凶，导致群情激愤，拥立刘志的大臣们也没了主意，不知道该怎么办才好。而梁冀则有些动摇，打算妥协。

在拥立谁为皇帝的问题上，曹腾起到了重要的作用。尽管清河王刘蒜为人威严厚重，行动举止皆有度，很多朝臣都支持他。但是曹腾等宦官曾经拜见过刘蒜，而刘蒜并没有以礼相待，这引起了曹腾等人的仇视和畏惧。曹腾通过游说整个宫廷内的宦官，使他们统一了态度，一致拥戴刘志。就在梁冀犹豫不决，开始盘算要拥立刘蒜为新帝的时候，曹腾等人连夜赶往梁冀家中进行劝说，曹腾对梁冀说："将军世代都是皇亲国戚，总理朝政，人际关系复杂，有很多违反法式的地方。清河王严明，假如最后成为君主，那么将军遭受灾祸就为期不远了。不如立蠡吾侯，富贵可以长久保持啊。"他又劝说梁冀不要妥协，并表示全体宦官都坚决支持梁冀挺刘志。梁冀听从了曹腾的劝说，决定立蠡吾侯刘志为帝。

议政的朝堂上，面对在伦理道德和声势上占优势的士大夫们，梁冀改变了策略，他恐吓士人们如果继续支持刘蒜的话将会性命不保。在梁冀的恐吓下，在官场上长袖善舞的司徒胡广第一个转变了立场，低下头来唯唯诺诺地说："唯大将军的命令是从！"胡广的几个得意门生以及司空赵戒，见老师和老前辈都带头顺从了，也都纷纷表示支持刘志为帝，刘志就此登基，是为汉桓帝。曹腾以此功劳，迁为大长秋（大长秋执掌奉宣中宫，俸禄二千石，属于列卿一级的官位），并被封为费亭侯。

曹腾本人很有心机，他虽得梁太后和梁大将军的信任，却没有做过多少欺压人民、为非作歹的坏事，相反还做了不少好事。他向皇帝推荐的人才都是汉末响当当的人物，文官里有延固、虞放等，武将中有张温、张奂，治学的则有边韶、堂溪隆。曹腾扶持这些人，一方面落得为国举荐英才的美名，同时也是为自己以及后代子孙们铺路。比如张温、张奂这些人，日后成为曹丕建立的大魏朝里元帅级的人物，董卓、孙坚、陶谦、公孙瓒、刘表等都曾是他们的部下，他们在军中的影响力不容小视。后来曹操能以文官的身份直接进入军队，并担任重要官职，很有可能就是得到了他们的相助。

曹腾是梁冀的政治同盟，梁冀是曹氏家族的靠山，曹腾和梁氏一族可谓是休戚与共，一荣俱荣一损俱损。梁氏一门前后封侯的有 7 人，当上皇后的有 3 人，出过 6 个贵人，2 个大将军，夫人、女儿封了食邑、册为君的有 7 人，娶公主为妻的有 3 人，担任过卿、将、尹、校等的朝廷重臣多达 57 人！曹腾此时也已经成为了宦官中的第一等人物，掌握着常人所难以想象的权力。

和平元年（150 年）初，梁太后因病去世，昼夜忙碌的长乐宫一下子冷清了下来。在长乐宫里供职的宦官们都开始为自己寻找新的出路，期望自己能够跻身于皇帝或皇后的身边。此时曹腾已有50余岁了，皇帝、皇后身边已被年轻一代的宦官把持，这些曾经望见他腿都会发抖的小宦官们，如今都当上中常侍、小黄门，以自己的年岁，是断断不能够再同他们去争去抢的！由于妹妹的去世，梁冀的权力也开始凋零，曹腾意识到再如此下去恐怕自己也不会有好下场，他开始为自己的将来筹划。

这一年刘志18岁，已经到了可以亲政的年龄，但梁冀似乎没有这个打算。长妹不在了，梁冀也不着急，因为他的小妹依然是皇后，统摄六宫。又过了9年，梁皇后也死了，这一下梁冀慌了神，因为一个重大问题摆在了面前：谁来填补后宫皇后去世后留下来的空位？这个时候皇帝已经二十七八岁，皇帝的身边如果没有了梁姓女子做后妃，那么，梁冀的外戚便会名不副实。

梁冀和妻子孙寿找来曹腾商议，曹腾也意识到事情的严重性，一旦梁冀失势，自己的日子也不会好过。最后，他们终于想到了一个办法。他们选中了孙寿舅舅的女儿——邓猛。孙寿的舅舅叫梁纪，虽然姓梁，却不是梁冀的同族。梁纪娶了个名字叫宣的老婆，宣曾经嫁过人，她的前夫叫邓香，早年死了，有两个女儿，长女嫁给了议郎邴尊，次女就是邓猛。

梁冀夫妇悄悄把邓猛接到家里，秘密改姓为梁，邓猛就成了梁猛，变成为梁冀的另一个妹妹。这时候邓猛的母亲还健在，她的家住在洛阳城里一个叫延熹里的地方。漂亮的梁猛被送到宫里，立即获得了刘志的专宠，很快二人便如胶似漆，离不开了。

梁冀、曹腾暗舒了口气，危机总算化解了！接下来，就等着梁猛被封皇后，梁冀继续做他威风的外戚，在梁家的族谱上，可以添上第四位皇后的名字了。

可惜好景不长，梁猛的姐夫，即那个叫邴尊的议郎看到梁冀自作主张给自家的妹妹改了姓，心里很是不痛快，便到梁猛的母亲、自己的岳母宣那里劝说她反对女儿改姓。这件事让梁冀知道了，情急之下派了几个刺客，暗杀了邴议郎。梁猛的母亲宣见女婿遭遇不测，吓得直哆嗦，待在自己的家里不敢出门。

这天夜里，阴云密布，有一个刺客窜上梁猛母亲家邻居的屋顶，打算行刺梁猛的母亲，但却惊扰到了邻居。这位邻居叫袁赦，他发觉后立即擂鼓呐喊，刺客被吓跑，梁猛的母亲吓得半死，不知道该怎么办。袁赦对她说：要不然我给你找个地方先躲躲吧，那里最安全。

谁知，袁赦居然把梁猛的母亲领进了皇宫。原来，袁赦是个宦官，是曹腾的手下干将。曹腾担心梁冀的权势衰落，同时觉得让邓猛改姓的办法并不是最佳的，一旦出了事情，不仅梁家会被灭门，他也会受到牵连。在他已经决定不再继续担任大长秋之后，便安排袁赦暗中保护梁猛的母亲。就这样，梁猛的母亲不仅顺利进了宫，而且当天晚上便见到了当今天子刘志，向刘志和盘托出了梁冀的计划，刘志勃然大怒，诛杀了梁冀。

曹腾助刘志铲除了梁冀之后，见刘志对自己还是逐渐冷落了，便向刘志请求致仕，即保有自己的官阶却不再掌权。交出大权后他把全部的精力放在两件事上：一件是扶持养子曹嵩，此时的曹嵩已经娶妻生子，历史上著名的枭雄曹操早已出世。另一件是在家乡谯县修墓地（曹腾修的曹氏宗族墓在郦道元《水经注》里有明确记载，规模十分宏大），为百年之后做准备。

本来宦官是没有后代的，汉顺帝刘保当年是由于被宦官拥戴才当上皇帝的，为了感激宦官的功绩，他做出了一个史无前例的决定：允许宦官收养义子，以继承家业和封爵。曹腾于是就在同宗里收养了曹嵩做养子。

曹腾辞去权位的那天傍晚，年仅 6 岁的曹操非要像往常一样骑在他的肩头。进门时，曹腾只关心肩头的曹操是否会被门框撞到，忘了脚下的门槛。整个人，连同肩膀上的曹操，一起向前栽倒。即将倒地的刹那，曹腾害怕曹操迎面栽倒，会伤害到他的脸，便双肘顶地，手臂往后撑去，结果把右臂摔断。也许是那一跤摔得太重，也许是失去权位后心情落寞，此后，曹腾便一病不起。虽然摔断的右臂被接上，但还是肿得厉害。他勉强熬过了大年，在临去世前一天晚上，给曹嵩留下四条遗言：一、金乌巷九号世代保留；二、要将曹操教育成才；三、切不可跟最红的人靠得太近；四、多生子嗣，旺曹家香火。还有一句他临离开皇宫时，没能亲口告诉刘志的话——“重用士大夫”，要曹嵩必须设法转达给刘志。

曹腾死后，由养子曹嵩继承其爵位。桓帝末年，曹嵩已官拜司隶校尉。到了灵帝即位，又升任大司农、大鸿胪，先后掌管国家的财政、礼节，位列九卿，位高权重。东汉末年，朝中有花钱捐官的制度，曹嵩并没有满足于大鸿胪的职位，花万金为自己捐了居“三公”之首的太尉一职。曹嵩由此达到了自己政治生涯的最顶点，曹氏一族就此走向权力的巅峰。

曹腾做人做官的态度，是很值得人们去学习的。他善于抓住机会，能够保持清醒的头脑，位高权重，却没有骄奢淫逸；能够很好地收敛自己，并没有向其他得权的宦官那样，跋扈专行。月满则亏，曹腾的态度让自己始终保持“亏”的形态，这样就少了“满则溢”的危险。

相关链接：

曹腾墓

曹腾墓位于安徽省亳州市区魏武大道路西的曹氏家族墓群北侧，现为全国重点文物保护单位。曹腾，字季兴，东汉时期沛国谯人（今亳州市谯城区），安帝时入宫，陪侍太子读书。顺帝时，为小黄门，迁中常侍。因参与策划迎立桓帝有功，被封为费亭侯，不久出任长乐太仆，迁大长秋，供事宫廷长达30多年。他生前将亳州城南大片土地划为其宗族墓地，大规模修筑自己的坟墓。

曹腾墓冢封土呈覆斗状，冢残高7米，后人在墓冢四周砌筑的青石护冢墙仍保存完好。据《水经注》记载，曹腾墓南侧有圭形石碑，正面题“汉故中常侍长乐太仆特进费亭侯曹君之碑。延熹三年（160年）立”，石碑背面刊有诏策。石碑东西两侧有两对石马，石马高八尺五寸，雕刻粗拙。南侧

曹腾墓

有石阙双峙，石阙高一丈六尺，雕镂云矩纹饰。再南侧有庙堂。

为配合农田基本建设，1973 年对曹腾墓进行清理发掘。该墓为大型石结构多室墓，墓门朝东，由甬道、前室、中室、后室、南北耳室、东西偏室组成，整个墓室用千余块长两米的青石砌筑而成，这在缺少石料的平原地带实属罕见。甬道口有石雕吉羊头一对，浑厚逼真，是十分难得的汉代圆雕艺术品。甬道南北两壁对称雕刻有神荼、郁垒四个人物画像，门额、门框、门扇均饰有画像石刻，雕刻形象生动，线条流畅简练，刀笔劲健。各墓室石壁上饰一层薄石灰，饰有彩色壁画，隐约可见。

曹腾墓内发现有两个盗洞，且有大量烟熏火焚的痕迹，说明该墓最少两次被盗，窃余之物被盗贼焚烧一空。所幸盗洞落土下埋有少量遗物，清理出土的有玉衣、玉枕、铜猪、鎏金铜构件、石雕、料珠、陶瓷片等珍贵文物。

曹腾墓建筑规模宏伟，工程浩大，用料讲究，雕刻精湛，彩绘绚丽，出土文物精美，俨然一座地下宫殿。

文章太后

和熹邓皇后（81 年—121 年），讳邓绥，为东汉和帝之皇后、东汉女政治家，南阳新野（今河南新野）人，是汉光武帝时太傅邓禹的孙女，禹为南阳豪族，随光武帝起事，为东汉初的大功臣；其父邓训，曾为护羌校尉，抚边有功。邓绥自小孝顺慈爱、喜好读书，6 岁即读史书，12 岁通《诗》、《论语》，常和诸兄互相讨论。她不喜欢学做家事，因此屡次被其母亲责骂，母亲认为女孩子唯有习女工最重要，于是她在白天学女工之外，晚上仍读经书；她父亲则对她读书较为支持，认为她的才能胜过他的几个儿子。像邓绥这种女孩子习读经书史书的情形，虽然常不被称许，但在东汉重视家学的名门大族中，应是常有的现象。邓绥自小就对读经史等被认为是男性所从事的活动有如此兴趣，对她后来在政治上的表现很有影响。

邓绥 15 岁时，被选入宫中，因外貌出众，次年即升为贵人。永元十四年（102 年），阴后因为被告行巫蛊之事为和帝所废。和帝因宠幸邓氏且认为她有德行，立她为皇后。邓绥成为皇后之后，因其具学识和才能，开始逐渐参与政事。和帝在元兴元年（105 年）去世，使邓皇后得以进入政治权力的中心。邓后无子，便迎回了养于民间、年方百日的和帝幼子殇帝即位，邓后被尊为皇太后，因殇帝年幼，故她临朝听政。她屡次以皇太后的名义下诏书，并自称为朕。因此，虽然她在诏书中称她只是“权佐助听政”，但事实上她已成为国家实质上的领袖。不及一年，殇帝亦死，邓太后与兄长车骑将军邓骘以和帝长子平原王胜有个疾为由，先以年 13 岁的汉章帝之孙刘祜为汉和帝之后嗣，再立他为帝，是为汉安帝。这种立侄不立子的安排，引起了一些大臣的不满，如司空周章谋立平原王胜，但事败自杀。安帝即位后，邓太后继续临朝，一直到她死为止，共摄政达 16 年之久。

邓太后虽为一妇女，但自小修习经史，在后宫时又曾受经书于班昭，其后亦常诵读，因此颇熟习治术。她的统治在许多方面甚为成功。她在宫中用度上力行俭约，罢不合礼之祠官、免遣不少宫人，并减少衣食宴乐上的各种花费。她在刑狱上精明体察，常能破除冤情；在学术上，她除本身甚为好学外，亦努力奖掖学术，曾召集学者于东观校对传记；在用人上，她和邓骘起用了许多名士，如杨震等人。她摄政期间时有天灾，造成民不聊生。每有灾，邓太后多自行节俭以救灾。除了外戚之外，邓太后也重用了不少宦官，以他们来传达内外消息，而较少直接见公卿大臣，当时虽尚未有宦官乱政的情形出现，却也造成宦官的权力逐渐增加，为东汉后来的政治带来不好的影响。

自古何有万岁天子

——酒后戏言却成谶

人物小档案：

No.1　司马曜（362 年—396 年），字昌明，东晋的第九位皇帝，晋简文帝的第三个儿子，母李陵容。372 年至 396 年在位。晋孝武帝嗜酒成性，优柔寡断，最后被宠信的张贵人一怒之下杀死，死后葬于今江苏南京的隆平陵，谥号孝武帝。

No.2　司马昱（320 年—372 年），字道万。晋元帝少子，母郑阿春。被崇德太后和桓温立为皇帝，在位 2 年，病死，终年 53 岁。庙号晋太宗，谥号简文帝。葬于高平陵（今江苏省江宁县蒋山西南方）。

No.3　张贵人，司马曜宠妃，生卒年与出身皆不详。年十四入宫。年纪大约比司马曜小五、六岁左右。当时逢迎风头正盛的淑媛陈归女，因其举荐而得圣宠。野史上称张贵人也是千杯不醉，多方面与孝武帝志同道合，故圣宠日隆。

司马曜

晋孝武帝司马曜的一生多与预言有关，他出生在他人的预言中，而后又死于自己的酒后戏言。虽有些荒诞，却不禁让人感慨生命的无常。孝武帝的父亲简文帝司马昱在做会稽王时有过两任妻子。其中之一的郑氏没有给他留下一男半女。第二任王氏接连生下三个儿子，其中两个夭折，另外一个叫道生的儿子一心想谋反作乱，最终被废黜了王位。王氏也因此被打入冷宫后抑郁而死。此后近十年，司马昱的几任妻子和王宫里的嫔妃未见怀孕生子者。

司马昱望子心切，万般无奈之下，他召来了一个善于看相的妇科名医。那人把王宫里的所有女人看了一遍之后，大摇其头。最后，把宫中最下层的纺织女们也一个个叫来，当看到一个形长而色黑，且生得眉眼粗大的干粗活女子时，相者的眼睛一亮，面露喜色说道："禀殿下，此其人也，此其人也！"

"什么？是这个人？"司马昱一百个不愿意地问道："你没有推算错误吧？"

相者诚恳地回答道："小人悬壶四十余年，所阅人多矣，但其中无一人及得上这位女子！殿下信得过小民，则王家日后有主；若信不过小民，则老身就此告退！"

司马昱很无奈地笑了笑："那，孤家不妨试她一试！"

当时，人们对一些来自东南一带的肤色黝黑的人通称为"昆仑奴"。是夜，司马昱召来了人称"昆仑奴"的李陵容侍寝，不久，李陵容果然怀上了龙种。相传，司马昱很早以前曾经看过一句谶语"晋祚止昌明"，他百思不得其解，后来便渐渐淡忘了。李陵容在怀孕期间梦见神人相告："你怀的是个男孩，你要以'昌明'给他为字。"李陵容颇感蹊跷，巧合的是，当李陵容生下司马曜的时候，正是天色欲晓的时候，于是她便将神梦告知丈夫，司马昱果然让儿子以“昌明”为字。虽然母亲相貌丑陋，但司马曜却是一表人才，很得父亲的欢喜。司马昱称帝之后，忽然想起多年前的谶语，幡然醒悟过来，明白了儿子的神赐之名背后的玄机，不禁暗自感伤，却已悔之晚矣。司马昱对李陵容的感情十分复杂，也许他只是把李陵容当做生育工具，然而从另一个角度来看，为了生儿子而跟丑女人同床共枕，其实他也是把自己当成了生育工具。

“晋祚止昌明”这句谶语，言之即为晋王朝的兴盛在孝武帝司马曜的手里便终止。而司马曜果然是东晋王朝最后一位有作为的皇帝。在他称帝的 24 年里，晋王朝多少出现了一些振兴之象，还曾经创造了军事史上的奇迹——淝水之战，为历史增添了“风声鹤唳”、“草木皆兵”的典故。

无论如何，司马昱苦盼了多年，终于盼来了司马曜的降生，司马曜因此得到了父亲格外的关爱。兴宁三年（365 年）七月甲申，年仅 3 岁的司马曜被封为会稽王，咸安二年（372 年）秋七月己未，病重的司马昱又在临终之时将 10 岁的司马曜封为皇太子。就在同一天，司马昱病逝，字“昌明”的司马曜继任为东晋王朝的新皇帝。

司马曜称帝的前三年，由堂嫂褚蒜子代执朝政。宁康三年（375 年），13 岁的司马曜开始亲政，并在同年八月册立了太守王蕴的女儿，比自己大 3 岁的王法慧为皇后。

议立皇后之时，丞相谢安与中军将军桓冲都认为王家名声好，教养出来的女儿也一定性情柔顺、四德俱全、必当母仪天下。然而这位王皇后却让所有的人出乎意料：她不但骄奢悍妒，而且还酗酒，尤其擅长借酒装疯，闹得司马曜的后宫鸡犬不宁。司马曜叫苦不迭，却又十分无奈，没办法教训王皇后，只好转而向岳丈王蕴求助，将自己所见所闻皇后如何有失妇德的场面都一幕幕地据实相告。王蕴惶恐，也很过意不去，他连忙摘下官帽向皇帝赔罪，承诺一定要好好教育女儿。此后王法慧略有收敛，让司马曜的后宫得以消停。

此种情形维持了五年后，21 岁的王法慧病逝。三年后，在谢安的运筹下，东晋在淝水之战中以少胜多、大败前秦，两年后前秦苻坚大帝被杀，东晋王朝似乎迎来了新的希望。然而司马曜却没有趁此大胜继续重用谢安等名臣名将，他像历史上的绝大多数皇帝那样，对这些立下汗马功劳的功臣开始猜忌起来。为了加强皇权，他任命自己的弟弟琅琊王司马道子录尚书六条事，总揽朝政。而他自己则觉得没有了后顾之忧，专心享乐起来。

司马曜早年宠幸的淑媛陈归女为司马曜生了两个儿子。太元十五年，以美色歌舞艳冠后宫的陈归女英年早逝，司马曜追赠她为“夫人”。陈归女去世后，司马曜渐渐失去了人生目标，不复当初的雄心壮志，而是变得醉生梦死。当时的士人感叹“人生苦短”、“浮生如梦”，常做“秉烛夜游”的及时行乐。司马曜对此很有同感，经常抱着美女喝得日夜不分，少有完全清醒的时候，他似乎想借此来逃避现实。

不久，司马曜的注意力开始落在后宫中一名姓张的贵人身上。张贵人相貌出众，又懂得讨司马曜的欢心。自她入宫以后，司马曜日夜与她在清暑殿中饮酒作乐，不但外人罕得进见，就是六宫嫔御，也好似咫尺天涯。张贵人虽然不曾为司马曜生儿育女，却颇为得宠，在后宫中很有地位。有时司马曜醉酒不醒，连着几天都卧床不起，后宫嫔妾不免生疑，只道司马曜有什么疾病，于是前去探望。但是恃宠生骄的张贵人，对前来探望的宫嫔却十分冷淡，如同见到仇人一般。

有一次，司马曜欲乘车前往赵美人处。服侍他的宦者道：“张贵人今日已经备下酒宴，等陛下回去享用呢。”司马曜思量很久没见赵美人，十分想念，于是吩咐手下宦者今日就在她那里过宿。宦者却道：“没跟贵人交代，恐怕不妥。”司马曜不悦。到了赵美人处，赵美人率宫人拜迎于道侧，司马曜上前握住赵美人的手，与她一同入内，言道：“朕多日没来，卿怪罪朕吗？”赵美人道：“岂敢。陛下安泰无恙，妾对上苍感恩涕零。”司马曜道：“难得卿对朕一片诚心。卿陪朕用过晚膳，早些歇息。”遂吩咐道：“传膳。”菜肴摆上，宫人斟上酒，司马曜举杯道：“来，干！这杯酒，算朕给卿赔情。”一饮而尽。赵美人阻挡不及，司马曜酒已下肚。赵美人道：“酒能伤身，陛下少饮为佳。妾看陛下有些憔悴，千万爱惜龙体，不要再喝了。”司马曜道：“不见卿，不饮酒，人生在世，什么意思！”

司马曜与赵美人叙了好一会儿话，便有意要在赵美人处安寝。谁料赵美人却道："陛下用了膳，早些回去休息吧……"司马曜也不怪罪，旋即躺下，言说不用侍奉，二人并躺至天明即可。赵美人迟疑片刻道："妾不敢留陛下过宿。陛下不回到张贵人那里，恐怕妾与陛下明日都不能过安静日子了。陛下明白妾的意思吗？"司马曜不悦。赵美人道："妾深以不能侍奉陛下为恨，然妾身体不好，怎敢招惹是非，与人纠缠不清！陛下今晚不回去，后宫又得闹起来。陛下！妾身实在不敢招惹贵人，陛下请回吧。"乃下拜。司马曜道："朕不让卿为难，这就走。"赵美人伏地不敢言。司马曜将她扶起，叹了口气出宫而去，赵美人涕泣。

司马曜并没回张贵人处，而是到了华林园，对着景致狂饮。猛抬头，长星当空，正入眼帘。从太元末年起，金星常在西方出现——金星出现东方称"启明"，出现在西方则称"太白"或"长庚"，古时对方位崇拜很有讲究，西方属金，金星在西方则代表杀伐的凶兆。司马曜对这个极凶之兆非常嫌恶，他常喝得酩酊大醉，今日更是，他忍不住在华林园中举酒向天祝祷道："长星，劝汝一杯酒，自古何有万岁天子邪？"然而太白金星无动于衷。司马曜眼看祝祷无效，越发地自暴自弃，沉湎于酒色之中尽做长夜饮。

张贵人早就在宫里等候司马曜，久不见来，遂派人打听，得知司马曜在华林园。待赶到时，司马曜已醉得扶不起来。张贵人抱怨道："又喝这么多酒，让人不得休息！"命人将司马曜架上车，拉回自己宫内。司马曜醉中尚言道："长星！有本事你别走，就在那儿待一世！"张贵人吩咐左右道："快拿醒酒汤给他啊！"宫人端上醒酒汤，张贵人推推司马曜道："陛下，醒醒！喝了这碗醒酒汤就清醒了。"司马曜语词不清地道："……不喝！"张贵人道："不喝也得喝！"司马曜不动也不语。张贵人吩咐宫人道："扶他起来，灌下去！"宫人把司马曜扶起，把醒酒汤放在司马曜唇边，司马曜不喝。张贵人便斥退端醒酒汤的宫人，自己端过醒酒汤，递到司马曜口边，欲灌下去。司马曜用手一推，汤碗掉到地上，碎为两半。张贵人气急，把司马曜推倒在床上，大声将宫人都赶出宫。张贵人在屋里转了两圈，又回到司马曜身边，放低了声音，温柔地问道："陛下，要不要醒酒汤？"司马曜仍旧不动也不响。张贵人不忿，取过一碗清水，在口中含了一些，往司马曜脸上一喷，司马曜打了个冷战，张开双目。张贵人喜，问道："陛下，能否起身？"司马曜又闭上双目，翻身向里睡了。张贵人将水碗"咚"地撂在桌上，起身出去了。第二日过晌，司马曜方才起床，酒醒了不少。宫人、内侍来帮司马曜洗漱，张贵人坐在旁边，盯着司马曜一言不发。待洗漱完毕，张贵人屏退众人，将门关上，对司马曜道："昨日到哪儿去了？"司马曜不语。张贵人道："别以为谁不知道，又跑到姓赵的贱人那儿去了！"司马曜道："她是'贱人'，你是'贵人'！"张贵人火气从心底里升起，转到司马曜跟前，对他道："她有什么好，一个病秧子，三分像人七分像鬼。我看见她就心烦，陛下不说远离那个地方，反倒自己找晦气；回头再把晦气带到我这里来，我犯得着吗！"司马曜见状作势要走，被张贵人拦了下来，她缓和了脸色，轻声告诉司马曜早膳已经备好了，遂与司马曜进入内室。

有一日，又有后宫一名美人前去问候司马曜，偏偏司马曜又醉得不省人事。于是，美人因张贵人态度傲慢而争执了几句。张贵人心中一直不快，恰又有几个伶牙俐齿的妃嫔对她也是冷嘲热讽，更使得张贵人愤无可泄。正好司马曜来清暑殿，想与张贵人共饮一杯，张贵人心中不快，勉强陪了几杯，兴致还是不好。司马曜以为她身体不舒服，但是张贵人又自称不是。于是，喝得已有几分醉意的司马曜也没有当做一回事，遂令侍女接二连三的给张贵人斟酒。张贵人因心情不好不愿多喝，但碍及司马曜的面子，应承了几杯，就将杯子推开了。

但是司马曜却又将杯子端到张贵人面前，非要她陪着喝一杯，张贵人拗不过，只得饮了少许。没想到司马曜竟然生气，非要迫使她一口喝完。无处出气的张贵人先是指责侍女斟得太满，继而又责备司马曜道："陛下亦应节饮，若常醉不醒，又要令妾加罪了！"司马曜听了加罪二字，便瞋目道："朕不罪卿，谁敢罪卿，惟卿今日违令不饮，朕却要将卿议罪！"张贵人听罢也生起气来，仗着平日的宠爱，蓦然起座道："妾偏不饮，看陛下如何罪妾？"司马曜亦起身冷笑道："汝不必多嘴，计汝年已将三十，亦当废黜了！朕目中尽多佳丽，比汝年轻貌美，难道定靠汝一人么？"说到末句，头忽然眩晕，喉间容不住酒肴，竟喷了张贵人一身的酒菜。侍女看他已然喝多，于是将他扶入御榻睡下。他头一倚枕，便立刻昏昏睡去。

张贵人自从入宫以来从未受如此的凌辱，哪里禁受得起，一双凤目中坠出无数泪珠，她越想越气，最后竟然动了杀心。她让侍女撤去残肴，自己洗过脸换过衣服，又来回踱步踌躇了许久，终于打定了主意。为了稳妥起见，她召入心腹侍婢，附耳密嘱数语。侍婢不敢，面有难色，张贵人大怒道："汝若不肯依我，便叫你一刀两段！"侍婢无奈，只好依她的主意，用被蒙住司马曜的头，更将重物移压到司马曜身上，使他不得动弹。可怜司马曜无从吐气，目瞪吐舌，被活活闷死！

张贵人伴驾多年，华色将衰，本已害怕被人夺去宠爱。听了司马曜酒后的一句戏言，不由得触动心骨，遂对司马曜下了毒手。张贵人弑杀司马曜后，自知犯下大罪，就拿出私蓄，用重金贿赂左右，谎称司马曜暴病而死。因皇太子司马德宗愚昧迟钝，又巴不得司马曜早死。如此一桩弥天大罪，竟然被张贵人蒙混过关。此后，仍怕事情会败露的张贵人逃出宫外。死于何时何地不详。司马曜享年仅 35 岁。后人有诗叹道：

恩深忽而变仇深，
放胆行凶不自禁。
莫怪古今留俚语，
世间最毒妇人心。

相关链接：

淝水之战

西晋末年的腐败政治，引发了社会大动乱，中国历史进入了分裂割据的南北朝时期。在南方，晋琅邪王司马睿于 317 年在建康（今江苏南京）称帝，建立东晋，占据了汉水、淮河以南大部分地区。在北方，各少数民族政权纷争迭起。由氐族人建立的前秦先后灭掉前燕、代、前凉等割据国，统一了黄河流域。以后又于 373 年攻占了东晋的梁（今陕西汉中）、益（今四川成都）二州，将势力扩展到长江和汉水上游。前秦皇帝苻坚因此踌躇满志，欲图以"疾风之扫秋叶"之势，一举荡平偏安江南的东晋，统一南北。

383年8月，苻坚亲率步兵60万，骑兵27万，以弟苻融为先锋，大举南侵。谢安临危受命，以谢石为前线大都督，谢玄为先锋，并谢琰、桓伊等人，领8万兵马，分三路迎击前秦军。11月，谢玄遣刘牢之以5千精兵奇袭，取得洛涧大捷，秦军折损10名大将，5万主力。12月，双方决战淝水，谢玄、谢琰和桓伊率领晋军7万战胜了苻坚和苻融所统率的前秦15万大军，并阵斩苻融。

淝水之战

淝水之战以晋军的全面胜利告终，东晋仅以8万军力大胜80余万前秦军。然而，晋军的胜利并非因其军队较秦军精良，而是胜在秦军过于轻敌以及传令系统不够完善。当时两军太过靠近淝水岸边，无法于陆地上对战，恐将形成长期的消耗战，晋军遂要求对方稍微后退以便双方交战，苻坚不顾将领反对下令后退，由于秦军人数过多，导致误传军令，后方军队一退不可收拾，军阵涣散，晋军这才借机趁乱进攻。

淝水之战使苻坚统一南北的希望彻底破灭，不仅如此，北方暂时统一的局面也随之解体，再次分裂成更多的地方民族政权，鲜卑族的慕容垂和羌族的姚苌等其他贵族重新崛起，各自建立了新的国家，苻坚本人也在两年后被姚苌俘杀，前秦随之灭亡。此战的胜利者东晋王朝虽无力恢复全中国的统治权，但却有效地遏制了北方少数民族的南下侵扰，为江南地区社会经济的恢复和发展创造了条件。淝水之战也成为以少胜多的著名战例，载入军事史，对后世兵家的战争观念和决战思想产生着久远影响。

谶纬之学

谶纬，是中国古代谶书和纬书的合称。谶纬之学也就是对未来的一种预言。谶大概起源于先秦时期，《左传》中就有一些谶语的记载。纬则较为晚出，通常认为出现在西汉。后来谶、纬逐渐合流。“谶”是一种隐秘的语言，假托神仙圣人，预决吉凶，告人政事。谶书是占验书，“纬”是相对“经”而言的，《四库全书总目提要》说：“谶者诡为隐语，预决吉凶”；“纬者经之支流，衍及旁义”。谶与纬作为神学预言，在实质上没有多大区别，但就产生的先后说，则谶先于纬。汉以前在燕齐一带的方士中就造有“谶语”。秦始皇时，方士卢生入海求仙，带回《图录》一书，中有“亡秦者胡也”的谶语。《史记》中也载有《秦谶》。汉武帝以后，独尊儒术，经学地位提高，产生了依傍、比附经义的纬书。纬以配经，故称“经纬”；谶以附经，称为“经谶”；谶纬往往有图，故又叫“图谶”、“图录”、“图纬”；以其有符验，又叫“符谶”；以其是神灵的书，又叫“灵篇”。是流行于中国两汉时期的一种学说。主要以古代河图、洛书的神话、阴阳五行学说及西汉董仲舒的天人感应说为理论依据，将自然界的偶然现象神秘化，并视为社会安定的决定因素。它适应了当时封建统治者的需要，故流行一时，在东汉被称为内学，尊为秘经。魏晋后日渐衰落。

历史上有些比较著名的谶纬。比如秦朝时，“亡秦者胡”，秦始皇误以为说的是匈奴，于是命蒙恬率30万大军北击匈奴，后来历史表明，“亡秦者胡”指的是胡亥。唐代时，有人预言“唐三世以后，女主武王代有天下”，唐太宗以为是李君羡，找个借口把他杀了，结果历史表明预言说的是武则天。南北朝后期，曾流传过一条神秘的预言，预言将有一位“黑衣人”降临成为天子，以终结乱世。初期预言是“亡高者黑衣”，结果穿黑衣的北周灭了高家的北齐，后来预言变为“黑衣临天位”，穿黑衣的佛教盛行，连皇帝都出家为僧了。

东汉初年谶纬大盛。东汉光武帝刘秀曾以符瑞图谶起兵，即位后崇信谶纬，“宣布图谶于天下”，谶纬之学遂成为东汉统治思想的重要组成部分，具有高度的神圣性。当时用人施政、各种重大问题的决策，都要依谶纬来决定；对儒家经典的解释，甚至也要向谶纬看齐。谶纬在汉代的流行，是与汉代思想界天人感应、阴阳灾异泛滥分不开的。谶纬与经学的结合，推动了汉代经学的神学化。谶纬之学对东汉政治、社会生活与思想学术均产生过十分重大的影响，在东汉末年渐衰。由于谶纬本就是人为制作的，可以被一些人利用来散布改朝换代的政治预言，统治者逐渐认识到其中的危险，魏晋以后屡加禁止。隋炀帝正式禁毁之后，谶纬之书大量散失。谶纬充斥着浓重的神学迷信色彩，注定不能与儒家经典长期并行，很快就从经学中被剥离了出去。但谶纬中并非全是荒诞的东西，其中还含有许多天文、历数、地理等方面的古代自然科学知识。

淫乱无度丧伦理

——母子同床共枕 12 年

人物小档案：

No.1　路惠男（412 年—466 年），南朝宋文帝刘义隆的妃嫔，孝武帝刘骏之母。国都丹阳建康人。父亲路兴之，追赠散骑常侍，母亲追赠余杭县君。刘骏即位时，尊母亲路淑媛（生刘骏以后被封为淑媛）为皇太后，尊号崇宪。

No.2　刘义隆（407 年—453 年），即宋文帝。小字车儿，南北朝时期宋朝的第三位皇帝。宋武帝刘裕第三子，424 年即位，在位 30 年，年号“元嘉”，谥号“文皇帝”，庙号“太祖”。

No.3　刘骏（430 年—464 年），南北朝时期宋朝的第五位皇帝。字休龙，小字道民，宋文帝刘义隆第三子。寿 35 岁，在位 11 年。谥号“孝武皇帝”，庙号“世祖”。

路惠男因为长得漂亮，在 18 岁那年被选入宋文帝的后宫，次年，也就是元嘉七年（430 年），生下皇三子武陵王刘骏，母以子贵，被封为从四品的淑媛。

路惠男

宋文帝是一个不折不扣的清明皇帝，他在位30年，在位时间在整个南朝仅次于梁武帝，史称“元嘉之治”。宋文帝文治很是用心，当时兴盛于曹魏、已经有二百年根基的玄学风靡，玄学提倡清谈，削弱寒族，巩固士族门阀的地位。为了打破这种局面，加强皇权，宋文帝进行了大刀阔斧的教育改革，他命雷次宗设立儒学、何尚之设立玄学、何承天设立史学、谢元设立文学，将这“四学”作为官学。宋文帝以身作则，亲自和太子刘劭去讲课，有一次，宋文帝提问了59名学生，从中选拔贤才，这一举措极大地打击了门阀士族的仕途垄断。

宋文帝的后宫不乏美女，而作为自命为风流雅士的宋文帝也难免被美色所迷，妃嫔很难得到专宠，哪怕是像路惠男这样的绝世美女也不能逃脱这样的命运。路惠男出身平民，没什么家世背景，也缺乏教养和才华，是以“色貌”入选后宫的。然而，色衰而爱弛，当她生完宋文帝的第三子刘骏之后，随着年纪渐长，便失去了宋文帝的宠爱。路惠男不得宠爱还连累了自己的儿子。刘骏长到5岁时，循例封为武陵王。因为他母亲不得宠，所以不能留在京城建康，必须要到封地武陵。当时的路淑媛怎么能忍心儿子小小年龄就独自一人前去呢？她一时无法顾及太多，再三请求宋文帝让她陪儿子一起去。宋文帝念在过去的情分上，最终同意了她的请求。这一年，路惠男才24岁。刘骏在藩地名声很好，他文武双全、精于骑射，食邑二千户，并且一路执掌兵马政事。路惠男在儿子的封地上随心所欲，并因祸得福避过了一场宫廷浩劫，其母子的感情也在朝夕相处中进一步加深。

当时在宋文帝的宫里有位潘淑妃很有手段，居然得到皇帝的专宠，她与皇帝所生的皇次子始兴王刘浚也最得宋文帝欢心。皇后袁齐妫十分嫉妒文帝对潘淑妃特殊的恩宠赏赐，愤而与宋文帝决裂，生活在冷宫中，最后抑郁而死。而袁皇后所生的太子刘劭也因此留下了对父亲不信任的心理阴霾。出人意料的是，刘劭和始兴王刘浚却过从甚密，一点儿不像他们的母亲那样势如水火。宋文帝的长女东阳长公主刘英娥是袁皇后的女儿，刘劭的姐姐，她和刘劭一样痛恨文帝，于是派自己的侍女王鹦鹉找来女巫严道育，用巫蛊之术诅咒文帝早死。诅咒并没有使宋文帝过早驾崩，东阳公主却先病逝了，知情人陈庆国向宋文帝告密，宋文帝不忍心严惩刘劭和刘浚，毕竟二人皆是自己的骨肉，只是对二人加以警告训斥，但两位皇子却怀恨在心。

元嘉三十年（453 年）正月的一天夜里，宋文帝留潘淑妃于宫中，把自己欲废除太子和始兴王的计划告诉了潘淑妃。潘淑妃假意逢迎，暗中却把消息告知刘劭和刘浚。二月二十一日，宋文帝与表弟徐湛之在寝宫彻夜谋划此事时，刘劭“先下手为强”，派军队包围寝宫。卫士张超之持刀冲上前去，一刀砍向宋文帝，宋文帝用书案抵挡，四根手指被砍掉。张超之又是一刀，47 岁的清明皇帝宋文帝立刻毙命。二月末，刘劭称帝，改元太初，为宋文帝上庙号中宗，谥景皇帝。同时他也没忘记远在武陵郡、手握重兵的三皇弟刘骏，将他升封为征南将军，加散骑常侍。然而，刘骏的重兵令刘劭忌惮万分，刘劭给曾经是自己的部将，现在是刘骏部将的沈庆之写信，劝沈庆之杀掉刘骏。谁料到，沈庆之却将这封信交给了刘骏。刘骏哪里会甘于被臣子之位收买，他抓住了这个机会起兵征讨。出征之前，刘骏将生母留在了自己的封地上。武陵王刘骏的军队由于打着为先皇文帝报仇、肃清弑君贼子的旗号，一路上顺风顺水。路惠男只等待了两个月，好消息就传来了：刘骏于四月己巳在建康西南的新亭称帝，改元孝建；五月，攻克皇城，诛杀刘劭、刘浚等人。刘骏封生母路淑媛为皇太后，尊号“崇宪”，派遣宋文帝第七子、曹婕妤所生的建平王刘宏为使节，前往寻阳城迎接路惠男。

刘骏是史上首屈一指的好色皇帝，他登基时值 24 岁，血气方刚，欲壑难填，原来的武陵王妃、现在的皇后王宪嫄已经满足不了他的需求。路太后作为国家的第一贵妇人，国中的内外命妇、宗室诸女们都是要定期去拜谒她的。这些贵妇人没有想到她们入到宫里来遇到的却是难以预料的不幸，每到朝见之时，刘骏便大模大样地闯进来，一览命妇宗女们的容貌，遇到容貌好的命妇宗女，便拉回自己的宫中加以奸淫，甚至往往就将路太后的寝宫当做他淫役命妇宗女的场所。路太后对此不但视若无睹，还往往给予协助。事情渐渐传扬开去，刘骏的丑声传遍京城。

南谯王刘义宣的四个女儿皆是刘骏的堂姐妹，均姿容不凡，谁料也在入宫拜谒太后皇后的时候被刘骏相中，刘骏干脆就把她们强行留在了皇宫里，不再让其出宫。寻常命妇受了屈辱，不过悄然出宫，她们的丈夫还能作势遮掩。如今刘骏把堂姐妹们都留在了皇宫内，刘义宣便无从隐瞒，成了世人的笑柄，无地自容的刘义宣被逼起兵造反，但很快失败，刘义宣被诛杀。之后，刘骏觉得再无后顾之忧，索性把四个堂姐妹都正式纳入后宫。

刘骏对刘义宣诸女中排行第二的楚江郡主尤其宠爱，这位郡主也特别能迎合刘骏的心思，刘骏一天中的大部分时间皆与楚江郡主厮混，时日久长，堂兄妹俩竟生下了二子一女三个孩子：新安王刘子鸾、南海王刘子思以及一个小公主。刘骏心花怒放，决定要给这位堂妹一个名分，于是他绞尽脑汁，对外宣称楚江郡主原本是殷琰的女儿，是被刘义宣收作义女的。接下来便冠冕堂皇地册封楚江郡主为“殷淑仪”，仅次于三夫人。他还下令，有敢泄漏殷淑仪本来身份的人都要被处死。

462 年 4 月，殷淑仪过世，刘骏悲痛万分。为了能时常看看心上人的遗容，刘骏命令工匠专门做了一副可以像抽屉一样拉闭的“通替棺”。当他想殷淑仪的时候，就拉开“大抽屉”私窥几眼，以满足自己特殊的悲伤心理。与此同时，刘骏还追封殷淑仪为宣贵妃。由于宣贵妃的墓址被选择在江宁的龙山，但当时去往龙山连路都没有，于是刘骏立即令人开凿了一条几十里远的山路。因为此事，当地老百姓遭殃不浅，许多人因为修路而被累死；有人不堪重负，冒着被砍头的危险逃跑了。同年 10 月，宣贵妃出殡时，辒辌车装载灵柩，以虎贲班剑卫护，罩以銮略九旒、黄屋左纛，前后布以羽葆、鼓吹，刘骏下令公卿百官、六宫后妃、内外命妇统统身穿白衣，哭哭啼啼地跟在灵柩后面送葬，刘骏本人也亲出南掖门目送丧车，放声大哭一场。

自从宣贵妃死后，刘骏变得精神涣散，无心政事。每晚临睡前，刘骏都要在宣贵妃的灵前倒酒对饮，接着，更是痛哭流涕到无法自拔。为了表达对宣贵妃的哀思，刘骏还下诏让人为她修了一座庙宇，然后又以他们俩的儿子刘子鸾的封号命名，称之为“新安寺”。

庙宇建成之后，有人上奏刘骏，提议让他仿汉武帝与李夫人的故事，用方术与宣贵妃的魂魄相见。但是，当刘骏想牵宣贵妃的手时，宣贵妃的鬼魂却随之消失。对此，刘骏更是悲不自胜。

刘骏还效仿汉武帝为李夫人写的悼赋，也写了一篇悼念宣贵妃的悼赋《伤宣贵妃拟汉武帝李夫人赋》。在这篇悼赋中，刘骏字字句句哀怨悲怆、悱恻缠绵，让人唏嘘不已。但就算是如此，刘骏依然感觉并不尽意。于是，他又下诏，让当时有“江左第一才子”之称的谢庄再写一篇哀文。

刘骏读罢谢庄写的《宣贵妃诔》，大为满意，忍不住感叹说：“天底下还有这样的奇才！”接着，刘骏不仅将谢庄的辞赋刻在殷贵妃的墓碑上，同时，还下令大家要将这篇悼文广泛传抄。一时之间，建康城内外纸墨的价格拼命飞涨。

刘骏还多次领着后宫嫔妃及群臣到宣贵妃的坟墓前痛哭以表哀思。在坟前，后宫嫔妃及群臣能否哭得悲痛，便是表明其对刘骏是否忠心。当时的秦郡太守刘德愿因为哭得撕心裂肺，甚至差点昏死，因而令刘骏十分感动，立刻封他为豫州刺史。另有一个叫羊志的御医，更是滑稽。有一次，刘骏让他在宣贵妃坟前痛哭。为了能让羊志哭得情真意切，刘骏甚至对他说：“只要你哭得够悲恸动情，我就重重地赏你。”羊志一听，果然泪如雨下，甚至还差点背过气。过后，刘骏果然赏赐许多金银珍宝给羊志。

事后，有人悄悄问羊志：“贵妃非你亲友，为何哭得如此悲恸，可有高招？”羊志谐谑地说：“不是什么招数，那天我哭的是我的爱妾！”原来，当时羊志的爱妾也刚刚死去。

从宣贵妃死后的特殊待遇看，刘骏在男女关系上似乎对与自己乱伦的血亲更为亲近与信任。他不仅不放过堂妹，甚至连自己的亲生母亲路惠男都不放过。《宋书·后妃列传》记载：“上于闺房之内，礼敬甚寡，有所御幸，或留止太后房内，故民间喧然，咸有丑声。宫掖事秘，莫能辨也。”《宋书》毕竟出自南朝梁人沈约的手笔，所以把淫秽化为隐晦。

再翻开《魏书》，刘骏烝母之事就昭然若揭了。《魏书》记载：“骏淫乱无度，烝其母路氏，秽污之声，布于欧越”；“大明四年，猎于乌江之傍口，又游湖县之满山，并与母同行，宣淫肆意”。这里虽然有可能存在丑化刘骏的夸张成分，但是自从20岁外放武陵，到43岁成为崇宪太后，路惠男都只身待在封地的宫殿内，自然寂寞异常，加上刘骏恋母之情日益严重，刘骏烝母之事可信度还是比较高的。

民间话本将此事绘声绘色地记载流传：刘骏母子离开了皇宫，也远离了宫廷中尔虞我诈争斗的烽烟，母子俩在武陵相依为命，日子倒也过得舒心惬意。随着刘骏渐渐长大，按宫廷惯例路淑媛也该回返皇宫了，可她因为早已对宫廷生活心灰意冷，同时也舍不得儿子，所以一直不肯回宫。此时的刘骏更是舍不得自己的母亲，甚至到了一日不见母亲便一日寝食难安的地步。在他刚懂男女之事时，就常会梦到与母亲相拥的情景，醒来后他虽会自责不已，可也总是不由自主地回味那经常出现的梦境。有一次在母亲午间小睡之时，他无意之间误闯了进去。当看到母亲美丽的脸庞，薄衣紧裹着的美妙身段，修长的大腿，光洁诱人的双脚时，他立刻觉得全身血液上涌不能自持。这件事过去之后，当他再和母亲一起相处时，常常会产生难以言传的冲动，为此他苦恼不已。当刘骏长到了16岁的时候，母亲为他挑选了几个年轻貌美、风姿绰约的妃子，但他感到这些妃子都不能让他产生像见到母亲时的那种奇妙的冲动。

刘骏登基称帝后，立即册封母亲路淑媛为皇太后，封立妃子王氏为皇后，并派人马上去接她们进京。刘骏从未和母亲分开这么长时间，这些日子里，他无时无刻不记挂着母亲。如今讨伐成功，自己坐上皇位，他更是迫不及待地想与母亲团聚，与母亲一同分享成功的喜悦。刘骏准备母亲一到，就为她举行一个盛大的册封典礼。

久别京师的路太后终于回到了京城，刘骏亲自出城迎接。母子相见之时，顾不上礼仪，紧紧相拥而泣，久久不愿分开。当天晚上，刘骏在睡梦中梦到临幸一个妃子。正当他如痴如醉之时，猛然间发现那个妃子竟是自己的母亲！不知为什么，刘骏在发现自己汗湿重衣以后，更感到兴奋得不能自持。

第二天就是册封皇太后的大典，刘骏因为昨天夜晚的梦境，在面对母亲时难免有些不自然，而盛装在身的母亲依然那么雍容华贵，端庄美丽！虽已四十出头，岁月却没在她脸上留下什么痕迹，增添的是更多成熟的风韵，摄人心魄。刘骏不愿再看自己的母亲，可又忍不住、同时也不能不去看。

册封典礼结束后，接着举行盛大的祝贺宴会。在宴席上，许多皇亲贵戚、王公大臣争相向太后敬酒。路太后来者不拒，杯来即干。这样一来，她很快就不胜酒力，头开始眩晕起来。于是她匆匆和众人话别后，就由宫女扶着回宫里宽衣就寝了。

刘骏在祝贺的宴席上与亲贵大臣们也饮了不少酒，看到母亲不在宴席上，就问太后哪去了，皇后告诉他太后喝多了，已回宫里睡下。刘骏听到母亲已睡，不禁一阵兴奋，他猛然想起了小时候那次使他终生难忘的看到母亲午睡时的情景。借着醉意，刘骏带了两个太监，飞快地赶到太后的寝宫显阳殿。

进入显阳殿，刘骏慢慢走近母亲床边。红烛之下，只见路惠男半裸着身子，散发着阵阵诱人的芳香。真可谓丰态旖旎，玉软香温。刘骏痴痴地站在母亲床边，贪婪地看着母亲的睡态。母亲美丽的脸庞，薄衣紧裹着的美妙的身段，光洁修长的大腿，白皙诱人的双脚，再次撩动刘骏不可遏制的私欲，这种冲动比少年时见的那一次更为强烈。刘骏在一时间的犹豫之后，终于战胜了理智，跨出了与生母乱伦的第一步。

第二天，当刘骏向母亲请安的时候，太后就像什么事也没发生那样，待儿子一如往常。刘骏见状，也安下心来。昨天晚上的一夜风流，使刘骏刻骨铭心，他在母亲身上得到从未有过的满足，这也让他益发离不开徐娘半老的母亲了。

没过多久，刘骏在一次饮宴之后，又来到母亲寝宫向母亲求欢。在刘骏再三央求下，路太后终于答应了自己的儿子要与其行苟且之事的要求，两人宽衣解带，相拥入帐共行云雨之事。如果说上一次还只是儿子刘骏的一相情愿的话，那么这一次便是母子二人双双坠入为人不齿的乱伦深渊。

从此以后，刘骏就常常去皇太后寝宫与母亲寻欢作乐。而寡居的路太后刚开始只是爱子心切，可慢慢的也享受到了其中的乐趣，对儿子也产生了夫君之情，母子二人就再也不能分开了。

464 年，年仅 35 岁的刘骏病死在建康宫玉烛殿。16 岁的太子刘子业即位，改元永光。刘子业即位后追谥刘骏为孝武皇帝，庙号世祖，尊皇后王宪为太后。俗话说“有其父必有其子”，刘子业虽然只做了仅仅一年半的皇帝，但他的荒淫比起他父亲刘骏是有过之而无不及，刘骏与其子相比简直就是小巫见大巫。刘子业先是逼奸了宋文帝的女儿，即自己的姑姑新蔡长公主刘英媚，并师法其父与殷淑仪的前车之鉴，假称刘英媚是谢氏女，将其封为贵嫔。刘子业似乎对乱伦十分痴迷，他不仅和同母姐姐山阴公主肆意宣淫，还当着皇族命妇的面，逼奸四叔南平穆王刘铄的王妃江氏，江氏誓死不从，刘子业几乎将其鞭打致死。

刘子业还喜欢对自己健在的叔叔施虐，他派将军刘道隆当着叔叔建安王刘休仁的面，强奸自己的庶祖母——建安王太妃杨氏，并要求刘道隆看刘休仁如果有任何反应，便立即杀死他。他还把湘东王刘彧、建安王刘休仁、山阳王刘休佑等自己的叔叔关在猪笼里喂以猪食。

刘子业即位后，路惠男成为了太皇太后，面对刘子业的种种疯狂行为，路太皇太后能做的也仅仅是劝导，并将哥哥路道庆的女儿路氏封为皇后。常言道：“天作孽，犹可恕；自作孽，不可活。”永光元年（465 年）十一月二十九日，在湘东王刘彧的指挥下，寿寂之等人在刘子业游览华林园时，以太皇太后路惠男的名义宣诏废黜刘子业的帝位，并手刃刘子业。

同年十二月初七，湘东王刘彧即位，改元泰始。刘彧是宋文帝的第十一子，生母是婕妤沈容姬。沈容姬在刘彧 14 岁的时候辞世，刘彧被路惠男收养。对此史书声称路惠男对刘彧“抚爱甚笃”，即养母子之间情深义重。有司曾就路惠男的地位称号提出建议云：“皇太后宜即前号，别居外宫。”而刘彧不仅不同意，还下了一道诏书，说：“朕备丁艰罚，蚤婴孤苦，特蒙崇宪太后圣训抚育。昔在蕃闱，常奉药膳，中迫凶威，抱怀莫遂。今泰运初启，情典获申，方欲亲奉晨昏，尽欢闺禁。不得如所奏。”

这一番母慈子爱，令人对路太后的幸运称羡不已。只是路惠男天年已届，不久就去世了，享年 55 岁。刘彧对自己“子欲养而亲不待”的遭遇万般抱憾，下诏曰："朕幼集荼蓼，夙凭德训，龛虤定业，实资仁范，恩著屯夷，有兼常慕。夫礼沿情施，义循事立，可特齐衰三月，以申追仰之心。"随后，他还为养母上谥号曰"昭皇太后"，把她葬在刘骏墓东南方，称修宁陵。多年以后，没有人记得孤独躺在修宁陵里的昭皇太后，反而记住了一个和自己亲生儿子乱伦十二年的女人路惠男。

相关链接：

巫蛊之术

"巫"原指古代一种以歌舞祭神的迷信职业者，如巫、觋等，也指画符念咒的巫术。"蛊"则有两种含义，一指在器皿中放置喂养毒虫，使之相互吞食，最后剩下不死的也就是毒性最强的，称之为蛊；二指用蛊害人，使人受到蛊惑，迷失心性，进而丧命。"巫蛊"也称厌胜之术，是一种诅咒害人的巫术。古书上记载的一般做法是，用纸人、草人、木偶、泥俑、铜像乃至玉人作为被施术者的替身，刻写姓名或生辰八字，或者取被施术者的衣物、身上的一点毛发乃至指甲，或埋入土中，或以针钉相刺，或用线捆住木偶双手，巫师画符念咒，被施术者就会产生感应反应，心智模糊昏迷，直至发狂失性，完全受巫师控制，直至不明不白地死去。

据说，这种巫蛊术起源于胡人的萨满之术。萨满，是女真语，指巫师、巫术。战国中后期，由于民族的迁移与混合，巫术之风逐渐浸染中原，先是在民间流行，以后逐渐传入上层社会直至宫廷内禁，受到追捧青睐。巫蛊术从此在中国大行其道，不绝如缕。汉代和唐代时，法律都明令禁止过巫蛊之术。比如汉代的法律规定如果某个人家里饲养的蛊虫已经成形并且致人死亡，那这个人便要处以极刑，家人流放三千里。唐代也做过类似的规定，饲养蛊未成形者流放，成形者杀头。唐代女皇武则天是借巫蛊而夺权成功的。清乾隆皇帝精通武略，也迷信巫蛊，曾在朝廷上闭目吟诵咒语，幻想咒死远在万里之外的起义军首领。巫蛊之术因其神秘和恐怖，自其出现后，就再也没有消失，一直笼罩在中国社会上空，直至今天还时隐时现。

五毒俱全尽荒淫

——东昏侯萧宝卷

人物小档案：

No.1　萧宝卷（483 年—501 年），原名萧明贤，字智藏，南朝齐的第六代皇帝，齐明帝萧鸾第二子，母刘氏，齐明帝死后继位，时年 16 岁，在位 4 年（498 年—501 年），年号永元，被杀后追贬为东昏侯，谥号炀。

No.2　潘玉奴（？—501 年），又称潘玉儿，其母为萧宝卷的乳母。499 年，萧宝卷即位，把潘玉奴召入宫，封为贵妃，从此得到萧宝卷的专宠。

永泰元年（498 年）七月，南齐明帝萧鸾因病驾崩，太子萧宝卷即位为帝，时年 16 岁。萧宝卷自幼口吃，又不喜舞文弄墨，整天只知道玩闹，常在东宫和侍卫们一起通宵达旦地挖洞捉老鼠。萧鸾却也不怎么管他，倒是担心他心机不够，将来驾驭不了那些宗室叔伯兄弟们，临终前留给次子的遗言竟是："做事不可在人后"，要他果于诛杀。萧宝卷将这一

萧宝卷

遗言牢记在心，无奈其资质不足，曲解了萧鸾的意思，他在登基之后做出的行为令人瞠目结舌，成为荒淫无道的短命昏君。

帝王离世，丧礼理应极其隆重。作为臣子和儿子，萧宝卷本该兢兢业业为父亲操办好丧礼，以体现孝道。可他看到父亲那口摆在太极殿里的黑漆漆的大棺材，便觉得十分厌恶，下令立刻把它埋掉了事。尚书令徐孝嗣据理力争，臣子们也觉得这样做破坏了丧礼的礼制，提出反对。萧宝卷才怏怏不乐地同意让先帝的棺材再多摆放一个月。按照礼制，先帝驾崩，新皇帝需痛哭流涕，披麻戴孝以彰显孝道。可萧宝卷却以自己喉咙痛为由拒绝痛哭，声称自己哭不出来。这时，太中大夫羊阐来哭丧，号恸不断，叩首连连，把帽子都叩掉了。这位大人没多少头发，帽子一落地，露出了稀疏的发丝和大部分光秃的头皮。萧宝卷一看，觉得这是很有意思的事，竟捧腹大笑，还一边笑一边对旁边的小宦官说："这个大秃鹫也来这里乱叫。"周围大臣看到新皇帝如此表现，都不禁连连叹气，心想国家落到这样一个皇帝的手里，恐怕不会有什么好下场了。

明帝的丧礼一结束，萧宝卷便恢复了本性，对父亲留下的辅政大臣不予理睬，每日躲在宫中和宦官内侍们厮混玩耍。他的两个表叔，即齐明帝生前十分信任的大臣江佑、江祀兄弟经常劝谏阻止他的玩闹，令他十分心烦。再加上他的宠臣茹法珍和梅虫儿常为二江兄弟所责骂，怀恨在心，不时在萧宝卷面前告状。萧宝卷对这两个人就更加讨厌了。而二江兄弟看到皇帝如此不可救药，也就起了废掉他另立新帝的念头。但这两个人缺乏决断，在新帝的人选上犹豫不决，最后反被卫尉刘暄告发。萧宝卷想起了父亲的告诫："做事不可在人后"，于是立刻下令把两个表叔杀掉。事后，他自鸣得意，与近侍们在殿堂内鼓叫欢呼，骑马奔驰，还对近侍们说："江佑常不让我在宫内骑马奔跑，这个人若在，我哪能像现在这么快活。”

萧宝卷杀了二江兄弟，朝中大臣都惊惧不安。始安王萧遥光起兵造反，率兵连夜攻占建康东城，但由于事起仓促，不久就被平定下去，萧遥光也被杀掉。论亲疏，萧遥光和萧宝卷的感情还算不错，萧宝卷从小和他在一起玩耍，经常亲切地叫他“安兄”。如今萧宝卷来到当年两人一起玩耍的地方，回想起往日的情形，不禁怆然泪下，连呼“安兄”不止。可惜，这种真情流露并没有使萧宝卷对自己的荒唐幡然醒悟。不久，他又在近臣的怂恿下杀了平定萧遥光之乱的功臣，接着又把父亲在位时的几个老臣召入宫中用毒酒赐死。这下，满朝官员噤若寒蝉，没人再敢约束他的所作所为了。

萧宝卷对朝政大事是不感兴趣的，他常常五更就寝，到午后三时才起，群臣朝见之日，他总是在傍晚时分才懒洋洋地到来，有时甚至不知去向。而那些大臣等在大殿上，个个都饥饿难耐，可见不到皇帝，无人敢走。大臣们上的奏章都堆在台阁，久不见回复批示，后来奏章越堆越多，就被宦官们用来做食品的包装纸，拿去包肉包菜。萧宝卷嫌总是待在宫里没意思，就经常到宫外出游。他几乎天天出去，游遍整个建康城。皇帝出巡是个大事，道路两边要用锦缎做成高高的帐幔，称为“屏除”，专门令人看守。屏除之内，设有护卫的军队和娱乐演奏的乐队。到了晚上则点起火把，照得四周明如白昼。皇帝所到之处，要把百姓统统赶走，若是有犯禁的，一律格杀勿论。于是每逢皇帝出巡，就好似盗贼过境一般，百姓们纷纷奔逃，唯恐被他捉住。但萧宝卷喜好无常，谁都不知道他什么时候想出去，想去哪儿。而且，按他的规矩，白天出巡，夜里就开始赶人。侍卫们皆精神紧张，一有风吹草动，就敲锣打鼓地驱逐百姓。百姓不但不能走在路上冲撞皇帝，就是在屋里待着也不可以。那些富贵人家因此造了很多宅子，免得被皇帝赶得无家可归。但贫苦的百姓却没有办法，一旦回避稍慢，就要被驱逐的兵士鞭打，死者无数。百姓们被弄得惶惶不可终日，不管在干什么，一听到鼓声，立刻就得回避，很多人慌张得连衣服鞋子都顾不得穿。皇帝在外边经常转悠到三更半夜才回宫，那些被驱赶的百姓也因此不能归家，在寒冬腊月多有冻饿而死的。有一次，几个人抬着一个病人在路上走，正碰到皇帝出巡，那几个人吓得扔下病人一哄而散。负责给皇帝清道的官吏看到那个病人躺在那里走不了路，怕给皇帝看到，竟把他推入水中活活淹死。魏兴太守王敬宾刚刚去世，还没有收敛，正逢皇帝出巡，家人都被驱逐出去，没法看顾他，家人回来时，发现他尸体的眼睛竟被老鼠啃光了。不但如此，那些跟从皇帝的护卫还趁机进入富家，将其中的财物抢劫一空。于是弄得工商歇业，百姓避难，自万春门至郊外凡数十里，杳无人迹，建康城几乎变成了一座空城。

一次，萧宝卷又出去巡视，正好碰到一家有孕妇临产，回避不开，于是皇帝带人闯了进去，大声呵斥："为何此人敢抗命不回避。"那家人只好说有孕妇即将临产，实在是走不开，乞求皇帝恕罪。萧宝卷看着孕妇圆鼓鼓的肚子，顿时产生了兴趣，便让左右猜猜里面的孩子是男是女。左右皆说这得等孩子生出来才能知道，可萧宝卷却要立刻就看，于是，他拔出长剑，竟生生把那个孕妇的肚子剖开，孕妇与胎儿都立刻毙命。又有一次，萧宝卷去郊外蒋山狩猎，到了定林寺，一个和尚来不及跑开，便躲在草丛里，被他发现了。皇帝看到有人敢抗旨不回避，勃然大怒，立刻就要杀了那个和尚。左右有人劝他："一个老和尚，挺可怜的，还是饶了他吧。"皇帝却反驳道："谁让他在草里窝着，你要是看到草丛中有野鹿獐子之类的，难道还不射么。"于是命令手下一起放箭，当下就把那个和尚射得如同刺猬一般。就是这样，萧宝卷还不解恨，又亲自对着那个和尚的脑袋射了几箭。

萧宝卷爱射箭，于是到处修建射雉场，竟修了 296 处之多。这些射雉场装饰得华丽无比，都用红绿锦缎做成帷帐及步障。他所用的弓箭也十分华贵，是用金银玳瑁之类的珍宝加以装饰的。他还对侍卫们进行分工，侍卫们有专门管帐幕的，有专门管鹰犬的。萧宝卷勤学苦练射箭，不久就成绩卓著，能拉得开三斛五斗的硬弓了。后来，他又对一种叫做"担橦"的杂技发生了兴趣。"橦"是一种巨大的木杆，装饰华丽，表演的时候立在伎人的手臂或额头上。萧宝卷刚开始练习，还掌握不好平衡，经常被撞得扭伤手腕，但不久他就运用自如了，能把长达七丈五尺的巨大的橦用牙齿顶起来。萧宝卷甚至亲手制作"担橦"所用的各种用具，还在"橦"上面缀上金花玉镜等各种宝贝。

萧宝卷耽于玩闹，于是，宫中的宦官、内侍、宠臣便一起陪他玩得不亦乐乎。但是，对于萧宝卷来说，和这些人一起玩闹固然有趣，若有一个知情知趣的美人陪伴，就更令人快乐了。萧宝卷开始广选美人，他将此事交由宠臣茹法珍和梅虫儿去办理，这两个佞臣就在国内大选未婚女子充实后宫，搅得民间鸡犬不宁。送来的美人虽多，皇帝却都是图一时新鲜，等到玩腻了就丢到脑后去了。后来有一个女子在他面前出现，他对她一见钟情，立刻封她为贵妃，这个女子就是潘玉奴。

潘玉奴出身贫民家庭，父亲是个小商贩。她从小便沦为歌伎，练就了一套对男人勾魂摄魄的本领。潘玉奴貌美如花，能歌善舞，却性格刻薄，奢侈无度。萧宝卷娇宠潘玉奴，和潘玉奴食则同席，出则同辇，天天相伴在一起。每逢出游，潘玉奴乘着豪华的卧舆走在前面，他就骑马在后做她的随从。无论刮风下雨，严寒酷暑，道路平坦还是坎坷崎岖，他都一直坚持紧跟在他心爱的潘贵妃车后。路上走得口渴，他便解下随身携带的水壶，就近在旁边的小河里舀点水喝，然后再继续骑马跟上。

潘玉奴

潘玉奴受到皇帝的宠爱后，便不可一世起来，经常让皇帝给她各种赏赐。她的衣服首饰都要最名贵最华丽的。她看不上府库里的收藏，就命人去买更加新奇精巧的衣饰，花多少银钱都不在意。她的一副琥珀手镯就要值到170万钱。不但她自己过着奢侈无度的生活，就连她的家人，也沾她的光胡作非为起来。她父亲仗着她的权势，赐第都中，和一帮小人勾结起来，凡是有钱的人家，都诬陷以大罪，借此把他们的家财搜刮一空。一家犯罪，甚至连左邻右舍都要受到牵连。而且为了防止这些人家日后报复，竟把这些人家中的男丁统统杀死。如此肆无忌惮，惹得朝野人人侧目，但由于皇帝对潘玉奴宠爱非常，谁也不敢多嘴。

有一段时间，萧宝卷对做饭产生了兴趣，他便经常跑到潘玉奴的家里，去给她家当厨子做饭或者当下手打杂，但很快，他对做饭的兴趣便减弱了，转而对卖东西产生了兴趣。于是，他在宫中的花园里设立了一个市场，排列了大大小小的店铺，让宫中的宦官装作商贩。他自己则天天在里面转悠，卖这个，买那个，忙得不亦乐乎。为了维护市场秩序，他让潘玉奴做“市令”，负责受理有关纠纷。谁要是不遵守秩序就让潘玉奴惩罚。而他自己则去做潘玉奴的文书，潘玉奴“审理”案件，他就负责做笔录。这样，潘玉奴就成了他的上司，如果他犯了错，潘玉奴也能责罚他。潘玉奴也毫不客气，经常拿大杖打得他连连求饶。他为了挨打的时候不太疼，就命令不准将大荆棍带到宫里来。他还开了个肉铺，亲自持刀卖肉，让潘玉奴在一边当垆卖酒。坊间百姓因此传唱出一首歌谣：“阅武堂，种杨柳，至尊屠肉，潘妃酤酒。”

潘玉奴曾给萧宝卷生了一个女儿，可只过了一百天，孩子就夭折了。当年萧宝卷的父亲驾崩之时，萧宝卷照样喝酒吃肉，穿锦着绣，一点都不伤心。这次则不同，他伤心大哭，身着粗布衣服，只肯吃素菜，过了一个多月都没有听歌观舞。还是他那帮亲信善解人意，看他这般难过，就一起做出好吃的来劝他吃，号称“为天子解菜”。为了缓解自己的伤心，也为了安慰心爱的潘贵妃，萧宝卷决定大建宫室。他对旧有的宫殿本来就不太满意。当年齐武帝萧赜修建兴光楼，是用青漆刷的屋顶，所以兴光楼又被叫做“青楼”，在萧宝卷看来，这未免过于小家子气，他轻蔑地说：“武帝真笨，干吗不用琉璃铺顶呢？”

永元三年（501 年），宫里发生了一场大火灾，当时萧宝卷正在外面出游，宫内三千间房屋烧得一间也不剩。萧宝卷决定借此机会大修宫殿。于是，他大兴土木，建起芳乐、芳德、仙华、大兴、含德、清曜、安寿等宫殿，又特别为潘玉奴修建了神仙、永寿、玉寿三殿。每座宫殿都用黄金白玉之类装点得富丽堂皇。其中，潘玉奴住的玉寿殿四面织锦铺绣，窗间画满了神仙飞舞飘荡的图样，其中描绘的灵兽神禽、风云华炬之类都是用金银制成的。为了让潘玉奴的宫殿更为华丽，萧宝卷命人把宫内外古代文物上的玉饰凿剥下来装点潘玉奴的宫殿，甚至连佛寺也不肯放过，庄严寺的玉九子铃、外国寺的佛面光相、禅灵寺塔上的各种宝珥，都被他搜罗殆尽。

萧宝卷喜欢园林景致，他把阅武堂改建成芳乐苑。时值盛夏，天气酷热，但他还是迫不及待地命人在园中栽树，但早上种下去，晚上就死了，他便命令继续种，工匠们不停地搬进活树，挪出死树，到最后也没有一棵树活下来。为了保持园林常绿，他就在城里城外大肆搜刮，破门毁院，从居民家里把树木挖出来移到宫内。他命令用刮取的草皮覆盖在芳乐苑的阶庭之上，草皮被太阳晒枯死后，要马上更换，以保持常绿常新。他还命令花园里的石头都要涂上彩色，并要横跨池水盖起楼阁，在楼阁的墙壁上还要绘满春宫画，用来观赏淫乐。

萧宝卷如此大兴土木，自然耗费金钱无数，不仅府库为之一空，先帝积攒下的黄金珍宝也被折腾得精光。于是他便到处搜刮，多方征敛，搞得民间赋税奇重，徭役无时，百姓苦不堪言。他命令那些富户们不论有多少金子，统统都要以特别低的价格卖给皇帝，到后来，更是连这特别低的收购价都不愿意给了。由于他对大修宫殿催促得十分急迫，那些负责采买材料的衙门又常常经费短缺，最后竟公然到市场上抢了起来，弄得市廛离散，商旅无依。大臣们不禁私下感叹："当年秦朝那么富庶，只造了一座阿房宫，尚且弄到亡国。现在我朝不过秦朝一个郡大，却造了这么多阿房宫式的华丽宫殿，将来还不知道会弄成什么样子。"萧宝卷却对耗费如此多金钱毫不在意，倘新修的宫殿能博潘玉奴一笑，他便十分满足。为了能充分展示潘玉奴的风姿，萧宝卷又想出了一个精妙的主意。他命令工匠用黄金凿成莲花的形状，一朵一朵地贴在地面上，再让他心爱的潘玉奴袅袅婷婷地行走其上，他则一边欣赏着潘玉奴轻盈的体态，一边赞叹："这真是步步生莲花呀。"

萧宝卷滥杀大臣，大修宫室，不但惹得朝野侧目，他自己也时而觉得内心不安。荒诞的是他安抚自己内心的方法是请求神仙保佑，他信奉的神仙是"蒋侯"。南朝各朝均建都于建康，因此萧宝卷对这个曾以钟山为居所的蒋神仙也颇感亲切，长期把这个神仙供奉在宫中，昼夜祈祷。他的手下有一个叫朱光尚的弄臣，假称自己能见到神仙，再后来，干脆说神仙附到自己身上去了。于是萧宝卷也把他当神仙一样供起来了，对他恭敬得不得了，不仅让他做了相国，还尊称他为"灵帝"。朱光尚有时看到皇帝荒唐得实在太过分，也打算借着神仙的名义劝劝他。一次，皇帝又想出去玩乐，走到宫门口，所骑的马却忽然惊了起来。朱光尚趁机说："这是先帝发怒，不想让陛下出门游乐。"却没想到萧宝卷根本不管先帝这种托辞，当下大怒，拿着刀到处转悠，非要把先帝的鬼魂找出来砍掉不可。白日自然不会见鬼，也寻不出什么结果。于是，萧宝卷用稻草扎成先帝的形状，斩了稻草人的脑袋，挂在城门上。

萧宝卷连鬼都不怕，自然更不怕人。朝廷上的忠臣基本上都被他迫害致死，最后连尚书令萧懿也被他毒死了。萧懿是个有名的大忠臣，他在临死时感叹道："我弟弟萧衍现在在襄阳，我可是为朝廷担心得很呀。"果不其然，萧懿的弟弟萧衍听说哥哥被萧宝卷毒死，便在襄阳召集诸将起兵，一路杀奔到都城，并把建康城团团围住。

萧衍虽然起兵，但萧宝卷一点也不紧张。他认为自己已经历了几次叛乱，每一次都风平浪静地过来了，相信这次也会同前几次叛乱一样，过不多久便会风平浪静。他信心满满地觉得打退萧衍绝没问题。只把监狱内的囚犯放出，让他们充当守城军士，但这样的乌合之众怎能挡得住萧衍的大军，不久，守城军队就被打得大败，萧衍率军攻入了建康，萧宝卷只好退到内城里躲起来。此时，内城中还有七万军队，坚守待变也不是不可能，但好玩的皇帝哪肯在这上头用心。他心平气静，还像平常一样白天睡觉，晚上肆意胡闹。一时兴起，还穿着大红袍登上景阳楼眺望观赏内城外的敌兵，有好几次差点让箭射伤。他在宫中身着戎服，以金银作铠甲，遍插羽毛、宝石装饰。给他的马也穿上了银制的铠甲，也给马遍身插满了孔雀毛。他发给卫士、宫人们金玉做成的兵器，让他们互相乱打，有人假装被打死，就用门板抬出内城，打算用这种装神弄鬼的办法让敌人退兵。军士们看到皇帝把两军交战当做游戏来玩乐，荒唐至极，便谁也不想替他去打仗。在如此军心低落之际，平日花钱如流水的萧宝卷却突然吝啬起来。茹法珍情急之下，叩头恳求他拿出财物来赏赐将士，他却说："贼来只是要我个人的命吗？干吗只找我要东西。"战事上他吝惜花费银两，却喜欢做表面功夫。他催促御府赶制三百人精仗，准备在萧衍退兵后给庆功的仪仗队用，又拿出大量的金银宝物装饰仪仗铠甲。城内的将士知道这个消息，就更加愤恨了，都想逃亡投降。这时，萧宝卷又听信宠臣的谗言，准备把守城失败的大将王珍国杀掉。

于是，王珍国暗地里与萧衍取得了联系，又密谋串通了宫内的宦官和侍卫，打算先下手为强。

这天晚上，萧宝卷刚刚参加了一场歌舞宴会，正准备睡下，忽然听到一阵喊杀之声。于是他翻身跳起，跑出北门，想逃往后宫。谁知宫门已闭，他手上又没有武器。这时，叛兵已经纷纷上前，宦官黄泰平用刀刺萧宝卷膝盖，他扑倒在地，口中还大喊："奴才要造反吗！"众人才不管他说什么，上来就砍了他的脑袋，萧宝卷就这样结束了自己短暂却荒淫的一生，死时刚刚在位四年，年仅 19 岁。

萧衍此时尚遵奉齐和帝萧宝融，所以他便与宣德太后商议，认为萧宝卷的行径实在是天怨人怒，便废掉了他的帝号，封为东昏侯。萧衍又将萧宝卷生前宠幸的一班佞臣全部处死，但他也被潘玉奴倾国倾城的美貌所打动，觉得杀掉这么个美人实在是有点可惜。于是，他和领军王茂商量，问他自己可不可以把潘玉奴收入宫中。可王茂却不像他那样有怜香惜玉之心，认定潘玉儿是亡齐的祸根，坚决不让萧衍把她收到宫里。萧衍无奈，就准备把潘玉奴赐给手下的将领田安，可潘玉奴却坚决不肯"下匹非类"，自缢而亡。

相关链接：

蒋侯

蒋侯本名蒋子文，在东汉末期做秣陵尉，有一次到山里捉强盗，被强盗打破脑袋死了。本来像这样的小人物可谓车载斗量，没什么稀罕的。但这个蒋子文自视甚高，常常说自己骨相奇特，就算生前做不了大官，死后也能当个神仙。别人听到他说这话，不过以为是狂言罢了，谁都没有在意。可没想到在孙权建都建业的时候，突然有人好像看到他骑着白马，拿着羽扇，在钟山一带晃来晃去。此时距他去世还不远，居然还有人记得他生前的狂言，于是就将这一切告诉了孙权。孙权一听，神仙啊，这可不能得罪，便封他为蒋侯，在钟山上给他立了一座庙。于是钟山也就因为这个蒋神仙的缘故，常常被叫做蒋山。

附：

《齐宫词》

永寿兵来夜不扃，金莲无复印中庭。

梁台歌管三更罢，犹自风摇九子铃。

后人对萧宝卷和潘玉奴之间的感情和他们的穷奢极欲做过不少的评论和感慨，李商隐和苏东坡都有诗词留于后世。此诗为唐代著名诗人李商隐所作。针对萧宝卷宠爱潘玉奴，终日作乐的行为，不仅简练紧凑地交代了南齐的覆亡，刻画出了萧宝卷死前茫然不觉、纵情享乐的荒淫昏聩，还透露出南齐亡国的原因、过程和历史教训。同样题材的还有宋代著名词人苏轼的《次韵杨公济奉议梅花》（之四），对潘玉奴为萧宝卷殉情而死发出了感慨：

月地云阶漫一樽，玉奴终不负东昏。

临春结绮荒荆棘，谁信幽香是返魂。

天书符瑞降凡间

——自欺欺人造天书

人物小档案：

赵恒（968年—1022年），宋朝第三位皇帝，宋太宗第三子，997年继位，1022年驾崩，享年55岁，在位25年。赵恒死后谥号章圣元孝帝，庙号真宗，葬于永定陵（今河南省巩义市东南蔡家庄）。是著名谚语“书中自有黄金屋，书中自有颜如玉”的作者。

宋真宗赵恒

宋真宗赵恒乃宋太宗的第三子，因不是太宗长子，母亲也不是皇后，所以原本没有资格继承皇位。他先后受封为韩王、襄王、寿王。当大哥赵元佐发疯、二哥赵元僖暴死之后，这才轮到他。据说，太宗晚年迷信相术，曾召一僧人入宫给子侄诸王看相。僧人看了几个子侄，只有赵恒还在睡觉，没有出来。僧人却奏告说："我遍观诸王，命都不及寿王。"太宗说："你还未曾见过他，怎么知道他的命最好？"僧人说："我刚才见站在寿王门前的 3 个仆人，他们都具有日后成为将相的气度。仆人尚且如此，他们的主人自然更高贵了。"于是，太宗就立赵恒为太子。太宗于公元 997 年 3 月病死，赵恒于同月继位，第二年改年号为"咸平"。

宋真宗即位之初，任用李沆等人为宰相，能注重节俭，蠲免了五代以来的欠税。他分全国为十五路，各路转运使轮流进京述职，政治较为安定。但是与久经沙场的太祖、太宗不同，从小生活在深宫中的赵恒性格较为懦弱，缺乏开拓创新的决心和勇气，在他看来，坚持太宗晚年推崇的黄老无为思想、继续守成是最好的选择。宋辽签订澶渊之盟后，宋真宗在政治上没有什么作为，反而致力于封祀之事，粉饰太平，广建宫观，劳民伤财，使得宋王朝的"内忧外患"日趋严重。

宋真宗景德元年（1004 年），辽帝与萧太后率大军南下攻宋。在宰相寇准的坚持下，宋真宗勉强御驾亲征，但却在宋军士气方振、战局对辽不利之际，以每年输辽岁币银 10 万两、绢 20 万匹的屈辱条件，在澶渊同辽签订了和约，开创了以输岁币求苟安的恶例。宋真宗原以为这是一桩值得自豪的功业，很得意了一阵子。不料有一天，参政王钦若却对他说："城下之盟，《春秋》耻之。澶渊之举，以万乘之尊而为城下盟，没有比这更耻辱的了！"王钦若的话，本来是要贬低寇准的，但却同时给爱虚荣的宋真宗兜头泼了一盆冷水，他从此怏怏不乐。

王钦若是个善于察言观色、逢迎邀宠之人。他在处理国家大事上没什么能耐，但在计谋上却是胜人一筹。他"性倾巧，敢为矫诞"，就是说这个人善于投机取巧，敢于弄虚作假。他看出宋真宗其人既好大喜功，又害怕战争，于是他就找了个机会假意向宋真宗提议说："陛下若出兵收复幽、蓟两州，就可以洗掉澶渊之盟的耻辱了。"宋真宗说："河北的百姓刚免了战争之苦，我哪里忍心再挑起战争呢？还是想点其他主意吧！"王钦若乘机说："那就只有封禅可以镇服四海、夸示他国了。但自古封禅，都得有'天瑞'出现才行。"宋真宗听到王钦若的话，觉得颇有道理，王钦若接着又说："当然，这'天瑞'不是说有就有的；前代之所谓'天瑞'者，有些是人为制造出来的，只不过人主把它当真的崇奉起来，并以之昭示天下，就会同真的一样了。古代传说的'河出《图》、洛出《书》'，难道真有这么回事吗？那不过是圣人以神道设教罢了！"宋真宗听了，自然心领神会，但又很忧心："王旦也许不会同意这么做吧？"王旦是当朝的宰相，因前宰相寇准已被排挤出朝，所以宋真宗首先要考虑王旦是否肯附从。王钦若说："我去向他暗示，说这是出于圣意，估计他不会不同意。"果然，经过王钦若说项，王旦同意了。但宋真宗心里还是不踏实，就把王旦召来宴饮，正当喝得高兴的当儿，宋真宗命人取出一樽酒来赐与王旦说："带回去同妻子孩子一起享用吧！"王旦谢恩后回到家中，他打开酒樽一看，这哪里是什么美酒，里面盛的全是精美的珠宝！从此，王旦便坚定地支持宋真宗泰山封禅。

已经说服了王旦，想要人为地制造符瑞看来是不成问题。宋真宗又同王钦若暗地布置了一番，便于大中祥符元年（1008 年）正月，即宋真宗景德四年春节，宣布了一个令人惊讶的消息。

那天是正月初三，京城里不时地传来爆竹声，读书人开始挨家去拜年，并留下"刺"（就是拜帖），一片喜洋洋的气氛。宋真宗把文武大臣们都召集到了崇政殿，他煞有介事地说："去年冬十一月庚寅月，将近半夜时分，我刚灭烛就寝，忽然室中亮堂起来，屋子正中出现明亮彩光，彩光中有位头戴星冠身穿绛衣的神人对我说：'来月（即下个月）初三于正殿建黄箓道场一个，将降天书《大中祥符》三篇。'说完就不见了。"文武大臣中，除王钦若和王旦等几个知道底细的人，其余的人都被宋真宗编的这番话给说得云里雾中，听到这里，有人急着追问："陛下，难道真的是天书降临了吗？"宋真宗见自己的这番话收到了不错的效果，又带着一丝得意继续说道："神人嘱咐我勿要轻易泄露天机，因此未和大家商议这件事。从十二月初一起我即斋戒于朝元殿，并建道场以伫候神赐。适才城隍司来奏称在左承天门南面的屋角鸱吻上发现有帛布悬于屋脊上，即遣中使去察看，回报说那是一条两丈多长的黄帛，裹着一个青丝绳缠绕的好像书卷的东西，隐隐约约的还有字迹显露出来，帛布包的大概是类似天书的东西。结合之前我做的那个梦，我想这正是神人说的天书啊！”崇政殿里，大臣们一个个目瞪口呆，被宋真宗说的这个消息给震慑住了。殿内一片宁静，宰相王旦看到这个情形，脸上堆起惊喜的笑容，进前一步施礼祝贺道：“这是陛下诚敬天地，孝奉祖宗，仁厚勤政，和睦邻国……才感动上天，降下了‘天书’。”此时众大臣们也终于反应过来，都跪拜在地，山呼万岁。

为了表示庄严敬重，宋真宗率领百官步行到承天门，让两个太监上房取下黄帛，诚惶诚恐地把那所谓的“天书”迎奉到道场，由王旦下跪拜接，宋真宗也屈膝下拜接过，当众由知枢密院事陈尧叟打开缄封，只见展开的黄帛上写着：“赵受命，兴于宋，付于冲。居其器，守于正。世七百，九九定。”另外还有黄色字条三幅，内容是说宋真宗以孝道承统，务以清净简俭，必致世祚长久云云。三篇“天书”的内容都是一致的，都褒奖了宋真宗能以至孝至道继承帝业，勉励他此后治国要越加勤俭，这样大宋的国运才能够长治久安昌盛万年。其在遣词造句上是模仿古书《尚书·洪范》和《道德经》的语气，对宋真宗大肆歌功颂德，与宋真宗之前所讲的教化世人的“天书”相去甚远。

黄帛上的内容由陈尧叟宣读后，黄帛被包起，郑重地放入预先准备好的金柜中。宋真宗派官员祭告天地、宗庙和社稷。见到自己制造的“天书”在大臣们面前有如此大的影响力，宋真宗大为高兴，在崇政殿设斋宴，接受百官朝贺。又接连下了几道诏令：大赦、改元、改左承天门为承天祥符、群臣加恩、特许京师聚饮三日，以示庆祝，等等。又授意一班吹鼓手，如陈尧叟、丁谓等对“天书”以经义加以附和。一时间全国上下掀起了一股“争言祥瑞”的热潮。

三月间，由王旦牵头，动员了文武百官、藩夷僧道及兖州父老吕良等等24300余人，连续五次联名上表请求宋真宗封禅，宋真宗却假意说：“这是大事，要郑重对待。”虽说没有答应，可是已经留下了余地。到了四月，“天书”又降临到了皇宫里的功德阁。“天书”屡降，虽然明明是一种自欺欺人，但宋真宗还是感到十分高兴，为了显示对“天书”的虔诚，他下令建造玉清昭应宫来供奉“天书”。这座玉清昭应宫，堪称是个耗费财力民力的无底洞。它规模宏大，“凡东西三百一十步，南北百四十三步……总二千六百一十区”。为了能够保质保量地建成这座雄伟的宫殿，宋真宗委任三司使丁谓为修昭应宫使，丁谓由此开始得到宋真宗的充分信任。这么大的修建工程，以当时的技术水平，建造周期不可避免地会相当地漫长，掌管修建的官员和具体负责宫殿内部建筑的人估计需要十五年时间，但丁谓为了表现自己的办事能力，下令昼夜不停地施工，结果工期自大中祥符二年四月起，到了大中祥符七年十一月结束，提早了一半还多。

丁谓使用的办法是征集大量的奴隶和劳工，每天在殿前劳作的人有三四万之多。除了大殿上直接建筑的人员，供应建筑原材料的人就更多了，陕西、山西、湖南、湖北、浙江、广西等地供应木材，河南、山东、湖南、山西、浙江等地供应石料，广西、河南、湖南、江西、陕西、山东等地供应颜料，山东、湖北、安徽等地还得供应墨、漆等其他物资，史称“役遍天下”。各地官吏趁机作威作福，欺压百姓，在南方砍伐木材时，由于丁谓定下的期限紧急，服役的民工被迫日夜赶工，有的甚至劳累而死，就这样官吏还指责他们拖延误工或者说他们要逃亡，将他们的老婆孩子收押入狱。

花费了如此之多人力物力建成的玉清昭应宫一派金碧辉煌，连绘画都大量使用黄金，还将四方古名画置于壁龛庑下，成为建筑史上的奇观。可惜的是，这座凝聚了无数劳动人民血汗和智慧的宏大建筑，建成仅仅十多年后便毁于大火。

上有所好，下必兴焉，任何事物的传播都是迅速的，人们的兴趣都转到祥瑞上，举国上下人人都在谈论这件事，祥瑞也是越发现越多。

宋真宗觉得此时时机已成熟，就想最后确定去封禅。几日后，经过几番慎重的思量，宋真宗先把三司使丁谓找来，询问封禅所需花费方面会不会有问题，丁谓极力迎合怂恿，回复说银两方面绝对没有问题。于是，宋真宗正式下诏，宣布将在十九日到泰山去封禅。命翰林及太常详拟封禅仪注，又任命王旦为封禅大礼使，王钦若为封禅度经制置使，丁谓负责计度财用。六月初，派王钦若为先行官，赴泰山筹办具体封禅仪式过程。

此时的宋真宗似乎对“天书”降临的把戏越玩越上瘾，他在大殿上对众人宣布：就在五月十七日的夜晚，他又做了一个梦，梦见神人告诉他下个月会有“天书”降临泰山。宋真宗说得煞有介事，群臣没有人敢表示疑义。宋真宗马上密令王钦若前去安排。果然在六月初六，王钦若从乾封县（今山东泰安）报告，有个不识字的木匠在泰山的树林里发现了一条有字的黄帛，木匠就向皇城使王居正报告，王居正又将此事上报给了王钦若。为了显示这道“天书”的真实性，宋真宗命王钦若前去查探。王钦若一到乾封即上言：“泰山醴泉出，锡山苍龙现。”不久，又遣人将自己伪造的“天书”驰送京都。宋真宗再次召集朝臣宣布：“五月丙子夜，我又梦见上次的神人对我说：‘来月上旬，将赐天书泰山’，即密谕王钦若等凡有祥瑞立即上报，现在果然应验了……”王旦等人便拜叩称贺。于是，宋真宗将泰山来的“天书”奉迎至含芳园正殿，仍由陈尧叟启封宣读，文曰：“汝崇孝奉吾，育民万福。锡汝嘉瑞，黎庶成知。秘守斯言，善解吾意。国祚延永，寿历遐岁。”意思是说，宋真宗善解天意，应当去泰山封禅，这样国家就会兴盛不衰了。

事情进行到这一步，已经不能不用“荒唐”来形容，宋真宗居然神魂颠倒，时常发癔症，认为他所造假的“天书”都是真的。九月二十八日，宋真宗亲自在崇德殿演习封禅仪式。一切准备就绪后，宋真宗即于十月初正式东行封禅。在启程前，他还下了一道命令，要求各官员沿路体察民情。

那“天书”被载以玉辂，在前开路；王旦等一般文武百官扈从；还有一大批随行伺候的人员，组成了浩浩荡荡的队伍。路上，王钦若找来一名大食人李麻勿献上一个一尺多长的玉圭，李麻勿还言之凿凿地说这是自己前五代祖先得到的，祖先还留下嘱咐：“此等宝物，要等到闻听中国出现圣明的皇帝，去泰山举行封禅大礼的时候，快马加鞭赶去奉上。”

走了 17 天，大队人马终于来到了泰山脚下。经过 3 天斋戒，宋真宗和群臣清早起来，开始向泰山峰顶进发。山路上戒备森严，侍卫随从每人只相隔两步，从山下一直排列到峰顶。宋真宗头戴通天冠，身穿绛纱袍，乘步辇前行。第二天在山顶举行了祭天仪式，场面十分壮观庄严，山上山下万岁声惊天动地。随后宋真宗又到泰山脚下的社首山举行了祭地典礼，圆满完成了封禅大典。

为纪念这次封禅，宋真宗封泰山神为“天齐仁圣帝”，封泰山女神为“天仙玉女碧霞元君”，将泰山脚下的乾封县改为奉符县，并在泰山顶唐摩崖东侧刻《谢天书述二圣功德铭》，下诏命王旦撰写《封祀坛颂》，王钦若撰写《社首坛颂》，陈尧叟撰写《朝觐坛颂》，铭石立碑于泰山（今只有王旦的“封祀坛颂碑”留存）。最后，照例是宋真宗接受群臣朝贺、下令大赦天下和全国百姓大宴三天。这次“泰山封禅”，包括到曲阜祭孔在内，前后花了47天时间。十一月二十日，完成了“大功业”的宋真宗回到京城汴梁。十二月初五，宋真宗在朝元殿接受尊号，至此封禅大典才算落下帷幕。

泰山崖刻

相关链接：

澶渊之盟

公元1004年秋，辽国萧太后、圣宗亲自率领20万大军南下，直逼黄河岸边的澶州（今河南省濮阳县）城下，威胁宋的都城。警报一夜五次传到东京（今开封），宋真宗问计于群臣。副宰相王钦若、陈尧叟主张逃跑，任职才一月的宰相寇准则厉声反对说：“出这种主意的人应当斩首！”他说，如果放弃汴京南逃，势必动摇人心，敌人会乘虚而入，国家就难以保全了；如果皇上亲自出征，士气必定大振，就一定能打退敌兵。宋真宗同意御驾亲征，由寇准随同指挥。到了韦城（今河南省滑县东南），宋真宗听说辽兵势大，又想退兵。寇准严肃地说：“如今敌军逼近，情况危急，我们只能前进一尺，不能后退一寸。河北我军将士正日夜盼望陛下驾到，进军将使我河北诸军的士气百倍，后退则将使军心涣散、百姓失望，敌人乘机进攻，陛下恐怕连金陵也保不住了。”宋真宗才勉强同意继续进军，渡河进入澶州城。远近各路宋军见到皇上的黄龙大旗，都欢呼跳跃，高呼“万岁”，士气大振。寇准指挥宋军出击，个个奋勇冲杀，消灭了辽军数千，射死了辽军主将萧达兰。萧太后见辽军陷入被动，要求议和。宋真宗与寇准决定派曹利用前往议和。曹利用出发前，问真宗："每年给辽朝金帛多少？"宋真宗说："迫不得已，虽百万亦可！"曹利用出来后，寇准立即对他说："这次你去议和，虽有圣旨答应百万也可，但如果超过30万，我就杀你！"曹利用不敢反对，便立即出发到辽营谈判。在谈判中，曹利用置个人生死于度外，义正词严，多次驳回辽方索要周世宗收复的已归北宋版图的燕南地，拒不割让一寸国土。宋辽于12月正式议定：由宋朝送给辽以岁币银10万两，绢20万匹，换得辽军撤走。这就是历史上的"澶渊之盟"。从此，岁币成为北宋人民长期的沉重负担。

封禅

封禅是古已有之的礼仪。按照《史记·封禅书》张守节《正义》解释："此泰山上筑土为坛以祭天，报天之功，故曰封。此泰山下小山上除地，报地之功，故曰禅。"

封禅的实际意义要从封禅的起源讲起。据汉代班固《白虎通义》中记载，当皇帝的临危受命，如果想推翻前一个朝代而改姓更替，就必须要封禅泰山。这是什么原因呢？是要教化告诉世人：天子受命之时，是顺应了天命才来更改朝代和制度的。等到天下太平前来封禅，意思就是说告之苍天，现在已经四海平定，使命完成了。《五经通义》中也有记载："天命以为王，使理群生，告太平于天，报群神之功。"（注：皇帝是上天授命到人间当首领，前来领导众生治理百姓，向天祝告四海升平，这也是在表扬天上众神的功德。）这似乎纯粹出于政治目的，表示帝受王命于天，政绩如何显赫，向天告太平，对天的佑护之功表示答谢。封禅的具体仪式富有象征性。班固说："故升封者，增高也；下禅梁父之基，广厚也；刻石纪号者，著己之功绩以自效也。天以高为尊，地以厚为德，故增泰山之高以报天，附梁父之阯以报地，明天地之所命，功成事遂，有益于天地，若高者加高，厚者加厚矣。"系统地说明封禅所包含的更为深层的意义：沟通天人之际，协调天、地、神、人之间的关系，使之达到精神意志与外在行为的和谐统一。

丁谓

丁谓（966 年—1037 年），字谓之，后更字公言，江苏长洲县（今苏州）人。宋真宗大中祥符五年至九年（1012 年—1016 年）任参知政事（次相），天禧三年至乾兴元年（1019 年—1022 年）再任参知政事、枢密使、同中书门下平章事（正相），前后共在相位 7 年。丁谓虽才智过人，然而心术不正，做事“多希合上旨，天下目为奸邪”。他与王钦若、林特、陈彭年、刘承珪都以奸邪险伪著名，人称“五鬼”。宋真宗赵恒相信迷信，丁谓极力迎合，以神仙之事启迪皇帝。宋史中有丁谓溜须的记载。丁谓在宋真宗时即在中书省任监察、同时也是户部的重要官员，握有实权。他伙同王钦若大营道观，屡上祥异，以迎合帝意，不久升任副宰相，即参知政事。时宰相是寇准，丁谓对之毕恭毕敬，唯寇准之言是听。某日，中书省各大臣齐集在一起议事，宰相、副宰相等在一起用餐，汤污寇准的胡须，丁谓起而为之揩拂，即溜其须，寇准笑曰：“参政，国之大臣，乃为长官拂须耶？”说得丁谓既羞又恼，从此对寇准怀恨在心，这便是“溜须”一词的由来。

不做皇帝好多年

——二十八年不上朝

人物小档案：

No.1　朱翊钧（1563 年—1620 年），明朝第十三位皇帝，明穆宗第三子。在位 48 年，是明朝在位时间最长的皇帝。庙号神宗，谥号范天合道哲肃敦简光文章武安仁止孝显皇帝，葬十三陵之定陵。

No.2　郑贵妃（1565 年—1630 年），大兴（今北京大兴）人，父郑承宪，明万历初入宫，是万历皇帝最宠爱的妃子。崇祯三年七月，郑贵妃薨，谥曰恭恪惠荣和靖皇贵妃，葬银泉山。崇祯十七年秋七月戊子，明安宗追尊皇祖妣贵妃郑氏曰孝宁温穆庄惠慈懿宪天裕圣太皇太后。

万历皇帝朱翊钧是明代非常有名的皇帝，万历帝如此有名，并不是因为其治国有方、济世安民，而是恰恰相反，从某种意义上说，“明之亡，实亡于神宗”（《明史·神宗本纪》）。他的有名不仅仅是他对朝

万历皇帝

政的荒芜，更多的是他与后妃之间的恩怨与感情，比如他偶然临幸造就的王皇后，又比如那个让他钟情一生的郑贵妃。

因为生母李太后管教甚严，而自己又十分敬畏严师张居正，所以万历帝的幼年生活苦恼且压抑。公元1578年，由李太后挑选、张居正认可后，14岁的万历帝举行了一生中最隆重的一场被包办的婚礼，娶妻王氏，并封其为皇后。

王皇后在世的时间不长，她死后的谥号是“孝端皇后”，她十分的孝顺，对李太后的爱超过了万历帝，再加上她一直病恹恹的，结婚三年一直没有生育。可以想见，这位身体多病、行为正统的妻子，对于血气方刚的万历帝来说，不管是从身体上还是从内涵上，都没有多少吸引力。

万历帝17岁时，出于皇帝无子的考虑，张居正等大臣建议为皇上“选九嫔”，在正式“选九嫔”之前，大臣们万万没有想到后宫里发生了一件很意外的事。

一日，万历帝去慈宁宫给李太后请安，正好一位王氏宫女端着脸盆来伺候。万历帝看到她那双雪白的手，忍不住怦然心动，也没问名字就私自临幸了这位宫女。万历帝尽兴之后，还赏了王宫女一件首饰。事后万历帝很快就把此事忘记了，但巧合的是王宫女却怀上了万历帝的龙种。

王氏身怀有孕，几个月后就因体型的变化被李太后识破。她马上询问王宫女，王宫女便羞羞答答、一五一十地将此事经过告诉了太后。面对此情此景，李太后大喜，不由得想起了自己的身世。原来李太后的父亲李伟是一个泥瓦匠（一说是小商贩），她则是裕王府里的侍女，在一个偶然的机会里被裕王“私幸”，后来怀上了万历帝，然后被封为王妃。嘉靖皇帝驾崩以后，裕王继位，是为隆庆皇帝，她就由原来的王妃升为贵妃。李太后仿佛从王宫女身上看到了年轻的自己。一日，万历帝陪李太后宴酒。席间，太后向万历帝问及此事，万历帝却矢口否认。此时，新选的“九嫔”已经入宫，这九个嫔妃个个如花似玉、娇媚可爱，而这九位嫔妃当中，尤以郑氏（即郑贵妃）最为出色。在万历帝看来，郑氏是春天艳阳下的闪亮珠玉，曾被他“私幸”的王宫女怎可与郑氏相比呢？如果不是太后提起，他差不多已经忘记曾有过这回事。如今王宫女怀孕了，一口咬定怀的是“龙种”，万历帝却不记得也不承认有这回事。对万历帝一向管束严厉的李太后，立即命左右太监取来《内起居注》（日常记录皇帝言行的册子），叫万历帝自己看。事实面前，万历帝窘迫无计，只得如实承认。李太后望着儿子失魂落魄的样子，好言相劝：“吾老矣，犹未有孙。果男者宗社福也。母以子为贵，宁分差等耶！？”

在李太后的力主之下，王氏被册封为恭妃。王恭妃果然不负众望生下一个男孩，这个男孩就是一生遭万历帝冷遇和歧视的短命皇帝——光宗朱常洛。长子的出生，并未给万历帝带来多大的愉悦。他把全部注意力都放在了新入宫的郑氏身上。郑氏入宫之前颇有一段传奇，当王宫女怀上朱常洛的时候，万历帝选妃的命令已经发布到全国，郑氏的家乡在京郊的大兴县，乍一接到通知，家里异常慌乱。常言道，侯门一入深似海，何况是皇宫？普通老百姓谁也不愿意把女儿选入深宫，过那暗无天日的生活。郑氏的父亲匆忙为她定下一门亲事，将她送给一位举人做妾。迎娶之日，郑氏父女相别，抱头痛哭。大概哭的声音比较大，恰巧被路过的选妃太监听到了，太监们进来一看，新娘生得娇俏可人，于是便强行将新娘带进了宫。

在炎热的夏季，宫里除了知了不停地叫，连个人影子也不见。由于被迫封了一个自己不感兴趣的王恭妃，万历帝心里很不痛快，他闷闷不乐地在园子里顺着石子铺成的小径散步，林子里葱葱郁郁，偶尔凉爽的微风拂过面颊，再过去应该是水溏，换了便服的万历帝觉得有点湿冷，于是命身边的小太监去取一件外袍来。万历帝慢腾腾往里走，突然听到哗哗的水声，“这儿是静湖，是什么声音？”他心里想着便往声音处走去。万历帝怎么也没想到会有人在深宫莲湖内浴身。他饶有兴趣地看着眼前这个浑然不知被人窥视的洗澡女子，只见她削肩锁骨，身体白皙光滑。过了好一会，洗澡女子才涉水上岸，拾起草地上的衣服披在身上。万历帝就这样邂逅了她钟爱一生的女子——郑氏。三天后，郑氏站在了

郑贵妃

万历帝面前，她不敢相信，自己进宫后这么快就见到了皇帝，非但如此，皇帝原来是那样的风度卓然，伟岸豪迈。一夜温存后，万历帝便将郑氏封为淑妃。

郑淑妃知晓出生帝王之家的皇帝习惯了平日里对妻妾嫔妃呼之即来挥之即去，但她却敢于表现出与其他妻妾嫔妃不同的特性。她敢于冲皇帝发脾气，也勇于撒娇认错，还对万历帝直言许多动人的情话。她带他爬高梯放烟火、上市集赶庙会、上山下水打猎捉鱼，玩得不亦乐乎。万历帝忧愁时她替他分析缘由、出谋划策。四下无人的时候她更胆敢呼万历帝为“小林子”，以显亲昵，万历帝则对郑淑妃全盘包容。在弹劾张居正和大太监冯保时，郑淑妃出的主意替万历帝解了心结后，万历帝高兴地加封她为贵妃。好事连连，接着，郑贵妃又有了身孕，并如愿为万历帝生下一子——次皇子朱常洵。万历帝又以前所未有的速度加封郑贵妃为皇贵妃。

次皇子朱常洵的出世令郑贵妃的地位坚如磐石，她的野心和私欲也就逐渐膨胀起来。在封建宫廷中，一个女子的最高愿望无非是争得皇帝的宠幸，当上皇后，从而光宗耀祖，显达门庭。郑贵妃明白，为了达到这一目的，首先要把自己的儿子推上太子之位，然后母以子贵，自己再做皇后；而此时最大的障碍就是皇长子朱常洛。当时，那些坚持“有嫡立嫡，无嫡立长”的正统礼仪的朝中官员们，早已把皇长子朱常洛看做是未来的皇帝。郑贵妃一心想立自己的儿子为太子，时常鼓动万历帝立其子为太子；万历帝也一向偏爱郑贵妃和朱常洵，不喜欢朱常洛，也有立朱常洵为太子之意。但是因立次子为太子不合礼仪，势必要遭到众人的反对，所以，万历帝只好对立太子之事一拖再拖，以待时机。

然而，万历帝的这种计谋瞒不过朝中大臣们。这一年，给事中姜应麟上书万历帝，提出立皇长子朱常洛为太子，以避免朝廷中的流言蜚语。万历帝看了姜应麟的奏章后，顿时大怒，在郑贵妃的唆使下，立刻降下圣旨：立储自有长幼之分，姜应麟怀疑君主，显摆耿直，应该降级到边远地区任杂职。御旨一下，姜应麟旋即被贬往大同境内。由于御旨中有肯定皇长子地位的“立储自有长幼”一语，诸大臣便要求万历帝实现诺言，按照“立储自有长幼”的原则赶快立储，这时，万历帝方才感到自己在御旨中的语言失误。但因此时圣旨既下，已无法挽回，经过与郑贵妃的一番商量，决定还是再次拖延。于是万历帝出面对群臣推托道，皇长子方才 6 岁，年纪尚幼，这时候谈立储，实非所宜。万历帝原以为，这么一说就能蒙混过去，可反驳的奏章反而因此有增无减。这是因为万历帝本人就是在 6 岁的时候被立为皇太子的，诸大臣自然要以此为由来辩驳。此时，人多口众，万历帝如何能抵挡得住。最后实在无法再继续拖延，万历帝只好自己定出期限，让首辅传谕诸大臣，说立储一事应到万历二十年（1592 年）议行，要诸臣安心等待，不要再为此惊扰圣上。

转眼间，皇长子朱常洛已长到了 20 岁。万历帝此时已被这场旷日持久的立储论辩搞得精疲力竭，准备立朱常洛为“太子”。郑贵妃听到万历帝要立朱常洛为“太子”的消息，虽然感到大势已去，但她还是要做最后一搏。早在几年前，万历帝为讨郑贵妃的欢心，曾许愿将来封朱常洵为太子。郑贵妃施展聪明，让皇帝写下手谕，珍重地装在锦匣里，放在自己宫中的梁上，作为日后凭据。现在时机已到，她必须出示这张王牌以制其敌。可是，当郑贵妃满怀希望地打开锦匣时，不禁大吃一惊：一纸手谕让衣鱼（蠹虫）咬得残破不堪，“常洵”两字也进了衣鱼腹中！见此，万历帝只能长叹一声：“此乃天意也。”终于不顾郑贵妃的泪眼，在万历二十九年（1601 年）册立皇长子朱常洛为皇太子，并于第二年给他完了婚。同时，将次皇子朱常洵封为“福王”，封地洛阳。至此，前后闹腾了十几年之久的立太子风波，才算告一段落。

郑贵妃不仅野心勃勃，一心想当皇后，而且对金银财宝等财物也贪得无厌，达到了登峰造极的地步。万历二十四年（1596 年）以后，万历帝派出大批矿监税吏，赋予他们种种特权，让他们到各处去搜刮金银财宝。一方面，这些臭名昭著的矿监税吏如陈奉、马堂、梁永等都是郑贵妃的心腹宦官，他们知道郑贵妃受宠幸，无不极力巴结她，把从各地搜刮来的金钱和各地进贡的税银，进贡给万历帝与郑贵妃，让他们大肆挥霍。仅供郑贵妃和其他嫔妃使用的胭脂费，每年就支用白银10万两，而万历初年全国的田赋收入每年才400万两。另一方面，这些宦官称郑贵妃为“内主”，他们倚仗着这个后台在各地搜刮掠夺，杀人抢劫，无恶不作。虽然各地百姓群起反抗，一些正直的地方官员也纷纷上疏要求惩办这些宦官，但是由于万历帝与郑贵妃极力为他们开脱，他们方能逍遥法外。

按照明朝祖制，所封藩王必须住在自己的封国里，非奉旨不得入京。但郑贵妃的儿子朱常洵却恃父母之宠，竟在皇宫中十多年不赴封国洛阳。正当万历帝和群臣为朱常洵就藩一事争得难解难分之际，行将就木的李太后召见了郑贵妃，她质问郑贵妃：“福王何未赴封国？”极端聪明伶俐的郑贵妃回答道：“太后明年七十寿诞，福王留下为您祝寿。”李太后毕竟深怀城府，她冷冷地反问：“我二儿子潞王就藩卫辉，试问他可以回来祝寿否？”郑贵妃无言以对，只得答应太后督促福王速去封国就藩。但她却向万历帝提出要为福王在洛阳修建好藩邸，福王方才就任。万历帝一看福王就任已是大势所趋，只好命朝廷拨款28万巨资在洛阳为朱常洵修建福王藩邸。然而，藩邸完工后，福王却在郑贵妃的纵容下，仍不到洛阳就任。此时，郑贵妃又要求划给福王庄田4万顷。按照明初规定，除岁禄外，划给藩王的草地牧场不过千顷，而郑贵妃要求给福王的土地大大超过了此数。后来因群臣的坚决反对，万历帝不得已只好将给福王的土地减半为2万顷。

至此，郑贵妃还是不满足，又为儿子去洛阳向万历帝提出了许多要求。如索要大学士张居正被籍没的财产及四川盐税和茶税，并要朝廷给淮盐300引，让福王在洛阳开店卖盐，并垄断洛阳的卖盐权。万历帝不仅答应了这些要求，还把历年来税吏、矿吏所进献的珍宝大都交给福王带走。尽管如此，福王到洛阳后，依然横征暴敛，胡作非为，造成黄河南北、齐楚河淮骚动，河南数年大荒，人民相食。而福王藩库却存有金钱百万，竟然超过了大内仓储。

郑贵妃自得宠后，其家族也大沾其光，飞黄腾达者前后有三代。万历帝对郑贵妃家人的赐封更是随心所欲，超出常制。郑贵妃的父亲郑承宪横行地方，骄奢淫逸，为非作歹。然而万历帝不仅不加过问，反而将他晋升为都督同知。郑承宪死后，他的儿子郑国泰超出父死子袭的常例，竟被万历帝破格授予都指挥使。对此，朝廷中的许多官员表示反对，大臣们提出："妃家蒙恩如是，何以优后家。"暗指郑国泰兄妹可能阴谋篡权。果不其然，大臣们的担忧变成了现实，郑国泰后来竟策动宦官收买张差，企图杀害皇太子朱常洛，但因为是郑贵妃之兄，未受任何惩处，不久反而升迁为左都督。郑贵妃的伯父郑承恩更是一个惯于挑拨离间、诬陷贤良的小人。当郑承恩得知给事戴士衡和全椒知县樊玉衡与礼部侍郎吕坤有矛盾，并对贵妃专权不满，便上疏万历帝，说戴、樊二人离间皇室。攻击皇帝和贵妃，应予严惩，结果使戴、樊二人不仅遭受廷杖之苦，而且还被流放边地。

万历帝自从宠爱郑贵妃之后，渐渐地就不怎么爱上早朝，一方面他觉得这样自己可以随心所欲，另一方面他也对朝政之事力不从心。而郑贵妃见朝廷中有那么多官员攻击自己，也害怕万历帝被这些官员说服，于己不利，便极力唆使万历帝尽量少和朝廷中的官员见面。于是万历帝从万历十八年（1590 年）开始，不再上朝理政，创造了 28 年不上早朝的历史。

万历帝这一生，对郑贵妃是真心宠爱，且一生都没有变过心，并为了自己最心爱女人的利益，与朝臣斗争了几十年，在他的心底，一直有一种屈辱心理：堂堂天子，竟不能让最心爱的女人得到她想要的东西！万历帝在生命的最后一刻，遗命封郑氏为皇后，死后与自己合葬于定陵玄宫。

明熹宗年间，郑贵妃的权力欲望虽不减当年，但毕竟已年过六旬，力不从心了。崇祯三年（1630 年）七月，这位一生享尽荣华富贵，连做梦都想做皇后的郑贵妃，在最终也未能实现自己的梦想的情况下，结束了自己颇富传奇色彩的一生。郑贵妃死后，被谥"恭恪惠荣和靖皇贵妃"，埋葬在银泉山。300 余年后，定陵玄宫洞开，人们发现所有的棺床上都没有郑贵妃的影子。后殿并列的三口朱红色棺椁，中间是万历皇帝，左边是孝端皇后王氏，右边是孝靖皇后王氏，也就是太子朱常洛的母亲。万历皇帝死后也未能达成他与郑贵妃一同长眠的心愿，呜呼哀哉！

相关链接：

“北斗七星”葬式

在万历皇帝的陵墓被发掘时，发掘人员小心地打开棺椁，现场专家对眼前的情景大吃一惊。万历皇帝的尸骨被放置在一条锦被上，锦被两边上折，盖住尸体。尸体头西脚东仰卧，肌肉已经腐烂，仅剩骨架。面向上，头顶微向右偏。右臂向上弯曲，手放在头右侧；左臂下垂，略向内弯，手放在腹部，手中拿念珠一串。右腿稍弯曲，左腿直伸，两脚向外撇开。孝端皇后尸体放置在织金妆花缎被上，被两侧上折，盖住尸体。尸体已经腐烂，骨架头西脚东，面向右侧卧。左臂下垂，手放在腰部；右臂向下直伸。足部交叠，左足在上，右足在下。孝靖皇后尸体亦放在织锦被上，被两侧上折，盖住尸体。尸体已腐烂，仅剩骨架，脚东放置。面稍向右侧卧。右臂向上弯曲，手放在头下；左臂下垂，手放在身上腰部。

那么，万历皇帝和他的皇后的尸体为何放置成如此姿态？由于之前谁也没有见过帝王的葬式，在现存的资料中，帝王死后尸体摆放成什么姿态入殓也是秘不示人的。而根据传统的丧葬习俗，入棺时外人都是要避讳的，即使是身边人，也只有极少数的嫡亲才能看到，因此才没有一丁点儿这方面的文字记载。定陵暴露了一个天大的秘密，是给考古界的一个天大惊喜，是这次发掘中最大的收获之一。

根据相关的资料和现有的考古发掘发现，中国古代土葬尸体葬式一般有仰身直肢葬、曲肢葬、俯身葬等姿态。万历皇帝的“侧卧式”殓葬姿势，确是极为罕见的，不见文字记录。他为什么死后要让人把自己的尸体弄成这样？据考古专家大胆推断，此乃为“北斗七星”葬式！原来，从骨架情况看，身体侧卧、双腿微曲如睡眠状，其形极像天上的北斗七星，此种葬式源于天象。在过去，“北斗七星”被认为是极星，指向正北，位于天空中心。在星宿中属紫薇垣。宋代郑樵《通志》称紫薇、太微、天市为三垣。三垣指的是三个星区。紫薇垣是以北斗星为中心与周围各星组成的星区。古代常以星象变化预测人事吉凶，将三垣同人世对应起来，紫薇垣对应的是人间帝王，是帝星所在。所以极星北斗又被认为是天帝居住的地方。明代文人、藏书家郎瑛在其《七修类稿·天文类》

一书中称，“天子之居，谓之紫宸”。封建帝王也一直认为自己是上天派到人间的主宰，故过去都称皇帝为“真龙天子”，信奉“君权天授”、“天人合一”的思想，视皇位为“天位”，皇帝死了，就是“升天”。所以，依照这样的观念，万历皇帝怪异的葬式之谜就真相大白了。

另外，万历皇帝怪异的葬姿还可能与风水说有关。过去风水家认为，“北斗七星”具有避邪功效，其奥秘在于它的形状恰为一个巨大的聚气的S形。古代研究气场是以不动的恒星为准，具体说七个星代表七种场。古代称风水的核心为气，气的运动形式，按古代河图数字的表示则为顺时针左旋气场及S形气场。皇帝选陵址要选能“聚气藏风”的地方，选择标准是山环水抱，因山环水抱必有气。在风水学中，用“曲则有情”来形容水和路的吉祥。山脉的起伏呈S形，河流则更明显，总是蜿蜒曲折。《水龙经·论形局》中说：“水见三弯，福寿安闲，屈曲宋朝，荣华富饶。”指的是一条水连续出现三个“S”型，则是好气场。皇帝入葬地宫，从隧道门经明楼后进入地宫，其路线也是S形。按照“事死如事生”的观念去分析，皇帝死后，也需要生气，这种S形葬式取其能够“聚气”，有了生气，就有了万物，预示着子孙万代繁衍旺盛。

“妖书”案

妖书案是在皇长子朱常洛被册立以前发生的一件案子。当时刑部左侍郎吕坤写了一本名叫《闺范图说》的书，《明史·吕坤列传》道：“坤撰《闺范》，独取汉明德后者，后由贵人进中宫，坤以媚郑贵妃也。坤疏陈天下忧危，无事不言，独不及建储，意自可见。”书中所载的是历代一些有贤德淑名女子的故事。这本图说以汉明帝马皇后为首，而马皇后又是从宫女逐渐被晋封为皇后的。吕坤的用意很明显，是在向郑贵妃献殷勤，为郑贵妃以后当皇后找个说法。宋神宗偶尔翻见到此书，就把它赐给了郑贵妃。赐者无意，可受者有心。郑贵妃看过这本小书以后，觉得可以利用它来做点文章，于是自己又另外加上了12个人的图说，并且为之作序，又印了一些散发，以扩大影响，《明史·后妃列传·郑贵妃》：“侍郎吕坤为按察使时，尝集《闺范图说》。太监陈矩见之，持以进帝。帝赐妃，妃重刻之，坤无与也。”郑贵妃之所以要刻此书，其意在于为自己的儿子朱常洵能立为太子找个先例，加以宣扬罢了。万历三十一年（1603年），大学士朱赓又发现京城流传着一部名为《续忧危竑议》的书，其核心是说太子虽然已立，但在不久的将来一定会被废掉，因为皇上是在被逼无奈的情况下，不得已勉强册立太子的，暗喻郑贵妃的爱子福王必会成功上位，《明史·后妃列传·郑贵妃》载："帝于东宫不得已而立，他日必易。其特用朱赓内阁者，实寓更易之义。"不料此书的出现触痛了郑贵妃的心病，她哭闹着要宋神宗追查写书的人，于是宋神宗大兴冤狱，许多朝臣、百姓为此无辜受害，死于非命。然而，此案最终却不了了之。

皇后下嫁小叔子

——我何以有此病症

人物小档案：

No.1　庄文皇后（1613年—1688年），博尔济吉特氏，名布木布泰，亦作本布泰，蒙古科尔沁部贝勒寨桑之次女。清太宗爱新觉罗·皇太极之妃，孝端文皇后的侄女，顺治帝爱新觉罗·福临的生母。享年75岁。康熙二十七年十月尊上谥号，及雍正、乾隆两朝加谥，曰孝庄仁宣诚宪恭懿至德纯徽翊天启圣文皇后。是史上有名的贤后，一生培育、辅佐顺治、康熙两代君主，是清初杰出的女政治家。

No.2　爱新觉罗·多尔衮（1612年—1650年），努尔哈赤第十四子，清代杰出的军事家、政治家。顺治七年（1650年）冬死于塞北狩猎途中，追尊为成宗义皇帝，庙号成宗。不久，追论其生前谋逆罪，被削爵。乾隆四十三年（1778年），复睿亲王封号。

孝庄

大清入关后，6岁的福临被拥立为新皇，这是权力斗争的微妙结局，但是在众多的皇子中选中福临，而多尔衮也表示同意，这就和福临的母亲孝庄太后分不开了。孝庄与多尔衮的关系，是清初四大疑案之一，民间也有很多传说，这些传言的产生，始于张煌言（即张苍水）所写的七言绝句。在这首题为《建夷宫词》的诗中这样写道：

上寿觞为合卺尊，慈宁宫里烂盈门。
春宫昨进新仪注，大礼恭逢太后婚。
掖庭犹说册阏氏，妙选孀闺作母仪。
椒寝梦回云雨散，错将虾子作龙儿。

这首诗成于顺治七年（1650年），是当世人写当世事，在当时引起了极大的轰动。可是，如果清初真有太后下嫁摄政王多尔衮，封摄政王为“皇父”一事，必然有颁诏告谕之文。然而，虽然传言众多，但一直没有关于太后下嫁的可靠的史料佐证。这有可能是被皇室后人、历代帝王所隐灭造成的。但是，孝庄皇后与摄政王多尔衮之间的关系，却是后世人所津津乐道的。

清开国帝王努尔哈赤在天命十一年（1626年）的一次大战中受伤身亡，他的第八个儿子皇太极继承王位。公元1636年，后金改称清，年号为崇德，皇太极为清太宗。多尔衮是太宗朝一位显赫的人物，他是努尔哈赤的第十四个儿子，太宗的弟弟，因大败明将袁崇焕，全歼山海关明军而声威大震。崇德元年，多尔衮晋封为睿亲王，其实力和声望几与太宗比肩。

多尔衮

孝庄皇后生于明万历四十一年二月初八日（1613年3月28日），

姓博尔济吉特氏，乳名大玉儿，来自蒙古科尔沁部，是贝勒寨桑的女儿。一次，草原上举行那达慕大会，年轻俏丽的大玉儿偶然邂逅了英俊不凡的多尔衮，两人在马上扬鞭驰骋，好不痛快。此时，大玉儿并不知道这个年轻男子的真正身份。待回到她居住的蒙古包，她惊喜地看到族人在蒙古包外热情地招待着满洲武士。木架上香喷喷的烤全羊和马奶酒的清香，随风飘进她们的鼻子。大玉儿知道是贵客——她的姑姑博尔济吉特哲哲和姑父——满族人的大汗皇太极来了。大玉儿高兴极了，她走进蒙古包内，看到爷爷莽古思、皇太极、姑姑哲哲等人正把酒言欢，其乐融融。大玉儿高兴地说道："爷爷！我可以跟姑姑说话了吗？"皇太极、哲哲正面带笑容，与莽古思闲谈，见冷不防闯进一个英姿飒爽、俊俏妩媚的女子，都吃了一惊，心想这丫头可不大懂规矩。坐在一边喝酒的多尔衮眼睛一亮，流露出欢喜之色。

莽古思呵呵笑着招呼："玉儿，过来！哲哲，记不记得，这是你寨桑哥哥的小女儿。"

哲哲欣喜地说："天哪！我离开科尔沁那年，玉儿还不会说话不会走路呢！怎么一眨眼工夫，都长成漂亮的大姑娘了！"

大玉儿一点也不怕生，虽然与姑姑十几年没见，可她觉得有种天然的亲近感，就想钻进她怀里撒娇嬉笑。大玉儿此时眼里没有旁人，只想与姑姑亲热聊天，她小鸟一样投到哲哲怀中，嘴里沾了蜜似的娇嗔道："姑姑！姑姑！想死你了。"

哲哲欣喜地搂住大玉儿，眼里流淌着温情和爱，她的手不住地抚摩着大玉儿，发自内心地疼爱她。

莽古思笑着对大玉儿说道："还有啊！见过你姑父！"

大玉儿从姑姑怀里抬起头，看见满脸微笑的皇太极，先是一愣，然后脸一红，尴尬至极。

大玉儿不好意思地嗫嚅道："姑父！"

皇太极会心一笑，转头朝多尔衮招招手："玉儿，来，见见我的十四弟，他叫多尔衮。"

大玉儿好奇地在喝酒的男人中逡巡，只见多尔衮从酒席前站起来。"啊，是你！"原来一起策马奔腾的青年居然是满族的十四贝勒，大玉儿心中的爱慕之情油然而生。多尔衮也没想到能再次见到那个野性而又美丽的女子，不由得怦然心动。

两个年轻人的心就这样走在了一起。就在他们海誓山盟的时候，大玉儿却没有想到，她的一生将充满坎坷和无奈。这一切都因为她是蒙古人，是草原部落科尔沁首领的孩子，她也要承担部落的兴衰重任。

蒙古族曾经是个战无不胜的民族，大蒙古帝国的版图曾经横跨欧亚。但这个帝国不到百年就衰亡了。蒙古分化成为漠南、漠北和漠西三大块。大玉儿所在的科尔沁部落是在漠南东边的一个分支，这个部落不善打仗，偏偏强邻又多。东有大金、西有察哈尔，再加上南方的大明朝，哪一个都得罪不起，唯一的生存之道就是依附于建州女真。所以，他们才心甘情愿地将部落里所有的美女都嫁给建州女真，让满族人的血液里流淌着一半蒙古人的血，再由满蒙联合收复被汉族人夺去的江山。科尔沁部落的每个女人都是带着这样的目的出嫁的。所以皇太极后宫里面的大多数妃嫔都是博尔济吉特氏的。然而，为了巩固两族关系，联姻者必须育有子嗣，才能够确保两族联合的长远。大福晋哲哲多年未能生育，其余嫔妃也没有儿子，这让科尔沁部落陷入了深深的担忧中。首领决定再次甄选适龄女子送入皇太极后宫之中，绵延后嗣。不幸降临了，大玉儿也在候选之列，而对她有过一面之缘的皇太极，居然钦点了大玉儿。得知这一消息，大玉儿大惊失色，她愣愣地一时说不出话来。

一次联姻，改变了大玉儿和多尔衮两个人的命运。大玉儿想到过抗争，姑姑哲哲的一番话却让她打消了这个念头。是的，她不仅仅是她自己的，更是科尔沁部落的。此时的多尔衮正被派往前线平乱，大玉儿却一边流着眼泪，一边准备着自己的嫁衣。待多尔衮归来的时候，迎接他的却是他的四哥皇太极新纳的侧福晋拜亲人的宴席。

多尔衮的内心有委屈和愤怒，还有很多说不清的情绪。他看到新婚的大玉儿正在给一个贝勒装烟敬茶，不一会儿，代善之妻领着大玉儿，转到多尔衮跟前。代善妻说道：侧福晋给十四贝勒见礼。大玉儿低下头，多尔衮撑着椅子扶手缓缓站起，看着大玉儿，强抑着激动的情绪。大玉儿垂眸，为多尔衮装烟点火，然后端过一杯苏茉尔递上的茶。按规矩敬茶时必须迎视对方，大玉儿只好抬头看着多尔衮，双手微颤着奉上茶盏。

多尔衮的眼神非常复杂，糅合着愤怒、伤痛和思念。

就这样，时间一点一点地向前推进。大玉儿由皇太极的侧福晋，变成了永福宫的庄妃，成为了一个名为福临的孩子的母亲。多尔衮也有了自己的福晋，但是他从来没有忘情于大玉儿。在暗潮汹涌的宫廷政治之中，多尔衮总是暗中帮助着庄妃娘娘。

崇德八年八月九日（1643年9月22日），皇太极驾崩。八月十四日，诸王大臣在崇政殿集会，讨论皇位继承问题。这个问题是否能和平解决，直接关系到八旗的安危和清朝的未来。两黄旗大臣已经迫不及待，他们一方面派人剑拔弩张，包围了崇政殿；另一方面手扶剑柄，闯入大殿，率先倡言立皇子豪格（肃武亲王，太宗皇太极长子），但被多尔衮以不合规矩喝退。这时，阿济格和多铎出面劝多尔衮即位，但多尔衮没有答应。多铎转而又提代善（努尔哈赤次子，和硕礼烈亲王）为候选人，代善则以“年老体衰”为由力辞。这时，有人又提出由多尔衮或豪格为候选人的模棱两可的意见。豪格见自己不能顺利被通过，便以退席相威胁。两黄旗大臣也纷纷离座，按剑向前，表示：“如若不立皇帝之子，我们宁可死，从先帝于地下！”代善见有火并之势，连忙退出，阿济格也随他而去。多尔衮见此情形，感到立自己为帝已不可能，迅速提出他的意见，主张立皇太极幼子福临为帝，他自己和济尔哈朗为左右辅政，待其年长后归政。这一建议，大出众人所料。立了皇子，两黄旗大臣的嘴就被堵上了，豪格心中不快，却又说不出口。多尔衮以退为进，自己让了一步，但作为辅政王，也是实际掌权者。

由于多尔衮放弃了“兄死弟继”，力主顺治帝福临继位，庄妃因此升为太后，并封济尔哈朗与多尔衮为摄政王共同辅佐朝政。孝庄太后闻知多尔衮力排众议之事，对多尔衮感激涕零，她已经洞察到埋藏在多尔衮心中的称帝之念。多尔衮并非不具备称帝的实力，而且明清之际动荡的时局也不止一次为他提供了黄袍加身的机会，他曾无限遗憾地对心腹抱怨道：“若以我为君，以今上居储位，我何以有此病症！”如今多尔衮放弃了皇位，顾念到往日情意，孝庄太后特沛殊恩，传出一道懿旨，令摄政王多尔衮便宜行事，不必避嫌。多尔衮出入禁宫中，自此便再无禁忌可言，有时居然留宿在大内。

一日，范文程奏请多尔衮发兵入关，多尔衮夜入深宫，与孝庄太后说道："人生如朝露，但得与孝庄太后长享快乐，我已经感到很满足了，何必出兵打仗，争这中原？"太后则不以为然，如今的她已经不是从前的大玉儿，为了她的儿子，也为了大清的将来，她轻声道："得了中原，我与你的快乐，还要加倍。"这短短一句话引起多尔衮的冲天豪气，于是兵临边关，挺进中原。

入关后，朝政闲暇之余，多尔衮随时入宫，与孝庄太后共叙离情。此时清朝外事统由摄政王主持，内事皆由孝庄太后做主。多尔衮觉得唯有将全国的权力置于自己手中，才能确保自己的安全，才能确保政令的畅通和号令的统一。因此，还在盛京的时候，他就借口"盈庭聚讼，纷纷不决，反误国家政务"，结束了诸王贝勒管理各部院事务的惯例，各部院事务改由摄政王统领。这样，各部院大臣的行动就不再受主管亲王贝勒的掣肘，而是直接听命于多尔衮和济尔哈朗。然后，他又下令，所有衙门的奏陈，必须先报到自己的睿亲王府。这道命令的发布，绕开了心眼不多的济尔哈朗，他的权力被削弱，不得不退居多尔衮之下了。还在入关前四个月，多尔衮就通过礼部议定，在所有国务活动和狩猎活动中，亲王贝勒不得与摄政王平起平坐，这样就在礼仪上实现了唯我独尊。

随着多尔衮的权势日隆，诸王大臣媚言摄政王视帝如子，帝也当视王为父。孝庄太后接此类奏折数本，满怀欢喜，她颁布了一道懿旨：一为摄政王勋劳无比，不应跪拜，着永远停止。一年以后，顺治帝发布诏书，认为多尔衮"治安天下，有大勋劳，宜加殊礼，以崇功德，叔父古称犹父，此后尊摄政王为皇父摄政王"。从这一刻起，多尔衮的地位在形式上凌驾于皇帝之上了。

一日，肃亲王豪格进宫，撞见多尔衮与孝庄太后亲热，放胆斥责了叔叔几句，惹得多尔衮心火顿起，寻机将豪格下狱监禁。犹不解恨，又决定强娶豪格之妻、自己的侄媳。正当多尔衮欲择定吉日与侄媳肃王福晋举行大婚时，忽被孝庄太后传入宫中，密谈半日。多尔衮回府后，请来范文程、大学士刚林、礼部尚书金之俊议事。次日三人即上奏，内称皇父摄政王多尔衮的元妃（第一次娶的嫡妻）刚刚去世，皇太后又独居寡偶，秋宫寂寂，非我皇上以孝治天下之道。依臣等愚见，宜请皇父皇母，合宫同居，以尽皇上孝思云云。

于是，顺治六年（1649年）冬月，由内阁颁发一道上谕，略云："朕以冲龄践祚，抚有华夷，内赖皇母皇太后之教育，外赖皇父摄政王之扶持，仰承大统，幸免失坠。今皇母皇太后独居无偶，寂寂寡欢，皇父摄政王又赋悼亡，朕躬实深歉从。诸王大臣合辞吁请，佥请父母不宜异居，宜同宫以便定省，斟情酌理，具合朕心。择于某月某日，恭行皇父母大婚典礼，谨请合宫同居，着礼部恪恭行事，毋负朕以孝治天下之意！"

上谕颁下后，家家传诵，户户议论。太后宫内及礼部衙门，忙忙碌碌奔波了几天。下聘之吉日，多尔衮到午门外行纳彩礼，计有文马20匹、甲胄20副、缎200匹、布400匹、黄金400两、白银2万两、金茶具2副、银茶具4副、银盆4只、关马40匹、驼甲40副，陈列于太和殿。顺治帝在乾清殿赐多尔衮筵宴，尔后到寿宁宫行三跪九叩首谢礼。

至皇父母大婚这一日，文武百官一律前来朝贺，内阁颁诏进行大赦天下。京内外各官加级，免各省钱粮一年。全副执事从大清门直到寿宁门，沿途黄沙铺路，多尔衮坐金辇，六百御林军随后，一面黄龙大纛高竖，威风凛凛拥进宫中。宫中一班王公大臣、福晋命妇皆按品大妆，请孝庄太后端坐金辇中。多尔衮一到，立即鼓乐喧天，炮声震地。大婚礼毕，又行合卺礼、喝合卺酒，双双进入洞房。

第二天，顺治帝登太和殿，百官上表庆贺。顺治帝降旨，称睿亲王多尔衮为皇父摄政王。每日早朝，多尔衮坐在顺治帝右面，同受百官跪拜。孝庄太后与多尔衮婚后如胶似漆，恩爱异常。后由孝庄太后特恩，多尔衮得以纳侄媳肃亲王福晋为侧福晋，次年春又立妃，百官仍相率趋贺。

多尔衮既娶了孝庄太后，又娶了肃王福晋，自然是快乐非常。然而他年岁越大越显露贪色之癖，不知满足，总想在销金帐里夜夜试新，在软玉屏中时时换旧。于是多尔衮借围猎为名，出关至宁远，暗纳一对朝鲜公主姊妹花，回京之后，暗嘱宫监将此事瞒住孝庄太后。从那时起，多尔衮就频频出猎，两公主亦如影随形。由于贪色过度，顺治七年（1650年）十一月，多尔衮在往喀喇城围猎时，终于染上咯血病，死于该地。讣至京城，顺治帝辍朝震悼，命由帝制丧葬。

多尔衮人亡势亡，当年势焰熏天，免不了有饮恨的王公大臣，便思乘间报复。顺治八年正月，顺治帝下诏求言，有许多王公大臣在奏折中隐隐关涉摄政王故事。唯独太后尚念摄政王旧情，从中调停保护，许多奏折都扣下不发放下去。王公大臣闻知，贿通宫监，令将多尔衮私纳朝鲜公主事禀报给孝庄太后。孝庄太后这才觉悟到多尔衮时常出猎，原来是借题取巧，于是她恨恨地道："如此说来，他已死迟了。"王公大臣得了此句纶音，便放胆去做。又知悉顺治帝已窥破宫中暧昧，而欲于亲政后加罪泄愤的隐衷，于是推郑亲王首衔，追劾多尔衮罪状，将逼死豪格、诱纳侄媳、私制帝服、藏匿御用珠宝等种种骄僭悖逆之事一一列入。顺治帝见了此等奏章，大发雷霆，赫然下谕："多尔衮逆谋果真，神人共愤，谨告天地太庙社稷，将伊母子并妻，所得封典，悉行追夺。布告天下，咸使闻知。"多尔衮就这样落得个惨淡结局，而他与孝庄太后的爱与恨，也都随风而逝。

孝庄太后临死前对康熙帝说："太宗的山陵奉安已久了，不可为我轻动，况且我心中也舍不得你们父子，就将我在你父亲的孝陵附近择地安葬吧。"康熙帝遵嘱，将祖母生前所居住的慈宁宫殿拆迁移建到孝陵附近的昌瑞山下，改称"暂安奉殿"，停灵其中。直至雍正三年（1725年），才在暂安奉殿原处就地起建陵园，葬入地宫。

相关链接：

皇太极

清太宗爱新觉罗·皇太极生于明万历二十年（1592年）十月廿五，为清太祖爱新觉罗·努尔哈赤的第八子，母为孝慈高皇后叶赫那拉氏。在位17年（1626—1643年）。皇太极生来面色赤红，眉清目秀，行动稳健，举止端庄。他聪明伶俐，耳目所经，一听不忘，一见即识。他很爱看书学习，在努尔哈赤的诸将中唯有他识字。

皇太极

皇太极于天命元年(1616年)封和硕贝勒。继位后,他派人丈量土地,将“各处余地”归公,发给民户耕种,不许旗主、贵族再立庄田。又把原来每13名壮丁编为一庄改为每8名壮丁编为一庄,“其余汉人,分屯别居,编为民户”。并下令编审壮丁,解放部分奴婢为编民。这些措施,使满族贵族的特权受到一定制约,有利于发展农业生产。

天聪六年(1632年)正月,皇太极废除“与三大贝勒,俱南面坐”,共理朝政的旧制,改为自己“南面独坐”,突出汗位独尊地位。继而寻机削除异己,铲除了威胁汗位的三大贝勒势力,使汗权得到巩固。他仿明制,设内三院、六部,“停王贝勒领部院事”,独主政务。又设都察院和理藩院,建立起一套较为完备的国家机构。集中了汗权,加强了专制统治。为了扩大兵源,创立了汉军八旗和蒙古八旗。命人在老满文的基础上增加圈点,将老满文改造成新满文。为了联络蒙古和西藏,大力扶植和宣扬喇嘛教。

他决意承袭父志,入主中原取代明朝统治。在即位后“邦家未固”时,一方面对明廷采取议和策略,同时又屡次入关,掳掠汉地大批人畜、财物。为解除后顾之忧,两次出兵朝鲜,统一蒙古和黑龙江流域。在巩固了内部统治,并基本上消除了来自朝鲜和内蒙的威胁后,于天聪十年(1636年)五月,称帝,定国号“大清”,改元崇德,改女真为满洲。其后将主要兵力用于对明战争。崇德五年(1640年),指挥清军取得松锦大捷,歼灭明军五万余人。在降服松山、锦州后,清军占领了除宁远外的明朝关外全部城镇。崇德七年(1642年),再次遣军入关,连破远至山东的八十余城。

崇德八年(1643年)八月初九晚十时,皇太极突然病故,享年52岁。葬于沈阳昭陵(今沈阳市北陵公园北),庙号太宗,谥号:应天兴国弘德彰武宽温仁圣睿孝敬敏昭定隆道显功文皇帝。

窃听风云弥天谎

——尼克松“水门事件”

人物小档案：

理查德·米尔豪斯·尼克松（1913 年 1 月 9 日—1994 年 4 月 22 日），美国第 37 位总统。1972 年 2 月访华，打开了两国关系的大门，成为访问新中国的第一位美国总统。

尼克松

水门大厦是华盛顿的一座很时髦的大楼，作旅馆、办公室和公寓使用。1972 年 6 月 17 日晚上，美国民主党总部的一位工作人员离开水门大厦后，偶然回头看了看自己的办公室，他惊异地发现，已经熄了灯的办公室里有几条光柱在晃动。同事们都已经走了，谁又进了办公室，不开灯，却打着手电筒到处乱照。他马上回到水门大厦，把疑点告诉了保安人员。保安人员立即搜查了有关的房间，抓到五个戴着医用外科手套、形迹可疑的男子，其中一人名字叫詹姆斯·麦科德，他是尼克松总统竞选连任委员会负责安全工作的头头，奉命到水门大厦民主党总部安装窃听设备，却自称是前中央情报局雇员。第二天，《华盛顿邮报》在头版显著位置报道了这一事件。

1972年6月18日，星期日。温暖的阳光，清新的海风，茂密的树林，松软的沙滩，构成了一幅美妙的初夏海滨风景画。画里还有错落有致的几幢别墅，那是美国总统在佛罗里达比斯凯恩湾的寓所。正在这里度假的尼克松总统，心情和这天气、景色一样的好。4个月前的2月21日至27日，尼克松总统在他的对外政策首席顾问基辛格博士的陪同下，对中华人民共和国进行了历史性的访问，从而结束了两国之间20多年的敌对状态。此举赢得了世界舆论的广泛赞扬和美国人民的普遍欢迎，尼克松的声望大振。1个月前的5月22日至28日，尼克松又赴莫斯科同苏联领导人会谈，达成了关于限定美苏双方各自拥有两个反弹道导弹发射场的协议，让世界在日益升级的军备竞赛中看到了一丝有所克制的曙光。有一系列令人瞩目政绩的尼克松总统，今年任期已满，他正踌躇满志地做着竞选连任的准备工作。这次度假，他的公文包里还放着一份竞选备忘录。在他的案头，放着英国前首相丘吉尔回忆二次大战的《胜利与悲剧》一书，这本书他已读了几遍，他想进一步从中得到有益的启示。尼克松并没有意识到，正当他向胜利的高峰攀登时，悲剧也在悄悄地向他袭来。

尼克松访华

此刻，尼克松正端坐在沙发上，漫不经心地浏览当天的报纸。他有早读的习惯，看报就像吃早餐一样必不可少。《迈阿密先驱报》第一版左侧的一段小新闻引起了他的注意，其标题是：“企图在民主党总部装窃听器的迈阿密人在华盛顿被拘留”。到自己的竞争对手民主党总部去实施窃听，真有意思，尼克松不由自主地看了下去。报道说，昨天（6月17日）夜里，有5个人在华盛顿的水门大厦被捕，民主党全国委员会总部就设在该处。这5个人中，有4个是从迈阿密去的，4人中有1人自称是中央情报局的职员，另3个是古巴人。他们随身携有照相机和电子侦察设备，是戴着橡胶手套安装窃听装置时被发现并当场被捕的。据尼克松自己在回忆录中说，他的第一个感觉是这段新闻荒谬得很，古巴人到美国民主党总部来装窃听器，真会开玩笑。所以，他把报纸放到一旁，便自由自在地投入大海畅游了好久。后来他甚至觉得，这是有利于他竞选连任的消息——由于有“左派”之称的竞选对手、民主党总统候选人麦戈文一向对古巴卡斯特罗政权采取谦让政策，在美国国内的古巴侨民都害怕这一点，故在民主党总部实施盗窃。这样的消息传播开来，可以狠狠地打击民主党。

然而，事情并非像尼克松想象的那么简单，那么如意。被捕的5个人中，那个自称是中央情报局职员的麦科德，实际上是尼克松“争取总统连任委员会”的安全顾问，其余4人也不是什么古巴人，很可能是受雇于“争取总统连任委员会”的特工人员。一石激起千层浪。有如此前景的麦科德等人的被捕，使水门事件很快变成了新闻界热炒、全国关注的爆炸性新闻。专门辞去司法部长职务、充任尼克松的竞选连任委员会主席的米切尔，不得不向新闻界声明，在水门大厦被捕的那5个人的行为，纯属他们的个人行为，与本委员会毫无关系。

但是，民主党却展开了攻势。他们对“争取总统连任委员会”和这伙窃贼提出民事诉讼，要求赔偿100万美元，后来又增至640万美元。当时他们并没有想到，他们本来可以得到的更多——当然，并非是指金钱的数额。两天后，即6月20日上午，《华盛顿邮报》的一则消息使尼克松不安起来。报道说，从被捕人员随身携带的通讯录中，发现了曾在白宫任职的前中央情报局特工人员，他叫霍华德·亨特，在尼克松的高级顾问科尔森手下任职。闻此消息的白宫像挨了地震。昨天刚从度假地返回华盛顿的尼克松，见报后马上召来其心腹、白宫办公厅主任霍尔德曼商谈此事。一个多小时很快过去了，似乎还没有找到万全的对策。

下午继续探讨同一个问题。情况不明而又怕牵连的尼克松，首先要求霍尔德曼如实告诉他，在他们“自己人”中，不管属于哪一层次的官员，是否已经使他们卷入这个尴尬的局面。然后一起研究目前的调查与口供会不会让民主党抓住把柄，对他们竞选不利。据尼克松日记记载，米切尔曾在电话里神秘地告诉霍尔德曼别卷入此案。但此时霍尔德曼很肯定地向尼克松保证，白宫的官员不会被牵涉到此案中，米切尔也与此事无关，尽可以放心。听到这一保证，尼克松的担心被信心所取代，他决定采取以攻为守的策略。然而，霍尔德曼还告诉他，调查水门事件的人已经查到竞选连任委员会财政组的法律顾问戈登・利迪身上，联邦调查局正在追查因水门事件被捕的麦科德身上携带的款项的来源，而该款项很可能出自竞选连任委员会。

“必须阻止联邦调查局追查那笔钱的来源！”尼克松不容置疑地说。后来，中央情报局的一位高级官员授权向联邦调查局代理局长打电话，请他“别管这件事”，因为在这两个局之间，早有互不干涉对方秘密行动的协议。尽管白宫利用其执政的权力进行掩盖和阻挠，检察机关对水门事件的调查仍在进行。9 月 15 日，在取得必要的证据之后，在这一事件中当场被捕的麦科德等 5 人被依法起诉，同时被起诉的还有中央情报局的特工人员霍华德·亨特和争取总统连任委员会的法律顾问戈登·利迪。

尽管有水门事件的阴影缠绕，尼克松争取连任的竞选依然搞得有声有色。大选前夕的 10 月 26 日，从巴黎回国的基辛格特使向美国人民公布了他与北越代表黎德寿进行一系列秘密会谈的成果，宣称：“和平即将到来。”这给尼克松政府的政绩本上又增添了浓重的一笔。尼克松毫不留情地嘲笑他的竞争对手——民主党总统候选人麦戈文等人，是“嘲笑我们国家的过去和将会妨碍它的未来的激进集团”。他针对麦戈文借口水门事件攻击他的政府是“最腐败的政府”进行抨击：“这些年来批评美国的制度已变得很时髦。批评者们坚持认为，它是如此偏颇，如此腐败，如此不义，以致我们应该摧毁它，用别的什么东西取代它。我完全不同意，我相信美国的制度。”

麦戈文显然不是尼克松的对手。在中学时代就以擅长演讲和辩论著称的尼克松，巧妙地将对手指责他和他的政府的腐败，变成了攻击美国制度的腐败。尽管水门事件的许多事实已经揭露，但美国选民们似乎对此并不太在意，他们更看重尼克松政府的政绩。所以，在11月7日公布的大选结果中，尼克松获得了61%的选民票和520张选举人票，而麦戈文只获得34%的选民票和17张选举人票。这是在美国总统选举历史上少有的以如此悬殊的票数决出胜负的一次。以米切尔为首的总统连任竞选委员会成员个个喜形于色，他们似乎忘记了还有7个“难兄难弟”因水门事件正在监狱里接受审讯。

尼克松满面春风，走马上任，开始了新的一届总统任期。在1973年1月20日的连任就职演说中，他还没有忘记抨击他的对手：“在每一个关键时刻，我们总是受到那些认为美国一无是处、绝少正确的人们的困扰。但是，我深信，这不是历史对我们有幸经历这些非凡的年代的评判。”他在演说中自豪地用了一连串“让我们感到自豪的是……”的字句，宣称“本世纪美国的经历在世界历史上是无与伦比的”。

然而，水门事件的阴影并没因为尼克松的满面春风而消散，相反却一步步向他逼来。当尼克松在台上发表连任就职演说时，对水门事件被告的审讯也在抓紧进行。这场审讯从1月8日开始，被告在巨大的压力下开始交代其犯罪事实。他们究竟做了哪些交代，会不会将白宫里更大的人物牵扯进去？还有，为掩饰真相而做出的种种努力，会不会弄巧成拙，欲盖弥彰，反而增添新的罪证？这一切，都使白宫弥漫着一种焦虑的气氛，尼克松及其心腹官员更是坐立不安，频频失眠。本来应该沉浸在竞选连任胜利的喜悦之中，如今却被水门事件的阴影所笼罩，尼克松未免感到沮丧。他这时似乎已经意识到，从一开始阻止调查就是个错误，而且是比到水门大厦民主党总部安装窃听装置本身更大的错误。但是，为了维护自己的身份和形象，这条路哪怕是错了也要坚定不移地走下去。风雨飘摇的白宫，仿佛在经受地震后日益增强的余震的煎熬，谁能保证这不是又一次更大的“地震”到来的前兆呢？

一波未平，一波又起。曾想以攻为守的尼克松总统，渐渐地处于防不胜防的境地。尼克松在1973年2月14日的日记中，忧心忡忡地写道：“我可以料想得到，假如法官把亨特叫到面前，拿35年的刑期来恫吓他，他很可能为了免受刑罚而把自己所知道的一切全盘吐露。”亨特，这个中央情报局的特工人员，不仅与潜入水门大厦民主党总部的5名案犯有牵连，而且他曾和总统竞选连任委员会的法律顾问利迪一起，在白宫的纵容下，私闯心理治疗专家埃尔斯伯格的办公室，企图窃取加害埃尔斯伯格的材料。这个埃尔斯伯格曾经把五角大楼关于越南战争的秘密材料交报社发表，尼克松政府起诉他盗用文件罪，正在受审。白宫显然想置他于死地。一旦这一事件抖出来，岂不是又一次“地震”。如何使亨特保持沉默，或者绝不供出幕后的纵容者，是一件棘手的事情。

3月21日上午，在尼克松的椭圆形办公室，总统和他的法律顾问约翰·迪安商谈着。“亨特给竞选连任委员会的一名律师写信，索取12.2万美元，作为个人和请律师的费用，他甚至规定了交款期限。”迪安向尼克松通报了这一情况。“他们到底想要多少钱？”尼克松知道，有第一笔，就会有第二、第三笔钱；有第一人，就会有第二、第三人要。“在整个诉讼期间，至少要付100万给各个被告。”迪安报出了一个不少的数目，虽说这一数目对美国总统来说是不难办到的，但在风声很紧的情况下，毕竟要冒不少风险。迪安的口气中透露出他似乎不想再去冒险。骑虎难下的尼克松总统却只有按照既定方针走下去这一条路。他曾两次向公众信誓旦旦地保证，他和他领导的白宫在水门事件一案中是清白的，经得起调查的。“也许我们这样做是错的”，尼克松缓缓而又坚定地说，“但此时此刻，你难道不同意最好的出路是把亨特的问题妥为应付吗？我想，此时此刻，这是值得一为的。”他显然把赌注押在了让被告守口如瓶上。因为，如果这些被告拿了钱，还想获得自由，即使法院判他重刑，作为总统还有特赦罪犯的权力。有总统作强大的后盾，聪明的被告是不会吐露对总统及其领导下的白宫不利的事实的，尼克松相信这一点。迪安嘴上答应了总统的要求，心里却像挂了15个吊桶，七上八下，惶惶不安。尼克松在回忆录中承认：“从事后看，这一天是我任期内一个悲惨的转折点。”

事实正是这样，不久便“反戈一击”的迪安，使尼克松和白宫狼狈不堪。迪安不仅说出了白宫几名重要人物与5名窃贼潜入水门大厦民主党总部一案有关，而且坦白了案发后的一系列掩饰真相的企图。他公开表示，白宫的办公厅主任霍尔德曼、总统的内务顾问埃利希曼以及他自己，都卷进了此案，有“阻挠司法的举动”。他还透露，总统的私人律师坎姆巴克曾受命筹款给水门事件一案的被告。而关在狱中受审的麦科德，也指控争取总统连行委员会主席、前司法部长米切尔应对他们潜入水门大厦民主党总部行窃一案负责；并且供出在受审期间，有人表示可予以宽赦，交换条件是他缄口不语。负责审理水门事件一案的联邦地方法院法官也似乎打定主意要与白宫过不去。在3月底进行的宣判中，对第一位将政界要人牵进这一事件的被告麦科德从宽处理，予以保释，而对其余4名潜入水门大厦行窃的被告则予以重判，暂定为40年徒刑；与此案有关、又犯有私闯埃尔斯伯格医生办公室行窃之罪的亨特和利迪，前者被暂判为入狱35年，后者曾因不肯开口而犯了蔑视法庭罪，就此暂判为6年零8个月徒刑，另处罚款4万元。轻重悬殊的宣判，给至今抱有侥幸心理、不愿吐露全部事实的被告形成了巨大的威慑力。尼克松明知这样的判决过重，甚至实属蛮横，因为对一些杀人犯的判决也不至于如此；但也不得不承认，这是地方法院法官所采取的一种文明的策略，就是要促使被告说真话，因为他们的宣判并非最后的判决，如果坦白交代，检举揭发有功，麦科德就是他们的榜样。

水门大厦

随着水门事件真相的不断抖搂，群情激愤，舆论大哗。尼克松的防线是如此脆弱，已经到了不找几个替罪羊就难以过关的程度。4月中旬一个星期天的下午，接替米切尔担任司法部长的理查德·克兰丁斯特，急匆匆地求见总统尼克松，说有要事相告。无心度假、正在白宫举行午后宗教礼拜仪式的尼克松，在仪式结束后马上同他进办公室密谈。克兰丁斯特省去了拐弯抹角的客套话，直截了当地告诉总统：“迪安把我们告了。霍尔德曼和埃利希曼被认为是授权闯入水门大厦行窃的主谋人。”“不，这不可能。”尼克松惊讶得差点叫了起来，紧接着又半信半疑地问：“真有其事？”克兰丁斯特没有正面回答，说：“让刑事厅长来谈，您看如何？”尼克松点了点头。不一会儿，身穿一件脏兮兮的T恤衫和一条湿漉漉的牛仔裤，脚蹬一双网球鞋的司法部刑事厅厅长亨利·派德逊，在克兰丁斯特的带领下，走进了尼克松的办公室。他是在洗刷游艇时被召来的，连衣服也没来得及换。下属官员如此打扮到白宫来，实属不敬，要是在平时非被轰出去不可，但这次尼克松只是皱了一下眉头，便让他将掌握的迪安指控的情况一一道来。这位厅长迟疑了一会，瞥了身旁的部长一眼，在得到“照实说”的眼神暗示后，便将迪安如何指控总统办公室主任霍尔德曼、内务顾问埃利希曼卷入水门刑事案的情况做了汇报，末了还斗胆建议：“应该让他们两个辞职，不然会有麻烦的，会使您和您的总统职位处境难堪。”尼克松默默地听着，思索着，眼睛直愣愣地望着天花板，半晌没说一句话。克兰丁斯特部长和派德逊厅长面面相觑，不知所措。“你们走吧。”尼克松有气无力地说。

宽大的办公室只剩下沉思的尼克松一人。“好一个吃里爬外的迪安！”尼克松想对他施加压力，让他明白作为总统可以阻止他获得行政豁免权，到头来一样受刑，可是又担心把他逼急了眼，说不定会把指控的矛头直接转向他。“我没有什么把柄掌握在迪安手里。”尼克松的心里暗暗地为自己打气。虽说他事先确实没有授权任何人去干闯入水门大厦民主党总部安装窃听装置这样的蠢事，但事后的掩盖行动他能逃脱罪责吗？一想到这里，他的心又有点发虚。虽说他和年轻的法律顾问迪安商谈掩盖对策时，没有第三者可以出来证明，但谁又能保证没有留下任何可以作为证据的话柄呢？尼克松苦思冥想，绞尽脑汁，还是没有找到自己满意的对策。他想找几个心腹顾问来集思广益，可是不少人已经涉嫌水门一案，要是再冒出一个像迪安那样“反戈一击”的顾问，那不就更惨了。看来，只有变以攻为守为以退为进了，“丢卒保车”不失为一种明智的选择，尼克松终于拿定了主意。

几天后，霍尔德曼和埃利希曼被召到总统办公室。尼克松把上次司法部长及该部刑事厅厅长谈的情况一五一十地讲给他们听，然后，婉转地请他们拿个主意。这两个人是尼克松的得力助手和多年的忠实朋友，为他谋取总统职位立下过汗马功劳，如今，要尼克松开口让他们辞职，实际上是把他们开除出白宫，尼克松真是有点说不出口。霍尔德曼和埃利希曼显然被总统介绍的不利于他们的事实惊呆了。虽说这些事实都是他们经历过的，但一旦作为罪证指控则是他们万万没有想到的。非常敏感而又特别能领会总统意图的办公厅主任和内务顾问，此刻，只有吞下辞职这杯苦酒，以便保全总统和白宫的面子。“我们会现实地面对这一切的。”霍尔德曼和埃利希曼说这话时，眼睛有点发红，鼻子开始发酸。三人相对无语。谁也没有说出“辞职”这两个令人难堪的字眼。尼克松后来在回忆录中这样描述他当时的心境：“我为了自己的生存而要他们离职，真是自私得可以了；不过我还不至于狠心到能够心安理得地伤害自己所深切关怀的人。我忧虑他们被迫辞职时所受的打击，但我更忧虑他们留任不去会使我遭受的打击。”“我现在的问题，是必须把做过一些我亦有份之事的几个朋友开除。”

4 月 30 日晚上，尼克松向全国发表讲话。他重申自己与水门事件没有牵连，但接着又说他将为那些“在一件他们原来深信是正确的事情中可能犯了错误”的下属承担应负的责任。尼克松借此机会宣布：“今天，我做出了任期内最难的一项决定，我接受了白宫两位最亲信僚属的辞呈。他们是霍尔德曼和埃利希曼，称得上是我有幸遇到的最优秀公务人员中的两位。”他用如此赞美的语句，送给被迫辞职的朋友，与其说是对朋友的抚慰，倒不如说是为了使自己的心里也好受些。同时宣布已经辞职的还有那个“反戈一击”的顾问迪安，以及司法部长克兰丁斯特；前者如果不从白宫清除出去，怎解尼克松的心头之恨；后者辞职是因为他的一些亲密同事可能“与违反美国法律的某些行为有牵连”。

迪安可不是任人宰割的角色，他不甘心束手就擒。在得知他的罪行可判 40 年徒刑时，他主动向检察官做了三小时的交代和揭露，想将功赎罪，换取赦免。为了挽回局面，尼克松再次发表声明，表示事先不知道水门事件，事后也没有任何阻挠调查的行为，并为窃听活动辩护，说这些都是为了国家安全，是合法的、必要的，从罗斯福总统时开始，每一个总统都这么干。他企图再次利用美国人民对他的信任来蒙混过关。

不幸的是，一枚更大的定时炸弹爆炸了。水门事件委员会掌握了一个新的情况：尼克松从 1971 年年初起，为了记录与手下的谈话和电话内容，下令在白宫办公室里安装窃听系统。委员会要求尼克松交出有关的录音带和文件资料。尼克松以行政特权为理由拒绝交出，并将事情闹到上诉法院。不料，在经过三星期的考虑后，多数法官认为总统也要受法律的约束，必须交出录音带和文件资料。尼克松恼羞成怒，下令免去调查水门事件的特别检察官考克斯的职务。这一下可捅了马蜂窝，美国各电视网立即中断正常节目，向美国公众报告这一爆炸性新闻。公众的反应就像火山开始喷发，抗议电报像雪片一样铺天盖地，舆论将尼克松与希特勒相提并论。连原先支持尼克松的宗教界和出版界都愤怒地指责尼克松。血气方刚的大学生则组织了大规模的示威游行。整个美国像开了锅一样，群情激愤。在民意的推动下，众议院决定对总统进行弹劾。尼克松决心顽抗到底，他一面销毁录音带上对他不利的内容，一面继续强调行政特权，表示“将遵循从华盛顿到约翰逊历届总统所遵循与捍卫的先例，决不做任何削弱美国总统职位的事情”。他交出的电话记录千疮百孔，大量重要的内容被诸如听不见、无情报价值等字眼代替。尼克松的行为进一步激怒了公众，最高法院首席大法官裁决尼克松必须交出有关的录音带。

新任命的特别检察官在白宫被迫交出的录音带中找到了新证据，有一盘录音带上清楚地记录着水门事件发生后六天，尼克松指示他的助手，让中央情报局阻挠联邦调查局调查水门事件，这是尼克松掩盖事实真相的铁证。整个白宫被惊得目瞪口呆，他们一直相信总统的清白，一直超出自己的职权范围来保护总统，而总统却从一开始就掩盖真相，并欺骗他的顾问、公众、国会甚至自己的家庭达两年之久，

每个人都感到被出卖了，就连共和党的一批参议员、众议员也建议他辞职，尼克松终于到了众叛亲离的地步，不久便辞去了总统职务。

相关链接：

《尼克松回忆录》

《尼克松回忆录》主要收入尼克松论述国际政治及其个人经历的几部有代表性的著作。这些著作过去曾出过单行本，收入文集时对译文重

新作了校订，并增加了少量注释。尼克松是冷战时代一位有特色的美国政治家。他以坚持反共的意识形态闻名，又以现实主义的大胆决策著称。在当代美国统治集团代表人物中，他比较善于把握变化中的世界形势，了解美国的真正利益所在。就任美国总统前，他曾在堪萨斯城的一次演说中发表了关于世界五大力量中心的看法，承认了世界多极化发展趋势。就任美国总统后，又为打开中美关系采取了重大外交行动，对于扭转美国的颓势起了至关重要的作用。苏联解体、冷战结束后，他不像美国一些政要和学者那样头脑发热，而是清醒地看到美国面临的挑战，并强调在新的基础上保持中美正常关系对于美国的重要意义。毋庸置疑，尼克松的政治主张反映的是美国的利益，代表的是美国统治集团的意志。但是，有分析地研读尼克松的著作，对于了解美国对外政策的思想脉络、总结冷战时代的国际政治历史、认识今后的世界发展趋势，都是有裨益的。

宫闱异举

历史就是这么不堪

——中外宫廷奇闻录

GONG WEI *YI JIU*

缇萦救父百年传

——百男何愦愦，不如一缇萦

人物小档案：

No.1　淳于意（约公元前205年—？），西汉初齐临淄（今山东淄博东北）人。曾任齐太仓令，精医道，辨证审脉，治病多验。曾从公孙光学医，并从公乘阳庆学黄帝、扁鹊脉书。《史记》记载了他的25例医案，称为“诊籍”，是中国现存最早的病史记录。

No.2　淳于缇萦，生卒年不详。淳于意之女，西汉著名孝女，为父申冤，促成了肉刑的废除。

No.3　刘恒（公元前203年—公元前157年），即汉文帝，是汉高祖刘邦第四子，汉惠帝刘盈之弟，母薄姬。8岁被立为代王。公元前180年吕后死，齐王刘襄兄弟兴兵伐吕，周勃、陈平见势亦响应，夷灭吕氏一族，史称“荡涤诸吕”。功臣派畏齐王势壮，贪代王势孤，拥立24岁的刘恒即位。刘恒登基后躬行节俭，励精图治，最终开创“文景之治”。公元前157年6月，刘恒驾崩，在位23年，享年47岁。葬于霸陵。其庙号太宗，谥号孝文皇帝。

缇萦

缇萦救父的故事发生在汉文帝时期。汉文帝的母亲薄太后出身低微，汉高祖在世的时候是个不得宠的妃子，人称薄姬娘娘。她怕住在宫里受善妒的吕后陷害，就主动向吕后请求跟着儿子住在代郡。住在代郡不像在皇宫里那么富丽堂皇，薄姬生活也很节俭，对儿子刘恒要求也很严格。因此，薄姬母子多少知道一些老百姓的疾苦。

当时，汉代的刑罚很残酷，一人有罪全家都会跟着受牵连。汉文帝即位不久，就下了一道诏书说：“一个人犯了法，定了罪也就是了。为什么要把他的父母妻儿也一起逮捕办罪呢？我不相信这种法令有什么好处，请你们商议一下改变的办法。”

经过大臣们的商议，按照汉文帝的意见，废除了一人犯法、全家连坐（连坐，就是被牵连一同办罪）的法令。这便是汉文帝减轻刑罚的开始，而真正将残酷的肉刑废除的起因，却源自一个小小的女子。

当时有一位著名的医学家名为仓公，又称太仓公，姓淳于名意，临淄人，因为他曾经做过齐地的太仓长，管理都城仓库，所以大家习惯上称他为仓公。仓公师从阳庆，阳庆传他“黄帝、扁鹊之脉书，五色诊病”。他学医三年，给人治病能预决病人生死，一经投药，无不立刻痊愈，因此远近闻名。

仓公切脉已臻于神乎其技的程度。齐地的侍御史成自述头痛，仓公为他诊脉，诊断为疽症，其病因内发于肠胃之间，是由贪酒导致的，这种病五日的时候就会肿胀，八日时便呕脓而死。果然，第八天这个侍御史就因呕脓而死。齐王身边一名叫遂的近身医生，得病后服用自炼的五石散，结果病情加重了，于是请来仓公为其治疗。仓公仔细审察他的脉象，说：“你得的是内热，药石是药中刚猛之品，服后会导致小便不通而加重病情，千万不要再服。”遂却不以为然，并举例反驳说：“扁鹊曾言，‘阴石以治阳病，阳石以治阴病’。”仓公听了他的辩驳，很无奈地笑了笑：“你说的话，不无道理，扁鹊虽这样说过，但治病必须详细诊察病情，医理医法，参考患者的体质、嗜好、病情用药，才能药到病除。”仓公见遂没有虚心求医的态度，于是预言，照此下去，他不久就会发痈。果然，百余天后，遂乳上发痈，不治而死。经此一事，仓公的名望更高了。

由于求医者众多，当地有些官绅和钜富，仗着自己财势骄人，家有病人却不想送往排队就医，往往派家丁身带“红包”抬着轿子来要仓公专门为他们走一趟，更有甚者，甚至以重金为弭，硬邀仓公长住他们府上一段时间，专门为他们服务。仓公以家中求医的病人太多为由，每次都予以婉拒。这些官绅钜富认为失了面子，对仓公开始怨愤。另外，由于仓公能预知生死，有的病人又因无药可医而死亡，病人的家人就责怪仓公不肯医治，以致病人死亡。这些怨愤、责怪积久了，终于酿成祸祟。

汉文帝十三年（公元前 167 年），有个权势之人的妻子生病，请仓公去诊治，病人吃了药之后却未见好转，没过几日便去世了。有权势之人便联络起来诬控仓公藉医傲气，轻视人命，造成病人不应有的死亡，请予依律定罪。仓公为人正直傲气，平时不肯拉拢和巴结当地官府，“父母官”对他印象不佳，听那些官绅钜富一面之词，便不问皂白曲直，立即将仓公拿办，谳成肉刑，当时的肉刑有脸上刺字，割去鼻子，砍去左足或右足等。但因仓公曾任过官职，按照西汉初年的律令，凡做过官的人受肉刑必须押送到京城长安去执行。“父母官”不能不奏明朝廷，朝廷下诏令将仓公押解到京师。

押人的解差对仓公说：“我们知道先生在郡里向来是德高望重之人，还曾是大汉朝廷的命官，我们此行，也是奉了郡守之命，锁拿你至西京长安施以肉刑，还望先生不要记恨我们。”

仓公没有儿子，只有 5 个女儿，临行时都去送父亲，父女们互相对望悲泣。仓公看着 5 个女儿，长叹道：“生女不生男，遇到急难，却没有一个有用的。”听完父亲的哀叹，仓公 15 岁的小女缇萦又是悲伤又是生气，她暗想：“为何女儿偏偏是没用的呢？”缇萦是仓公最宠爱的孩子，她出生不久，生母即在产后病亡，是仓公既当爹又当娘，辛辛苦苦将她拉扯大的。仓公之前也曾为受过刑罚的人治疗伤口，有的是双股被鞭笞得血肉模糊；有的失去了一段足趾，疼痛得昏厥过去，那种触目惊心的哀嚎被在一旁的缇萦看在眼里，内心充满了不忍与恐惧。她常听受过刑罚的人说，无论是论罪该受罚还是受了冤屈的人，只要进了牢狱的大门，若无法申冤，不死也只能留下半条命；受了肉刑若得不到很好的照顾，那就连性命恐怕也保全不了了。

缇萦眼里含泪走上前来对父亲说：“父亲，孩儿虽是女流之辈，如今也要做出一番事业来。我要和父亲一起去长安，上书皇上，替您洗清冤屈。”仓公没有想到小女儿竟如此勇敢，心中感到很宽慰，但从齐地到长安路途艰险，所以仓公拦过她的身子，用手轻轻地抚摸着她的额发，道：“去京师道路遥远，山河阻隔，汝年纪幼小，从未出过远门，如何吃得了这大苦？爹对不起汝，再不说傻话了！好好跟姐姐们回去吧！爹的事只好听天由命了！”

但小缇萦的意志却十分坚决，非要跟老父上路不可，并以死相求，看老父再三不允，乃转而向两位解差恳求道：“两位好叔叔！就让我跟着去吧！我除了沿途照顾老父外，我还会烧水做饭，不会拖累你们的！”那两个解差都是本地人，深知仓公是个好人，是受人诬陷进入冤狱的，心里都同情他，现在看到缇萦的至孝表现，大受感动，也帮她说话了，他俩对仓公道：“就让她跟去吧！路上我们二人会照顾她的！”仓公只好含泪点头。

于是一行四人爬山涉岭向京师进发，临淄相距长安两千余里，一路上父女俩风餐露宿，尝尽辛酸，终于顺利地到达了京师。仓公被押入狱中后，缇萦几次到御史衙门打听情况。由于仓公为官时比较清廉，在官场上有一些好的口碑，好心人便告诉缇萦：想救你的父亲，非上书皇帝没有其他办法。缇萦虽说是一个弱女子，毕竟也曾经为官宦之女，平时也听说一些官场的事情。经好心人的提醒，她打定主意要向皇帝上书，为父亲求情。

时值一年一度的亲耕礼，每到此时汉文帝必会前往农庄，劝课农桑，

汉文帝

这是申冤的唯一机会。缇萦怀着对父亲的无比挚爱，和对千万受刑者的深切同情，在一家简陋的小客栈里，一笔一画地写下了为父申冤的奏章。经一位好心的官差的指点，缇萦打算在皇帝出宫的时候，犯颜拦驾，上书救父。所谓犯颜，就是要惊扰皇帝；拦驾更是绊阻皇家的车骑前进，两者都是大不敬的举动，唯一的后果就是杀头抄家。倘若护驾的武士认为是刺客，会被立即格杀。缇萦抱定一死的决心，选定皇帝路经的灞桥作为她犯颜上书的地方。然而，阻拦圣驾并不是容易的事情，皇帝的护卫众多，缇萦根本无法接近皇帝。汉文帝的侍卫见一个小姑娘在路前呼喊，并未在意，缇萦鼓起勇气冲上前来，却被几个武士给拦住，汉文帝的仪仗浩浩荡荡地从灞桥经过，直奔行宫而去。缇萦并没有灰心，她知道想要直接面圣是十分困难的事情。于是，她又走到汉文帝的行宫前，拼命敲打行宫外设置的申冤用的“路鼓”，并高声呼喊。

缇萦的呼喊声终于引起了汉文帝的注意，他差人去宫外查看，只见缇萦跪在台阶之下，双手捧着一份奏章，不断地大喊冤枉。侍从将缇萦押入皇宫，汉文帝看到面前跪着的是一个泪流满面的小姑娘，知道这个小姑娘是想向他申述冤情，很佩服这个小女子的胆量，于是，接过奏章耐心地看了下去，奏章的大致意思是：我的父亲做官的时候，齐地的人都说他很廉洁。现在他犯了罪，被判处肉刑。我不但为父亲难过，也为所有受肉刑的人伤心。受肉刑的人，一旦行刑身体缺失就没有办法弥补，以后就是想改过自新，也没有补救的机会。我情愿被官府没收为奴婢，替父亲赎他的罪孽，好让他有个改过自新的机会。

在当时，官府中的奴婢生活是相当凄惨的，她们日夜劳作，没有丝毫人身自由，和囚徒没什么两样。缇萦为父亲免遭酷刑千里迢迢冒死上书的胆识和孝心，以及这种甘为奴婢的自我牺牲精神，深深地感动了宽仁贤德、爱民恤民的汉文帝。他见到缇萦的上书后，又详细地询问了她父亲的情况，感念其孝诚，立刻特赦仓公无罪，并给缇萦特殊的荣誉，令她亲自拿着特赦令去接她的父亲。汉文帝由此深深认识到，继续沿用秦代的肉刑，必不利于经济发展和社会稳定，更不利于政权的稳固。于是，汉文帝在第二天就下令废除汉代初年还保留的黥（刺面涂墨）、劓（割鼻）、刖（砍断脚趾）三种肉刑，责成丞相张苍、御史大夫冯敬等负责修改刑律。同时颁发诏书废除由来已久的残酷的肉刑。诏书的总体意思是：据说舜帝在位的时候，若有人犯罪，便在其衣服上做记号，或让犯人穿戴与众不同的服饰，以此作为对他们的惩罚和羞辱。惩罚虽如此之轻，可百姓却没有犯法的，这是多么高明的统治啊！现今的法律中有三种肉刑，即黥刑、劓刑和刖刑，戕害人的生理，但作奸犯科的行为却依然屡有发生，这到底是什么缘故呢？无非是我的德行不足以服人，且对百姓的狡猾不明。为此，我感到非常的惭愧。所以说，若不对百姓加以正确的引导，就会使他们走向犯罪。《诗经》上说：道德修养很高的君子，如同百姓的父母一般。现在有人触犯了法律，尚未对其进行教育，便施以肉刑，即使他们之中有人想改恶从善，却也没有机会了。我非常同情这种人。肉刑到了断人肢体、毁人肌肤的地步，终身也无法去掉，这种刑罚使人痛苦不堪，多么不道德啊！难道身为百姓父母的君王就能对此称心如意吗？现在下令废除肉刑，已经定罪尚未施刑的要予以纠正，不再施刑。此外，犯罪之人无论量刑轻重，只要在服刑期间不逃亡，期满后即可免罪成为平民。今后一定要完善这条法令。

御史大夫冯敬接到诏书后便同丞相张苍商量刑律的具体修改措施。冯敬和张苍商量下来的结果，却是不主张废除肉刑，只做如下改进：

其一，将“黥刑”改为“城旦舂”，即男犯罚修长城，女犯罚舂米，为期均为 4 年。

其二，将“劓刑”改为打 300 大板（或鞭）。

其三，将“斩左趾”改为打 500 大板（或鞭）。

汉文帝同意了他们的改进办法。但是这样更改之后，却出现了很多弊端。犯人被割了鼻子或剁了脚，虽然落下残疾，但至少可以保全性命；但很少有人在挨了 300 或 500 大板后还能活得下来。改进后的刑律显得更加残酷了。汉景帝即位之后，又下了两道诏书，大幅削减“打板”的数量，还对刑具的长短厚薄、犯人受刑的部位作出了具体的规定。并且特别规定，行刑过程中不得换人。

仓公免受肉刑之后，潜心行医民间。由于他治病“决生死，有验、精良”，享誉四方，因而受到了汉文帝召见。汉文帝当面询问了他从医的经过、诊病要旨及原则。仓公一一作了回答，并举出若干病例事实，具体说明他为人治病的原则、方法，深得汉文帝嘉许。

由于这次救父之事很受皇帝重视，也从此废了肉刑，诏令施行后，长安民众围住淳于缇萦，夸赞她说：“缇萦不但救了自己的父亲，也替天下做了一件大好事儿。从此以后，罪人受刑不再残毁肢体，这虽属当今皇上的仁政,但如果没有你的冒死上书,恐怕皇上也未必会留意于此。”孝女缇萦救父之事，很快就传遍了全京城，长安有很多著名之士向缇萦求婚，缇萦表示她愿终身侍奉父亲，不准备结婚。仓公出狱后曾留在长安行医了半年，名气又渐渐地大起来，缇萦怕父亲又惹起麻烦，就劝父亲回到了家乡。回到家乡后，仓公继续行医救人，直至去世为止。

据有关记载，仓公淳于意对中国中医界的贡献是多方面的，概括说，主要有两点：一是总结临床经验，著《诊籍》，加深了医论、药论的研究；二是授徒传术，发展了齐医学派。而这一切皆得力于舍身救父的小女儿缇萦。没有缇萦冒死上书汉文帝，仓公淳于意早已成了一个肢体不全的废人，根本无法对中医的发展做出贡献。缇萦上书救父，不仅解救了自己的父亲，还促使了肉刑的废除。其孝心、壮举成为了大家口耳相传的美谈。历史上很多文人都曾经作诗词来赞美缇萦，最为有名的是东汉著名文人班固的《咏史》一诗：

三王德弥薄，惟后用肉刑。
太仓令有罪，就递长安城。
自恨身无子，困急独茕茕。
小女痛父言，死者不可生。
上书诣阙下，思古歌《鸡鸣》。
忧心摧折裂，晨风扬激声。
圣汉孝文帝，恻然感至情。
百男何愦愦，不如一缇萦。

相关链接：

肉刑

“肉刑”，是古代带有原始、野蛮色彩的墨、劓、刖、宫等酷刑的总称。其特点是残废人的肢体、残害人的肌肤、破坏人的身体机能。从夏、商、周开始便有此刑，在秦朝最为风行，一直延续到汉初。

“墨”是肉刑里面最轻的一种。墨刑是在受刑人脸上割出、刺出字来，然后在伤口上揉进颜料，颜料是黑色的，所以叫做“墨”，也叫“黥”（qíng）。

“劓”是割鼻子。与劓刑相关联的是割耳朵。这种刑罚的发明者认为：耳朵的用处在使人因听而聪明，犯罪的人，显然因不听而笨，所以，耳朵该罚。

“刖”，也叫“剕”，是砍掉脚或脚趾（重刑砍右脚趾，轻刑砍左脚趾）。它的最早名字是“膑”，也叫膑刑，夏商五刑之一，是断足或砍去犯人膝盖骨的刑罚。后来被古代最早掌管刑法的皋陶改为“刖”，但后来“膑”与“刖”仍然通用。

“宫”是强迫割生殖器，是仅次于死刑的重刑。这种刑早在尧舜时就有了，尧时有象刑，就是规定犯罪者穿戴的服饰要和一般人有所区别，以示惩戒，其中犯宫刑的人要穿草鞋。舜曾经赞美主管狱讼的名臣皋陶说：“汝作士，五刑有服。”舜时的五刑包括宫刑，当时只用来对待蛮夷，而对于本部落里的罪人并没有真正使用。舜以后，禹时才正式施行宫刑，是禹制定的肉刑之一。

我之不幸汝之幸

——一场特殊的婚礼

人物小档案：

No.1　曹冲（196 年—208 年），字仓舒，谥号邓哀王，东汉末年沛国谯（今安徽亳州）人。由曹操的小妾环夫人所生。建安十三年（208 年），曹冲病重不治而去世，年仅 13 岁。与甄氏亡女合葬，追赠骑都尉印绶，黄初二年追赠谥“邓哀侯”，追加号为“公”，太和五年，加冲号曰邓哀王。

No.2　环夫人，生卒年不详。东汉末彭城（今江苏徐州）人。嫁与曹操，生有三子，分别是曹冲、曹据、曹宇。曹操去世后，文帝封她为太妃。

曹冲

曹冲从小聪明仁爱，与众不同，深受曹操喜爱。曹操几次对群臣夸耀他，有让他继嗣的意思。不过曹冲还未成年就病逝，年仅13岁。

曹冲生性聪慧，五六岁的时候，智力就和成人相仿。5岁那年，孙权曾派人送来一头巨象，说是给曹操的生日贺礼。这生于南国的庞然大物立于中庭，招来许多人围观。有人说这东西起码有两千斤；有人说，两千斤可不止，三千斤只少不多……众人议论纷纷中，有人就要打赌，愿出一块玉佩以赌输赢。可是这样大的家伙哪里有秤来称量它？众人都犯了难，想不出称量大象的方法。当时坐于曹操膝上的5岁的曹冲说，这有何难，把大象牵到船上，在船吃水的线上刻下记号，再把象牵下来，装上别的重物，至记号为止，把这重物称量出来，不就是大象的重量吗？此语一出，满座皆惊，想不到5岁童子竟如此聪明！曹操更是满心欢喜，把曹冲抱在怀里，用腮上的胡子去扎他，把他亲了个够！

曹冲称象

这之后，曹操为曹冲请来老师，教他读书，他更是过目成诵，10岁那年，经史子集，已能遍览，且有自己独到的见解了。曹操每至军国重事的闲暇，常去春棋苑，和环夫人说会儿闲话，就召曹冲来谈天说地；曹操和十龄童子作竟日长谈，不仅不觉疲倦，反而神清气朗，满心欢喜，不由对环夫人说："我头风病一犯，见了仓舒，即时而愈，你说怪也不怪？莫非我家仓舒是仙佛托体吗？"

其实曹冲不仅有称象这类的聪明才智，而且"辨察仁爱，与性俱生，容貌姿美，有殊于众，故特见宠异"。他善于察辨，而且内心非常的仁爱，就像与生俱来的一样。这个孩子长得也不同于其他人，很俊美，曹操十分的宠爱他。曹冲也经常利用他的智慧和地位来办一些救人性命的大事，据史书记载："时军国多事，用刑严重……凡应罪戮，而为冲微所辨理，赖以济宥者，前后数十。"意思是讲，当时国家因为征战颇多，用很重的刑罚去惩治人。很多犯了罪过的人，都靠曹冲的辩解得以获救或减轻刑罚。曹冲为人仁厚，通情达理。当时魏国由于经常发生战争，所以采用严刑峻法来约束人民。一次，曹操的马鞍在仓库被老鼠咬了，守卫仓库的官吏们认为这下必死无疑，商议着要把自己绑了去自首，但还是很害怕免不了死罪。曹冲知道了这件事，就让他们先等几天。曹冲拿刀弄破自己的衣服，看起来像是被老鼠咬破的，又假装很失意，脸上显现出发愁的样子。曹操见了问他，他就说："世俗的人认为衣服被老鼠咬破，对衣服的主人不吉利，现在我的衣服也被咬了，所以发愁。"曹操说："这是胡说，不要担心。"不久曹操听说了马鞍被咬的事，就笑着说，我儿子的衣服就放在身边都被咬了，何况是挂在柱子上的马鞍。于是没有追究这件事。

然而，就在曹操对曹冲寄予厚望之时，曹冲却意外地得了急病，这时，曹操还在朝堂之上处理有关孔融的事情。忽然，从邺下来的一个快马骑从带来了曹冲患病这个令人不安的消息。曹操听后大惊，竟没有进宫向皇帝辞行，只是向有司批发了逮捕并处决孔融的敕令，就匆匆返回了邺下。

曹冲的确病得不轻，躺在床上，满面潮红，神昏谵语，平日里的快乐天真全不见了，嘴里呜噜呜噜地不知说些什么，手脚抽搐着，时而剧烈地一蹦，拘挛着微微颤抖，时而牙关咬得格格地响……叫人看着揪心。床榻前早已围了一群人，请来的医生坐在床前把着脉，其脸色惨白，渗着冷汗，把脉的手也微微地抖，紧张得眼珠如同定了一般，众人一问，其口中竟说不成连贯的话。环夫人哭得眼睛红肿，拉着曹冲的手，连连喊着："冲儿，冲儿，娘在这儿呢！快醒醒跟娘说句话吧！冲儿，可怜可怜娘吧，快睁开眼睛看看娘呀……"这一声声带着祈求的呼唤像钝刀一样割着人们的心。

曹操奔进来时，环夫人才住了声，众人顾不得礼节，鸦雀无声，呆定定地盯着曹操看。曹操看众人表情，知道事态严重，奔到床前，看了曹冲的样子，心里咯噔一下，忙俯下身，轻轻地唤着曹冲的乳名："仓舒，仓舒……"曹冲不答，干裂的嘴唇抖着，发出一种琐碎的急促的像说悄悄话似的絮语。曹操把耳朵贴在他的唇边，听了好一会儿，抬起头，环夫人忙问："他说了些什么？他要怎的？"曹操摇了摇头，问道："冲儿是几时得的病？怎一时竟病得这样紧？"环夫人道："前儿夜晚在书房里读书写字，还好好的呢，写字写了半截，说心里发闷，周不疑陪他到园里耍。两人在园里走了一遭，时辰也不大，就回来了……谁想夜里忽然发了病，今早就人事不知了……"

曹操这才看到侍立在床侧的曹冲的陪伴周不疑，那少年低着头，用手帕不断地为曹冲擦脸上的汗水，并贴近他的耳畔，连连呼着："公子，公子，丞相回来了，快醒来吧！"曹冲只是不应，呼吸急促，胸脯起伏着，喉咙里咯咙咯咙地响，像被痰堵住一样。

曹操又问了把脉的医生，医生还是说不清完整的话，见曹操脸色阴沉，更加惶乱，只是讷讷地说："中焦人盛，邪气攻心……"曹操令立刻开了方子，马上煎药，为曹冲灌服。若有情况，随时来报，这才叫环夫人和他同去书房，再问一通得病的原委。环夫人只是说，怕是在园子里中了邪祟吧，不然如何能病得这样凶呢！马上请巫师道士作法驱鬼吧！曹操沉吟不语，抚慰了环夫人几句，叫她先退去。马上又传周不疑来见。

周不疑见到曹操后，曹操并不说话，只是盯着他看，他便有些发慌，叫了一声："丞相，周不疑听从吩咐。"

曹操蔼然道："你和公子到园子里去，可曾见到什么异常？"

周不疑回答："小人没有见到什么异常，公子说是心闷，只走了不远，便折回书房去了。"

曹操问："那天晚上可曾有星月吗？"

周不疑略想了想，道："那天正是初七，有一弯月牙儿，星星很多，风不大，夜露也不凉……只有树丛里有夜鸟在叫……"

"哦，后来呢？"

"夜鸟一叫，公子身上激灵一下，往我身边靠了靠。我见他脸煞白，似乎有些怕，我就劝他回书房去……"

"闻鸟叫而魂惊，公子平时可是这样的吗？"

"不"，周不疑说，"公子平时胆子很大，一般的事并不能使他害怕，可那天他心闷，话少，凡事都无兴致……若说异常，这就是公子的异常了。”

说到这里，家丞匆匆跑来，面带喜色，连连说：“丞相，公子大好了，服了药，气息平稳，现已睡了，想不久就会好的。环夫人特意让我向丞相报喜，免得丞相悬念。”

曹操听了，随家丞到春棋苑曹冲的病榻前，果见曹冲睡着了。那个开方的医生给曹操跪下，详告了服药前后病情的变化，说话也流畅多了，面上还带了一些自信和得意之色。曹操命医生先去外面守候，然后俯下身来，深情地谛视着曹冲的面容，看他嘴唇干裂，鼻息粗重，不由轻轻摇了摇头，面上带出一丝忧虑。他又将手放在曹冲的额头上，觉得火炭般烫手，心情更加沉重了。

破袁氏而收冀州，曹操事业如日中天，他不禁常常想到千秋功业的后继之人。卞夫人所生的三个儿子中，曹丕年最长，跟从自己的时间最长，耳濡目染，心口传授，征战之策，御人之术，慢慢地历练起来，曹丕有些越来越像自己了。但曹操春秋正盛，来日方长，他还不愿意放弃本应属于自己的一切，他也不愿意自己的儿子太像自己；相比之下，他倒格外钟爱春棋苑的曹冲。他感到曹冲身上有一种雍容之相、仁爱之心，又聪明晓事、讨人喜欢……叱咤风云，鞭挞九州，需要他曹操这样的人；而统御宇内，恩泽万民，曹冲才是最理想的。天降灾厄，他最钟爱的冲儿竟病势沉重，危在旦夕，他岂能不急不痛！

曹操和周不疑谈了之后，心中又多了一层忧惧，但他不愿深想，给冲儿治病才是最要紧的。他立刻下令，让城中最好的医生全聚到春棋苑来，共商良策；他又派人骑上快马，赶到许下，把给皇帝治病的御医火速请来……环夫人在一旁说：“天下名医，最数华佗。若得华佗在，我儿的病就不足虑了。”曹操皱了皱眉，没有言语，环夫人也就住了口。

原来名医华佗本被曹操征到旗下。因曹操头风病常犯，以备随时听用。华佗的妻子儿女远在故乡，他常有思家之念。加之他浪迹江湖惯了，是个云游散淡之人，所以多次请求曹操放他回归故里。曹操心中不喜，华佗也犯了拗脾气，对曹操的颐指气使常带违弗之色，曹操越加恨他。一日，曹操头风病犯了，叫华佗来医，华佗说曹操脑中有瘤，须开刀取出，方能彻底痊愈。曹操冷笑道，“把脑袋砍开，哪里还能活命？我知你心里恨我，想趁机要了我的命！”说罢，命将华佗关入大牢。一些人来为华佗请命，曹操怒道：“天下英雄豪杰，死于我刀下的，不可胜数。像华佗这样的鼠辈，要他的脑袋，和捻死个臭虫一样容易，况他对我衔恨已久，我岂能容他！”一代名医华佗就这样死于曹操之手。如今环夫人疼儿心切，提起华佗，自使曹操又厌恶又后悔。

这时，约有几十名医生奉命来到，全拢在一间屋子里，轮番到曹冲卧榻前，望闻问切，个个心里都惴惴的，生怕说错了话，惹来祸端。众人商议着，开了几个方子，用了一些奇怪的药引，配了一些无从听闻的药；又有大胆想邀功的，提出针刺艾灸之法。曹操都一一过问，和医生探讨明白了，选了几个方子的药，为曹冲煎服了。曹冲夜里看样子似在安稳地睡觉，不再折腾了，众人心下方安。第二天，曹冲的病似乎是大好了，早晨时睁开眼睛环望四周，好像在找谁说话。环夫人忙大叫：“冲儿，冲儿，娘在这里呢！想和娘说什么，快说，想要什么，快说！”曹冲不理，痴痴望了一下，又把眼睛闭上了。旁边几个环夫人找来的巫医神婆互相看了看，都一齐开口道：眼看着这是被恶鬼摄去了魂儿，凡间的药哪里能治得！快跳神打鬼才是，耽误了时辰，魂儿走得远，怕是招不回来了！环夫人知道曹操对此不甚相信，自己又做不了主，看平时在身边快活孝顺的儿子变成这样，连自己的亲娘都不认得了，眼光是那样的陌生，对她的呼唤不理不睬，心里哪里受得了，早已泪水涟涟，泣不成声。

曹冲沉沉睡到日落，这中间曹操来过几次，亲自把煎好的药吹凉了，送到他的嘴边，还用巾子为他擦流到嘴边的药液，直到曹冲服了药才离去。日落后，满院燃起庭燎，春棋苑如同白昼，人走路都敛声屏息。曹操把药再次送到曹冲嘴边时，曹冲牙关紧咬，却怎么也灌不进药。正惶惧间，曹冲忽地从榻上坐起，直着眼，望空大叫道：“天下无道，凤凰远引，凤凰，凤凰！凤——凰——！”他舒着臂，张着手，眼光望着天空，似在望神鸟飞去……接着，他的眼睛渐渐黯淡下来，伸向空中的臂膊缓缓垂下，如同一堵糟朽的墙扑通倒下。环夫人扑上去大叫：“冲儿！冲儿！”周围的人也一起喊：“公子，公子……”满庭登时响起一片哭声。

建安十三年（208 年）七月初九戌时，曹冲死去。

曹操想给曹冲操办冥婚，找到大臣们商量，却遭到了大臣们以于理不合为由的阻拦。曹操一贯是阎王脾气，只有他负人，不能人负他。这样的曹操怎么会忍受他人的反驳呢？曹冲之死，令曹操伤痛不已，尤其为此儿生前尚未议亲订婚感到遗憾，他下决心为死去的曹冲操办冥婚。恰巧，汉朝中恰有一位叫邴原的长史，也有一个12岁的女儿去世。于是，曹操找上门了，向邴原说起冥婚的事情。

按理说，这对邴原来说，应该是天大的好事，把一个死去的女儿"许配"给曹冲，那就意味着与"携天子而令诸侯"的丞相结亲了，这可是可遇而不可求啊！但是，邴原并不这么想，他引用《周礼》里的话，义正词严地斥责曹操道："合葬，非礼也。原之所以自容于明公，公之所以待原者，以能守训典而不易也。若听明公之命，则是凡庸也，明公焉以为哉？"（大致意思是讲冥婚合葬是于礼不合的事，不符合祖宗的规矩）

当时的曹操虽然平定了北方，成为中原霸主，可是江南还有孙权，荆州还有刘备，蜀中还有刘璋、张鲁，各路诸侯都虎视眈眈地盯着他。而曹操之所以能够取得政治优势，就是因为他一直打着"奉天子以令不臣"的旗号，加上他以朝廷的名义征召天下士人，对礼法的尊崇，对儒士的看重，才让天下的人才大都来到他的身边。邴原这类人，虽然手无缚鸡之力，但是却是他极力笼络的对象。于是，他明智地选择了放弃。但是他只是放弃了邴原的女儿，并没有放弃冥婚。

这时，有人听说一户甄姓人家也有女儿夭折，便居间做媒，甄姓人家也同意让已死的曹冲娶亡女为妻。于是，曹操便差人给甄姓人家送去了定礼，定礼一半是真的绸缎尺头、金银财宝；一半却是纸糊的皮、棉、夹、单衣服各一件，锦匣两对，内装耳环、镯子、戒指及簪子之类的首饰。放定的当天晚上，在甄家坟上焚化。过后，曹操又给甄家送去真的"鹅笼"、"酒海"、龙凤喜饼以及肘子、喜果等。

毕竟也是成婚，女方是要有陪嫁的。甄家陪送的嫁妆都是纸活，送至曹府后，只在曹冲的牌位前陈列半天便焚化了。到了迎娶的日子，仪式是不可少的。曹操家里高搭大棚，宴请亲友，门前亮轿。喜房里供奉"百份"全神。对面炕上设矮桌，供着曹冲的牌位，前设苹果、龙凤喜饼若干盘。女方“闺房”中供着甄家女儿的牌位。花轿到达甄家后，由送亲太太将“新娘”牌位取下，由娶亲太太接过来，放入宝轿。

举行完仪式之后，择个宜破土安葬的“黄道吉日”，甄家按阴阳先生指定的时辰，将棺柩起出后，马上泼入坑内一桶清水，扔下去两个苹果。与此同时，高高扬起花红纸钱。曹家则在坟侧挖一穴，露出“新郎”曹冲棺柩的槽帮，将“新娘”埋入此穴，进行“夫妻”并骨合葬。葬罢，在坟墓前陈设酒果，焚化花红纸钱，举行合婚祭。就这样，曹操和甄姓人家结成了亲家。

在当时，男性若未婚而亡，当然无继承人，家谱上“香烟”的传承，经济上财产的继承，都因此中断。如果经过冥婚，那么这对“夫妻”便可领养一个孩子，使之成为继承人，“香烟”亦得以延续。曹操为曹冲办过冥配后，即命宛侯曹据的儿子曹琮改兆曹冲，这样曹冲一脉便香烟有继，这对“夫妻”因此便可以享受子孙的供奉、祭祀，不再是没有归宿的孤魂了。

相关链接：

孔融

孔融（153年—208年），字文举，鲁（今山东曲阜）人。孔子二十世孙。汉末文学家，和王粲等六人合称为“建安七子”。其散文辞藻华丽，多用骈句，但能以气运词，有新变化。曹丕《典论·论文》称他：“体气高妙，有过人着者。然不能持论，理不胜词。”代表作《论盛孝章书》和《荐祢衡表》。诗仅存7首，其中《杂诗·岩岩钟山首》写远大怀抱，情辞慷慨；《远送新行客》写丧子的悲痛，情致哀婉，都富有抒情色彩。

孔融

孔融少时成名（著名的“孔融让梨”讲的就是他的故事），曾先后任虎贲中郎将、议郎等职。汉献帝时任北海（今山东寿光）相，世称孔北海，后升任少府，被封为太中大夫。孔融为人恃才负气，言论往往与传统相悖，不仅屡屡反对曹操的决定，而且多次在公开场合使曹操难堪，如反对恢复肉刑、讥讽曹丕私纳袁绍儿媳甄氏、嘲笑曹操征乌桓、反对其禁酒。再加上他忠于汉室，上奏主张“宜准古王畿之制，千里寰内，不以封建诸侯”来增强汉室实权，终于激怒了曹操。建安十三年（208年）八月壬子（二十九）日（9月26日），孔融被曹操以“招合徒众”、“欲图不轨”、“谤讪朝廷”、“不遵超仪”等罪名杀之，株连全家，时年55岁。

冥婚沿革

阴婚在汉朝以前就有了。由于阴婚耗费社会上的人力、物力，毫无意义，曾被禁止。《周礼》云：“禁迁葬与嫁殇者。”但此风气始终没有杜绝，甚至有的直接表现在统治者身上。例如：曹操最喜爱的儿子曹冲13岁就死了，曹操便下聘已死的甄小姐作为曹冲的妻子，把他们合葬在一起。

宋代阴婚最为盛行。据康誉之《昨梦录》记载，凡未婚男、女死亡，其父母必托“鬼媒人”说亲，然后进行占卦，卜中得到允婚后，就各替鬼魂做冥衣，举行合婚祭，将男、女并骨合葬。元、明代阴婚依然流行，《元史·列女传》载：“子弟死而无妻者，或求亡女骨合葬之。”《明史·列女传》亦载：“杨□死而其未婚妻殉；刘伯春卒，而其聘女亦如之，后皆迎柩合葬。”

清代阴婚仍很盛行，直至晚清封建礼教受到西方精神文明的冲击才逐渐消失。但清末民初的北京仍有阴婚风俗的残余现象，还有个别家庭办死人与死人结婚的“喜事”，谓之“搭骨尸”，男、女两家亲家，谓之“骨尸亲”。早年，这种“婚礼”的迎娶仪式多在夜间举行，有时，人们正在安睡之际，忽被街巷里“搭骨尸”的鼓乐吵醒。“搭骨尸”的人们抬着一顶纸轿子，由单鼓、单号、单唢呐吹奏前引。有的则不用这种形式，仍用八抬大轿，全份金灯执事，这样做的往往是只娶一张女人的照片。上世纪三十年代以后，还有仿照“文明结婚”仪式，用西乐队前导，后边四个人抬着一个出殡用的影亭，内挂“新娘”照片。

身历六帝宠不衰

——千般沧桑萧皇后

人物小档案：

No.1　萧皇后（？—647年），原名萧美娘，梁朝昭明太子萧统曾孙女，西梁孝明帝萧岿之女，母张皇后，南兰陵人（今常州武进万绥乡人）。后为隋炀帝杨广的皇后。

萧皇后

No.2　杨广（569年—618年），华阴（今陕西华阴）人，生于隋京师长安，是隋朝第二代皇帝，唐朝谥炀皇帝，夏王窦建德谥闵皇帝，其孙杨侗谥世祖明皇帝。一名英，小字阿麽。隋文帝杨坚、独孤皇后的次子，因为滥用民力，造成天下大乱，直接导致了隋朝的灭亡，618年在江都被部下缢杀。

No.3　宇文化及（约577年—619年，或579年—619年），代郡武川（今内蒙古武川西）人，隋末叛军首领。祖上是匈奴人，姓破野头，其父为宇文述。家世官宦，皇帝姻亲。618年禁卫军兵变，弑君隋炀帝，他自称大丞相，后率军北归，被李密击败，退走魏县，自立为帝，国号“许”，年号“天寿”，立国半年，翌年被窦建德击败，擒而杀之。

历史上迷倒君主的美艳女人不计其数，然而，历经多次改朝换代，却总是让九五至尊的君主拜倒在石榴裙下的女人，在中国历史上恐怕屈指可数。萧皇后就是这样的一位奇女子。

萧皇后在做皇后之前的身份是公主，她的父亲是南北朝末期西梁孝明帝萧岿，其祖父为梁朝著名的文学家、英年早逝的昭明太子萧统。萧岿做皇帝时，梁朝已经没落了，只是依旧以“王”相称，并且把荆州、襄阳当做国土，史称西梁。萧公主出生时，著名的占卜奇人袁天纲曾为她的相貌而惊奇不已，仔细推算了她的生辰八字，最后得出八个字的结论：“母仪天下，命带桃花。”然而，因为萧公主出生的年份是二月，而当地的风俗认为二月出生的子女不吉利，所以萧岿就把她交给堂弟萧岌收养。不久，她的养父萧岌过世，她的舅父张轲不得不收养自己的外甥女。

时值隋文帝杨坚即位，立长子杨勇为太子，封次子杨广为晋王。这位隋朝的开国皇帝希望从一向关系良好的西梁国挑选一位公主作为晋王之妃。杨坚的独孤皇后十分厉害，后宫里大事小情都由她做主。给小儿子选妻子，独孤皇后的眼光自然更挑剔些。《隋书》里写道：“上（杨广）美姿仪，少敏慧，高祖及后于诸子中特所钟爱”，“开皇元年，立为晋王，拜柱国、并州总管，时年十三”。可见，杨广在年轻的时候是很俊美和聪慧的，他深得杨坚和独孤皇后喜爱，为了能选一位理想的王妃，免不得要找占卜之士来看一看未来夫妇二人的生辰八字是否匹配，是否吉利。萧岿得知此事后，便将他养在身边的三个女儿的生辰八字送入宫内占卜，但占卜的结果是，这三个女儿皆与杨广八字不合。正当萧岿为此而懊恼的时候，有人提醒他：可否请四公主一试？萧岿这才想到自己还有一个寄养在外的小女儿。结果，他小女儿的生辰八字占卜的结果竟是大吉大利。

于是，只有9岁的萧公主便嫁给了年已21岁的杨广，被封为晋王妃。因为萧公主年纪尚小，所以接入宫后并未马上成婚。杨坚的独孤皇后对这位稚嫩可人的小媳妇十分喜爱，把她当成是自己的女儿抚养，为她请了许多师傅，传授她读书、作文、绘画、弹筝等。聪明过人的萧公主学什么像什么，而且往往是一点就通。四五年下来，萧公主不但出落成一个雪明花艳、亭亭玉立的美人，而且知书达理、多才多艺。

转眼到了开皇十三年（581年），受命镇守扬州的晋王杨广快马加鞭地赶回都城长安，与萧公主完婚，萧公主被册立为王妃。

杨广与萧王妃这对少年夫妻，开始享受爱的柔情蜜意。萧王妃虽未长在深宫，却从民间学会了谨言慎行、恪守妇道。她温顺贤淑，崇拜和服从自己的丈夫，晋王伉俪成了朝野上下称赞艳羡的对象。

这时，杨广开始和权臣杨素等人密谋夺储行动。杨广韬光养晦，模仿父亲，取悦母亲；装作十分仁德的样子，将自己的日子过得清苦异常；清心寡欲，极少娶妾室，赢得了一片赞誉之声。杨坚和独孤皇后做梦都想不到，杨广竟能十多年如一日地矫饰和伪装自己，目的只是为了窥伺皇位。婚后，萧王妃也发现，自己的夫君居然是如此的有心机。

偏偏此时，太子杨勇正为妻妾争宠而烦恼。原来，杨勇不喜欢太子妃元氏，把一门心思都花在偏房云昭仪身上，结果元氏受不了冷落之苦，一时想不开便上吊自杀了。杨坚和独孤皇后最恨这种无情无义的行径，一怒之下就废掉了杨勇的太子位。杨广则乘虚而入，在其母独孤皇后的极力支持下，坐上了太子宝座。这样，做了七年晋王妃的萧公主当上了太子妃。不久，杨广经过一番紧锣密鼓的策划密谋，提前登上了皇帝宝座。大业元年（605年），杨广颁诏，慷慨地称赞自己的元配：“妃萧氏，夙禀成训，妇道克修，宜正位轩闱，式弘柔教，可立为皇后。”就这样，已35岁的萧妃晋升为萧皇后。虽说天下美女尽入股掌，但杨广表面上依然疼爱元配。于是萧氏便更死心塌地、无怨无悔地追随丈夫。时光没有在萧皇后的脸上留下丝毫痕迹，她依然如旧时那般美丽动人。

皇帝口惠实至，无论到哪儿做什么，都带着萧皇后。尽管其真心宠幸谁，别人不得而知。聪明过人的萧皇后也知道分寸，自己毕竟年纪渐老，色衰爱弛的道理她还是清楚的。尽管萧皇后仍俯首帖耳地服侍在杨广左右，但其心境却大不如前。更令她始料不及的是，此时的杨广早已经被先帝的宠妃、风华绝代的宣华夫人吸引住，每日下朝以后便在宣华夫人那里流连忘返，早已把她这个同舟共渡十余年的妻子冷落在了一边。萧皇后实在隐忍不下，出于女人的妒意，她施展皇后的威仪，逼迫宣华夫人迁往偏僻的仙都宫，断绝其与皇帝的来往。没想到，杨广却由此整日郁郁寡欢，无心政务，更不踏进萧皇后宫中半步。

萧皇后内心痛苦异常，既然自己不能像婆婆独孤皇后那样雷厉风行管制住皇上，还不如完全想开些，做个善解人意的皇后，一心为皇帝着想，使他不再为后宫的琐事而烦恼。她向杨广妥协，派人接回了宣华夫人，把她安置在金凤院。杨广自然欢喜，对她的态度也缓和了许多，后宫又恢复了以往平静的生活。可惜红颜薄命，半年之后，宣华夫人一病不起，竟香消玉殒。杨广伤心欲绝，整天长吁短叹，沉浸在痛失爱妃的悲伤里，连朝政也懒得去理。

皇帝忧愁，做皇后的自然也心情低落，愁容满面。自己纵有天仙般的美貌，那又能如何，仍然让君难展笑颜。萧皇后做了个天大的决定，她建议杨广选天下美女，充实后宫。

一语惊醒梦中人。杨广立即下诏广征天下美女，又派遣将作大将宇文恺主持东都洛阳的规划、设计和营建。先建显仁宫，后修西苑，广泛搜罗海内外奇材异石、佳木珍草充实其中，准备安置好美女后，他便可以在那里尽享人间乐趣了。西苑的十六院建好后，他从应征而来的天下美女中，选出 16 人，封作四品夫人，分别入住各院。另外挑选 320 名美女学习吹弹歌舞。杨广日日流连于西苑，夜夜沉浸在轻歌曼舞之中，变换着花样与选来的各方佳丽听歌赏乐、骑马下棋，日日夜夜沉溺于酒色之中，早把朝政置之脑后。

此时的萧皇后才真正了解了这个风流的皇帝丈夫。但她只能调整心态，睁一只眼闭一只眼地随遇而安了。杨广纵情淫乐，好大喜功，把隋文帝开创的基业挥霍得一干二净。官府横征暴敛，民间盗贼蜂起，远征高丽的军队和挖掘运河的民工，天天都在哀号、死亡。而杨广依然不听劝谏，不理国事，不问祸福，只顾享乐。他竟然告诉萧皇后：“贵贱苦乐，更迭为之。”萧皇后惶恐地注视着朝野变化，忧心忡忡，却无能为力。有人禀告说，宫外马上要造反了，请问皇后该怎么办？萧皇后摆了摆手，惋叹道：“天下事一朝至此，势去已然，无可救也。何用言，徒令帝忧烦耳。”心态十分苍凉。

618年春天，觊觎皇位和萧皇后已久的宇文化及率领禁军造反，率兵进入离宫，刚满50岁的杨广在烟花三月的扬州被勒死了。萧皇后亲自为杨广收尸，但手边什么也没有，只能拆几块床板，草草地拼了一副薄棺材。这样，虽半老徐娘但风韵犹存的萧皇后成为了一名寡妇和乱世女俘。

宇文化及早年曾对萧皇后心存暗恋，如今他以萧皇后的儿子杨浩的性命相要挟，逼她做自己的偏房。萧皇后的内心在强烈地挣扎着，作为母仪天下的皇后，她应该随陛下而死，以示忠贞。但耳边似乎又响起了独孤皇后的教导，自己还没有尽到一个做皇后的最后责任，杨广的儿子杨浩还在，死是容易的，活下来才需要更大的勇气。而眼前最要紧的是必须保住自己的性命。如今天下大乱，豪雄四起，或许复仇的机会就在眼前。落魄的萧皇后只能抛弃尊严和高贵，忍受着国破家亡的切肤之痛和对仇人的愤恨，委身于宇文化及。

宇文化及为萧氏的美色所迷，萧氏虽已步入中年，但仍旧端庄、美丽，他在萧氏的身上找到了当帝王的感觉，醉心于和她的缱绻缠绵，暂时忘了自己的政治扩张。这时，在中原一带起兵的农民义军领袖窦建德已经逼近江都。宇文化及抵挡不及，一败再败，最后，他带着萧皇后退守魏县，并自立为许帝，改称萧皇后为淑妃。然而不久，魏县又被攻破，宇文化及仓皇退往聊城，窦建德自称“大夏王”，打着为死去的杨广报仇的旗号，率军一路追击。聊城一战，窦建德动用抛石头的“撞车”四面攻城，聊城随即失陷，宇文化及被窦建德杀死。这距隋炀帝杨广的死还不到一年时间。

萧皇后本应该是高兴的，杀死丈夫的主谋终于受到了惩罚。但令她难堪的是，堂堂隋朝的皇后再次面临当俘虏的噩运。这回，她想死了。

这天下到底该是谁家的天下，不是她这个柔弱女子所能左右的。她只有用死来捍卫自己的尊严了，也许唯有死才是真正的解脱。无奈，窦建德的手下对她严加看管，她连死的机会都没有。她孤守在屋里，既不哆嗦也不哭闹，不再涂粉施朱，不再轻理云鬓，面无表情地等待死亡。所幸窦建德对她非常礼遇，毕恭毕敬地给她施君臣大礼，未将她关押，只是限制了她的自由。好在窦建德的妻子曹氏对自己的丈夫很严厉，几乎寸步不离地看着他。因此，虽然窦建德有心霸占萧氏，却没有机会。渐渐地，窦建德也开始显露他的本性，他纵情于声色之娱，几乎忘记了自己逐鹿中原的初衷。这时，北方突厥人的势力迅猛地发展起来。之前远嫁给突厥可汗和亲的杨广的妹妹，也就是萧皇后的小姑义成公主，听到李渊已在长安称帝，又打听到了萧皇后的下落，就派使者到乐寿迎接萧皇后去突厥。窦建德不敢与突厥人正面对抗，只好乖乖地把萧皇后及皇族的人交给了使者。

萧皇后踏上了去往草原的征程。她心乱如麻，泪如泉涌。真的要离开中原了吗？这里再乱，也是根系所在，不知那异域番邦等待自己的又将是什么？可自己已别无选择。也许离开这个战乱的地方也好，把所有的伤心屈辱都抛掷脑后，远走边塞，说不定会有另一番光景。

一望无垠的草原使她的心豁然开朗，蓝天白云与翠绿的青草相映成趣。碧波万顷的绿海展示出一幅壮丽画卷，她深深地陶醉在这美景里。越走越近了，她看到了一顶偌大的由坚实的红柳木和整张的牛皮搭成的营帐。帐顶与帐帏，彩绣与彩绘，乃至布置与陈设，全部都是那样的美轮美奂，简直和金碧辉煌的皇宫别无二样。这是突厥番王处罗可汗为迎接她而特制的帐篷。处罗可汗初见萧皇后，顿感天下之美都集于此女一身。她从可汗的眼睛里，早已看出了自己对处罗可汗的吸引。寄人篱下，又有什么清高可言呢？再加上小姑的一再说合，当天夜里，蒙古包中，萧氏便由大隋的皇后变成了塞外番王的爱妃。

不久，处罗可汗去世，他的弟弟颉利可汗继位。按突厥人的风俗，老番王的妻妾义成公主与萧皇后姑嫂二人被新任番王颉利可汗接纳。虽说萧皇后比义成公主年长，但由于她绰约迷人的少妇风韵，以及拥有刚到塞外的中原女人的新鲜韵味，使颉利可汗对她更为钟情。萧氏早就断了重返长安的念头。既然已经国破家亡，江南春雨、中原杏花对自己还有什么意义呢？不如在这荒蛮的塞外了此残生吧。所幸，还有个小孙子杨正道做伴儿，杨正道这个杨门骨血，是她最后的一点儿安慰了。

唐太宗贞观四年（630 年），唐朝大将李靖大破突厥，迎回了曾是前朝皇后的萧氏。这时萧皇后已是 48 岁。坐在辇车之上，她挑帘极目远眺。唐军旌旗招展，浩浩荡荡，她心潮起伏，思绪万千，感觉自己如一叶浮萍，不知哪里才是最终的归宿。让她受宠若惊的是，那个天下百姓交口称赞的英明君主李世民为她举行了一场盛大的宴会，欢迎她的归来。她知道自己早已过了女人的最青春的时期，没有纯真可以炫耀，没有娇美可以卖弄。当她托着曳地长裙，仪态万方地款款进殿时，李世民不禁为之心旌摇曳，他甚至怀疑她是否真的是萧皇后，因为她的外表与实际年龄实在相差甚远。一个已过不惑之年的妇人竟如此光彩照人，真的令人难以置信。尤其是那雍容典雅的气质，更是一般的红粉佳人所不具备的。这个英明的皇帝，顾不得年龄的悬殊，更不在乎外人的品评，封萧皇后为昭容。这位饱经离乱的隋朝皇后，正式成为大唐天子的爱姬。

萧皇后在唐宫中度过了 18 年平静的岁月，幸福地度过了自己的余生。贞观二十一年，67 岁的萧皇后卧在病榻上气息奄奄，她梦到了许多事情，也回味了自己不同寻常的一生，最终安然地闭上了眼睛。李世民以皇后礼仪将萧皇后葬于杨广之陵，上谥“愍皇后”。

相关链接：

独孤皇后

独孤伽罗（543 年—602 年），隋朝云中人，北周大司马独孤信之七女。独孤信见杨坚相貌奇伟，器宇轩昂，故将伽罗女许配给他为婚，时年十四。独孤氏好读书，通达古今，是杨坚称帝的积极支持者，581 年，隋文帝建立隋朝，独孤氏被封为皇后，称文献皇后。

文献皇后柔顺恭孝，谦卑自守，很受隋文帝宠爱。隋文帝上朝时，她与帝同辇而进，至阁乃止。候其退朝之后又一起回宫，同吃同乐同寝，相顾欢欣。平日生活俭朴，不好华丽，专喜读书，识达古今。她善为隋文帝筹策，隋文帝治政稍有不妥之处，她就忠心苦劝。每当与隋文帝议论国家大事，看法往往不谋而合，十分一致，故而宫中称为二圣。她为隋朝做了很多有益之事。当时突厥与隋贸易，有明珠一盒，价值八百万，幽州总管阴寿让她买下，她婉言谢绝道："如今戎狄屡次侵犯，将士征战疲劳，不如将八百万奖赏有功之士为佳。"此举立刻朝野传闻，受到百官称赞；大都督崔长仁是文献皇后表兄，触犯国家王法，按律当处以斩刑，隋文帝看在皇后情面，有意赦免其罪。皇后进谏说："国家之事岂可顾私。"遂将崔长仁处死；皇后异母兄弟独孤陀因酗酒滋事残害百姓，曾受过皇后指责，故而怀恨在心，常以猫鬼诅咒皇后，按律当斩。皇后虽然气得三天没有进食，但最后还是请求隋文帝赦免其罪，皇后说："如果独孤陀蠹政害民，妾不敢为其说情。但如今独孤陀是因为诅咒我而犯罪，所以我敢请求赦免他。"于是陀被免死。

仁寿二年（602 年）八月，文献皇后病逝永安宫中，终年 59 岁，葬于泰陵。

李世民

李世民（599 年—649 年），唐朝第二位皇帝，政治家、军事家、书法家、诗人。唐太祖皇帝李渊和窦皇后的次子。618 年 5 月，隋恭帝杨侑禅位于唐，唐王李渊即皇帝位，改国号为大唐，改元武德。武德元年，李世民以赵公身份任尚书令、右翊卫大将军，进封秦王。武德四年被封为天策上将。后经玄武门之变，即帝位，为唐太宗。他积极听取群臣的意见，致力于文治天下。他消灭各地割据势力，虚心纳谏，厉行节约，使百姓休养生息，终于使得社会出现了国泰民安的局面，开创了历史上著名的"贞观之治"，为后来实现"开元盛世"奠定了重要的基础，将中国传统农业社会推向鼎盛时期。是中国历史上最出名的政治家与明君之一。

白骨人谁认帝羓

——皇帝变成木乃伊

人物小档案：

耶律德光（902 年—947 年），大契丹第二位皇帝，辽太祖耶律阿保机的次子。20 岁担任天下兵马大元帅，立功甚多，母亲为著名的述律太后。947 年 2 月 24 日，辽太宗耶律德光将国号由“大契丹国”改为“大辽”，成为辽朝首位皇帝。

耶律德光

公元 927 年，耶律德光成为了辽国的第二代皇帝，即辽太宗。他是辽太祖耶律阿保机的次子，而使他在历史上留名的竟是他是中国历史上的第一位木乃伊皇帝，史书上的专有名词叫做“帝羓”。

辽太祖耶律阿保机一共有三个儿子。他在世时曾对这三个儿子做了一次有意思的测试，他让他们一起去砍柴，看谁先回来。辽太宗耶律德光是最先回来的，因为他砍了一些就马上往回走，根本没有选择柴的好坏。长子耶律倍选择了一些干柴砍下，然后又捆成一束带回来。老三耶律李胡砍了很多，但又扔掉了不少，回来后，袖手而立，有些惭愧的样子。阿保机对这次测验的评价是："长巧而次成，少不及也。"说明他对年长的两个儿子还是很欣赏的。耶律倍虽然才学过人，精通音律和医药，也擅长写契丹和汉文章，但他不会讨母亲述律皇后的喜欢。尤其他推崇孔子的思想，建议以儒家学说来治理国家，更使守旧的母亲偏心于耶律德光。

天显元年（926年），阿保机征讨东面的渤海国。渤海国被攻下后，阿保机建立了东丹国，任命耶律倍为东丹王，但他却在返回途中死于扶余城。从阿保机死后到新君主选出，这段时间按照游牧民族的传统习惯，要由皇后主持政务，继承人也要由皇后主持召开大会选举产生。于是，待阿保机安葬之后，述律皇后主持了契丹贵族参加的推荐继承人的大会，并按照自己的意愿选择耶律德光继位。为铲除异己，她还做出了"太后断腕"的惊人之举。

耶律德光继位当上皇帝后，对于母亲述律皇后非常孝敬，母亲得病不吃饭的时候，他也守在一旁不吃饭。也许是从小被母亲管教较严，所以继位之后耶律德光依然对母亲有所敬畏，有时说话让母亲不高兴了，述律皇后便扬眉怒视他，耶律德光就吓得赶忙退出来，如果母亲不召他进去，便不敢再去见她。

在当时，中原王朝正值四分五裂之际，后唐的大奸臣石敬瑭为了圆自己的皇帝梦，先是承诺割让幽云十六州给辽国，接着送上不计其数的金银财帛，最后竟认耶律德光为义父，终于得到了耶律德光的发兵支持。

石敬瑭得了耶律德光的借兵后，果然一鼓作气，攻下了后唐国都，灭了后唐。936年，石敬瑭成立后晋政权，摇身一变成为后晋的开国君王。石敬瑭称帝后，遵守诺言，忍痛将幽云十六州划给大辽国，并年年给耶律德光赠送厚礼，自称儿皇帝，以求江山社稷平安。

石敬瑭为了讨好自己的干爹，把做御宴手段最高明的两名御厨送给了耶律德光。这两名御厨是一对师徒，师傅叫林胡子，徒弟叫魏三刀。耶律德光一尝他们做的菜，立即大怒，“这菜的味道和中原的御宴完全不同，拉出去砍了！”魏三刀一听吓了一跳，扑通一声跪下，高声叫道：“中原和大辽所产的蔬菜肉类完全不同，菜的味道自然不一样啊！”耶律德光一听也有点道理，便说：“大辽国物产丰富，给你们三个月的时间进行改正，如不能叫寡人满意，定杀不饶！”二人战战兢兢地又对菜肴的味道进行了改进，这才让耶律德光满意，将他们留在身边当御厨。

942 年，石敬瑭驾崩，他的侄子石重贵继位，为后晋初帝。石重贵武将出身，对父亲向大辽国称臣早就不满，即位初便提出对大辽国“称孙不称臣”，撕毁了与大辽之间的协定。耶律德光知道后大怒，决定出兵伐晋，他率领五万精锐部队亲征石重贵，很快就消灭了后晋国。

947 年，耶律德光用中原皇帝的仪仗进入后晋都城开封，穿上皇帝的装束在崇元殿接受文武百官的朝贺。朝贺完毕后，耶律德光来到后晋皇宫，一下子就惊呆了，皇宫不仅修得美轮美奂，宫中的金银财宝堆积如山，石重贵的妃子们更是个个儿美如天仙。耶律德光高兴得呵呵大笑，在后宫里日日笙歌，夜夜欢愉，日子过得十分逍遥快活。

耶律德光为了大宴有功的将士，命令林胡子按照中原的标准办一次御宴。十几桌御宴很快做好，样子还很精致，谁知，耶律德光刚吃了一口便跳了起来——这御宴和他三年前吃的根本就不是一个味儿。耶律德光不知道从哪儿来的怒火，立即叫人将林胡子推出宫门斩首，魏三刀也被打了个半死。其实这御宴不是原味不能怪林胡子，他们住在上京三年，做菜的手法和风味已经大变，自然做不出原汁原味的中原宴席了。

由于辽国军队没有后勤供应，粮草要靠自己就地解决。所以，辽兵每到一个地方都要抢夺粮草，这使辽军遭到了汉族人的强烈反抗。另外，许多契丹人在汉族地区担任官职时，由于不懂治理之道，汉人中的一些投机取巧的小人就充当了他们的走狗，教他们搜刮民财，鱼肉百姓。加之，为了犒赏契丹骑兵，耶律德光又下令后晋降臣征括州县财物，这更激起了百姓对辽军的不满。后晋的正规军虽然被消灭，可中原百姓并没有臣服于耶律德光，中原各地烽烟四起，驱逐契丹人的民众暴动此起彼伏，愈演愈烈。半个月后，耶律德光的领兵将军清点士兵人数，发现少了 2000 多人，照这样下去，过不了多久下面的军队就会被杀光。耶律德光知道后，大惊失色，无奈之下，只好率辽军北返。离开中原时，他把宫中的金银财宝全部装进自己的车中，又将石重贵的妃子们统统带走，以便在途中伴侍他。

然而，这年（947 年）的夏天似乎来得特别早，四月的中原大地已经是烈日炎炎，耶律德光和契丹将士都习惯了寒冷的北方，实在无法忍受夏日的酷暑。况且辽国军队又是劳师远征，很多士兵都染上了一种热疾。在北返途中，有一日，耶律德光领兵走到河北栾城县西北（耶律德光死后，当地被老百姓改称为“杀胡林”），只觉浑身燥热，头昏眼花，扑通一声从战马上摔了下来，昏死过去。

耶律德光的国师见状大惊，急忙叫来随军医生，军医给耶律德光号完脉，脸色大变道：“国师，皇帝染上热疾了，想要治疗，一定要远离女色，否则凶多吉少！”耶律德光苏醒后，听说了军医的建议，抬脚就把面前的桌子踹翻了，冷笑道：“该死的庸医知道什么，得了热病，正要用女人泻火！”耶律德光贪恋女色是举国皆知的，一天不让他和女人亲热，就好像无法活下去。这个军医却说不让他近女色，那还了得，那简直就是直接让他死掉。他生气得刚要抽出随身的佩刀，那名军医吓得转身便跑，可是一个不小心一跤跌倒了，“咔”地磕下了两颗门牙。

耶律德光望着军医掉在地上的门牙，面露笑容，好像病也好了一些。他的国师苦苦相劝无用，最后被耶律德光赶出了军帐。他根本就没在意医官的忠告，又叫来几个妃子陪他寻欢作乐。可没想到，第三天，当他路过栾城杀胡林时，突然热疾发作，口吐鲜血，一命呜呼。一代枭雄，就这样在狼狈不堪的军旅途中草草殒命。

耶律德光驾崩，对大辽国来说可是天崩地裂的大事。皇帝暴毙的消息必须要马上让大辽知晓，随军的文武官员急忙派快马赶回大辽国的上京去送信。耶律德光的母亲述律太后听说儿子驾崩，悲痛欲绝，立刻传懿旨——“生要见人，死要见尸”。国师看了述律太后的懿旨，十分为难，当时正是夏天最热的时候，保存尸体谈何容易。就算大队人马不眠不休地把耶律德光的灵柩送回大辽国，至少得一个月，尸体早就腐烂发臭，只剩下一堆骨头了。如果太后见到的只是一堆白骨，说不定会以为他们联合欺骗她，随便拿一具尸体来滥竽充数，这可是掉脑袋的事情啊。国师和随军的文武大臣们商量了一整天，也没想出一个有用的办法来，最后一致决定：进行悬赏招贤，不管是谁，只要能拿出一个切实可行的办法来，赏银三千两！消息发布出去后，军营里顿时热闹起来，三千两银子可以在大辽国买一大片草场了。大家纷纷出谋划策，保存尸体的主意出了不少，最后都被否定了。就在耶律德光的尸体在大帐中已经发出异味时，耶律德光的御厨魏三刀毛遂自荐说他有办法可以让皇帝的尸体不腐烂。国师让魏三刀赶快说来听听，他沉默了一会儿了，才小心翼翼地说道：我的办法就是把皇帝做成“羓”。

国师和大臣们一听就愣住了。在北方游牧民族，人们多喜食牛羊肉，有时候宰杀了牛羊以后，因为体积较大一时又吃不掉，碰上夏天天热怕肉腐败变质，牧民就把牛羊的内脏掏空，用盐里里外外的撒上一层进行卤制，牛羊就成了不会腐烂的“羓”，也就是中原地区的“腊肉”或“卤肉”。把大辽皇帝耶律德光做成“羓”，这可是对皇帝的大不敬。可除此之外，又没有办法把皇帝的尸体完整地运回大辽，述律太后见不到完整的尸体发怒的话，大家说不定命都没有了。国师思前想后，最终采纳了御厨的意见，他把魏三刀带到存放耶律德光尸体的大帐内，扑通一声跪在地上，哭道：“陛下，不是臣等对您龙体不敬，为了保全您的身体，除了把您做成‘羓’，实在没有第二条路可走了！”文武大臣们逐一拜祭了耶律德光后，默默地退出了大帐。

耶律德光全身的衣服已被脱光，床旁放了一个大大的盐桶。魏三刀深吸了一口气，又将平时做肉羓的过程在脑海里温习了一遍，随即从怀中摸出最大号的切肉刀来，“霍”的一声剖开了耶律德光的肚子，只见魏三刀麻利地将皇帝的五脏六腑一一摘除，又将他的脑髓清理干净，历时两个时辰后，耶律德光的尸体被做成了“羓”。魏三刀又将耶律德光的尸体装进密封的盐坛子里，耶律德光的“帝羓”就做成了。

国师和文武大臣们稍稍松了口气，他们把装着“帝羓”的密封盐坛子运送回京。述律太后看到运送儿子尸体的队伍回来了，想要为耶律德光举行盛大的招魂仪式，并且要亲手打开坛盖。没想到，盖子掀开后，她看见耶律德光的“羓”静静地盘腿坐在盐坛子里面，由于尸体被盐腌后极度缩水，已看不出耶律德光的本来模样了，述律太后吓得几乎要坐倒在地，她顿时大怒：“是谁想出了这个阴损的主意，我要杀了他！”于是，御厨魏三刀便被立即处死了。后来，述律太后冷静下来一想，大概除了这个办法，实在是没法完整保存自己儿子的尸身，又下令追封魏三刀为三品官位。

一个普通的厨子，居然具有把皇帝变成“帝羓”的能力，以后的辽国皇帝再也不敢随意打骂厨师了。同时厨师都是三品官的传说，也一代代留传了下来。

相关链接：

述律皇后

述律平（879年—953年），辽太祖耶律阿保机的皇后，回鹘（即回纥）族述律部人，小字月里朵，父为述律婆姑。耶律阿保机即位后，群臣上尊号称她为“地皇后”，到了神册元年（916年），又加称为“应天大明地皇后”。天赞三年（924年）耶律阿保机前往攻击党项，而黄头、臭泊两个室韦部落（种族名，契丹之别种，居契丹东北）的家族要偷袭阿保机。述律皇后得知，便率军奋击并大破敌军，从此威震四方。当时后唐庄宗李存勖想要向辽国求援，便以叔母之礼事述律皇后。后梁燕王刘守光也派韩延徽来求援，但不向他们跪拜，耶律阿保机大怒，将韩延徽留下来牧马。皇后说：“此人守节不屈，是个贤人，应该以礼相待。”阿保机遂召韩延徽前来相谈，将他当做参谋。此后关于辽国的军政，述律皇后皆有参与并有很大贡献，其中，尤以平定渤海国功劳最大。

天显元年（926年），耶律阿保机逝世，述律皇后称制摄政，掌理军事与国事。耶律德光即位后，尊她为皇太后，会同初年又上尊号为“广德至仁昭烈崇简应天皇太后”。大同元年（947年），耶律德光过世，耶律倍的儿子耶律阮自立为帝。述律太后派自己最心爱的幼子耶律李胡去讨伐，但是李胡战败，太后遂要亲自率军出击。后经耶律屋质进谏，才让太后打消此意。事后，太后被送到祖州（今内蒙古巴林左旗西南）

软禁。应历三年（953年），以75岁之龄过世，与耶律阿保机合葬于祖陵，谥贞烈，后来改谥为淳钦皇后。

太后断腕

天显元年（926年），阿保机因病死于扶余城。按照游牧民族的传统习惯，阿保机的继承人要由皇后主持召开大会选举产生。于是，述律皇后在主持由契丹贵族参加的推荐继承人的大会之前，未雨绸缪，利用主持阿保机葬礼的机会清除政敌，表现得既果断又狠毒，做出了"太后断腕"的惊人之举。

当时，为了扫除以后政治上的敌对势力，述律皇后以传统的殉葬制度为借口，让一些和她作对的人为阿保机殉葬，说是让他们为她传话给阿保机。单这一个借口就总共杀掉了一百名大臣。但述律皇后也付出了代价，失掉了一只手。在她让汉人赵思温为阿保机殉葬时，赵思温不听。述律皇后就责问他："你和先帝不是很亲近吗，为什么不去？"赵思温反驳道："和先帝亲近谁也比不上皇后，如果皇后去，那我就马上来。"述律皇后狡辩说："几个儿子还年幼，现在国家没有君主，我暂时不能去。"最后，述律皇后为了除掉赵思温这个难对付的大臣，竟狠下心来，将自己的一只手从手腕处砍断，这就是历史上有名的"太后断腕"的故事。但《辽史》中却以"欲以身殉，亲戚百官力谏，因断右腕纳于柩"之说法（注：耶律阿保机死后，述律皇后想要以身殉葬，她的亲属和文武百官极力劝阻，最后，无奈之下，她将自己的右手砍下，放入先帝的棺木内以示陪葬）将其断腕之事加以美化。

耶律阿保机

耶律阿保机（872年—926年），辽国开国皇帝，史称辽太祖。耶律撒剌的长子，母萧岩只斤。汉名耶律亿，小名为啜里只，为契丹迭剌部首长。初为挞马沙里，带兵降服小黄室韦，又征伐越兀及乌古、六奚诸族，契丹人呼为阿主沙里（阿主意为父祖）。后又任本部夷离堇（部落长之号），专事征伐之职，升为大迭烈府夷离堇（大迭烈府即迭剌部之府）。曾率兵到蓟北。奚迭剌部兴起后，任于越（贵官，无所职），位居北南大王上，总知军国大政。梁开平元年（907年）为契丹大首领，以皇族承遥辇氏九帐为第十帐，设官统领部众。梁贞明二年（916年）建立契丹国，自称帝。率部众建都城皇城，后改为上京（今内蒙古巴林左旗东镇南）。京中建孔子庙、佛寺、道观等。立国后，他以宗室为南府宰相，制定法律，颁定官爵位次。设立迭剌部南北二院夷离堇，并成为后来的定制。又命人制契丹大字，弘扬民族文化。至今，俄语发音称中国仍为“契丹”，可见其影响之大。他以部众设立宫卫骑军及州县部族军，成为契丹主要军队组成形式。他不断征伐契丹及突厥诸部，以图发展，还积极参与中原政治斗争，侵夺幽、蓟等要地，扶植东丹国为属从。辽天显元年（926年），征服渤海，带军还都城皇城途中病逝于扶余（今吉林四平西），终年55岁。谥升天皇帝（一作大圣皇帝），庙号太祖，翌年（927年），葬祖陵（今内蒙古巴林左旗西南）。圣宗统和二十六年（1008年），进谥大圣大明天皇帝。兴宗重熙二十一年（1052年），加谥大圣大明神烈天皇帝。

耶律阿保机

冲冠一怒为红颜

——吴三桂献官降清

人物小档案：

No.1 陈圆圆（1623年—1695年），原姓邢，名沅，字畹芬。明末清初江苏武进（今常州）人。其父为货郎，母陈氏。圆圆能歌善舞，为苏州名妓，享誉江南，时为“江南八艳”之一。

No.2 吴三桂（1612年—1678年），字长伯，一字月所，辽宁人，明末清初人物，父吴襄，字两环，明天启二年（1622年）武进士。吴周政权建立者称为吴周太祖。1644年降清，引清军入关，被封为平西王。1661年杀南明永历帝，1673年叛清，发动三藩之乱，并于1678年农历八月十七夜病死。其孙吴世璠继其皇帝位。

陈圆圆原名邢畹芬，乃常州奔牛镇上的一个小家碧玉，父母早亡，从小与祖母相依为命，祖母疼爱孙女，曾送她到镇上的私塾读书，私塾先生为她改名为沅。邢沅14岁那年，祖母卧病不起，家中没有了收入，为给祖母治病，邢沅左借右贷，终至负债累累。后来，人们不愿再借钱给这个无力偿还的小姑娘，没钱给祖母买药，小邢沅急得整天泪流不止。此时，镇上的一个常年在外经商的小贩回来了，打听到邢沅家的处境，便来到她家，装出一副好心的样子对她说："邢姑娘不必着急，我在外面有些手段，可介绍你到苏州做事，赚了钱就可以养活你们祖孙俩了。"走投无路之下，邢沅相信了小贩的话，同意随他去苏州做事。临走前小贩还借了些钱给邢沅安置好祖母，邢沅心里十分感激。可到了苏州，邢沅才明白真相，那个小贩是将她卖到教坊中做歌妓，卖身的钱一半给她安置祖母，一半让那个小贩私吞了。虽然邢沅没料到会走到这一步，她却没有挣扎的余地，只好听凭命运的安排。在教坊，邢沅学习了歌舞琴画，由于她天赋颖慧，很快就在教坊中崭露头角。

鸨母为她改名陈圆圆，高张艳帜，招揽贵客，以其声色独擅时名，不久就成了名霸一方的红人。陈圆圆容貌昳丽、秉性温纯、气质超俗，倾倒了无数王孙公子。自古红颜薄命，陈圆圆作为梨园女妓，难以摆脱以色事人的命运。她曾属意于吴江邹枢，经常在他家演剧，流连不去。后来，江阴贡修龄之子贡若甫曾以重金赎陈圆圆为妾，然而陈圆圆不为贡的正妻所容。贡修龄遂将陈圆圆放归，并不取回赎金。陈圆圆还与冒襄（明末清初知名文学家）有过一段情缘，崇祯十四年（1641 年）春，冒襄省亲衡岳，道经苏州，经友人引荐，认识了陈圆圆，并订下了后会之期；当年八月，冒襄移舟苏州再会陈圆圆，时陈圆圆遭豪家劫夺，幸脱身虎口，遂有许嫁冒襄之意，并冒兵火之险至冒襄家所栖之舟拜见冒襄之母。二人感情缱绻，于当年秋私订盟约，此后冒襄因家事牵累，屡失与陈圆圆的约期。其间陈圆圆屡次寄书冒襄，催促他实践诺言，冒襄却都来不及回复，陈圆圆便错过了一个好的栖身归宿之人。

陈圆圆

这时正值明朝末年，内有起义军风起云涌，外有满人虎视眈眈，弄得大明朝廷摇摇欲坠，崇祯皇帝更是心神俱疲。而后宫中明争暗斗也正激烈，当时受宠的田贵妃施展狐媚手段，迷得崇祯皇帝神魂颠倒，正宫周皇后却备受冷落。周皇后的父亲嘉定伯周奎为了帮女儿夺回恩宠，盘算着要找一位才貌迷人的美女安插到崇祯皇帝身边，作为周皇后的心腹与田贵妃一争高低。

崇祯十四年秋天，周奎因营葬先人遗骨之事回到了原籍苏州，他深知江南多美女，就在苏州为后宫访艳。经四方查访，最后，他相中了正值二八佳龄的红歌妓陈圆圆。

第二年春天，陈圆圆随周奎北上京城。周奎先是将陈圆圆收为义女，在府中对她一番调教后，伺机将她送进了周皇后宫中。周皇后对陈圆圆也颇为满意，将她精心打扮一番后，特意在宫中设下便宴，将崇祯皇帝请来饮酒取乐。席间，陈圆圆奉命为崇祯皇帝表演歌舞，只见她长袖轻舒，纤腰款摆，歌声娇柔婉转，眉目间春意盈盈，煞是动人；表演罢了又上前来为崇祯皇帝侍酒，言语温婉，乖巧伶俐，确实让人动心。可是这时崇祯皇帝被军国大事搅得昏头涨脑，根本没有心思重结新欢，对陈圆圆只是欣赏，没有收纳之意。陈圆圆在宫中盘桓了两三个月，终究没能投入崇祯皇帝的怀中，周皇后只好打发她返回了周府。进宫时满载着周奎的希望，如今却一无所成地回来了，周奎当然心中不快，陈圆圆在周府的地位也就一落千丈，被贬到歌舞班中充当歌舞姬。

明廷内忧外患的形势越来越严峻，李自成已率军越过宁武关、居庸关，直逼京师；清军也从东北面发起进攻。危急关头，明朝廷下诏吴三桂以总兵身份统领大军镇守山海关。吴三桂是原锦州总兵吴襄的儿子，能骑善射，智勇过人，曾中过武举；崇祯初年，吴襄因贻误战机而被革职，同时吴三桂则升为宁远总兵；清兵进攻宁远时，来势凶猛，明朝的军队则软弱懈怠，致使宁远失守，吴三桂因之被连降三级；后来，吴三桂痛定思痛，加紧操练兵马，使他的部下成为一支劲旅。如今国难当头，急需将才，所以朝廷又将他提拔出来镇守国门，还连带起用他父亲吴襄为京营提

吴三桂

督。一时间，吴家父子兵权在握，成了京城里的热门人物，乱世之时谁都想得到军队的庇护，所以吴三桂离京赴任时，京城里的达官显贵纷纷设宴为他饯行，想为自己今后找个靠山。嘉定伯周奎自然也不落后，在府中摆下珍肴美酒款待吴总兵。

这天，周奎亲自降阶恭迎吴三桂，将其迎入豪华的客厅，摆上各式山珍海味款待。席间，周奎礼仪周到，频频让酒。至酒兴正浓时，周奎唤出本府一群盛装艳丽的歌妓，随着悠扬的丝竹声起舞。这群歌妓中，为首有一美女，天生丽质，穿着素淡，身披白纱舞衣从重重帘幕中缓缓飘出，淡雅的娥眉朱唇中露出一种超尘脱俗的气韵来。只见她轻舒长袖，明眸含笑，一段轻歌曼舞后，在厅中站定，随着动人心弦的乐器声，唱起了小调，边唱边舞。其舞姿，体态轻盈，飘飘欲飞；其歌声，音质清丽，恰似夜莺啼鸣。这舞这歌，把上座的吴三桂迷得欲醉欲仙，魂魄已被摄入仙境。他神移心荡地对周奎说："这位不就是人们说的陈圆圆吗？真有倾城之色！"周奎听到吴三桂夸他的歌妓，一时高兴，命陈圆圆给他斟酒。陈圆圆歌罢，捧了银壶来为吴总兵斟酒，吴三桂接了酒，一饮而尽，陈圆圆拽着长裙飘然入内，吴三桂的目光随之而去，良久都不曾收回。

吴三桂在关外无日不忙于军务，整天听到的是军中特有的金鼓及各式号角之声，看到的是千军万马和山头上报警的狼烟。但在这远离战场的京师繁华之地，一个有权势的豪奢的府第，亲眼看到了世上最美的女人，听到了与军号完全不同的江南靡靡之音，这不仅让他大饱眼福，也让他感到一种从未有过的满足……宴散前，吴三桂终于按捺不住，悄悄对周奎说："倘以圆圆送我，战乱之时，我会先保贵府，再保大明江山！"周奎会心地点了点头。

第二天，吴三桂派人带了千两黄金作聘礼，到周府求婚。周奎早已准备好丰盛的嫁妆，当天就亲自把陈圆圆送到了吴家。此时边关战事已急，吴三桂王命在身，可他还是挤时间举办了隆重的纳妾之礼，在享受了洞房花烛夜后，于第二天启程赴任。

吴三桂离开京城不久，闯王李自成便率大军攻入了北京，建立了大顺王朝。城中旧臣遗老全部遭到了搜捕，吴襄的全家也没有幸免，而

李自成

陈圆圆的美貌被闯王的心腹大将刘宗敏看中，于是夺为侍妾。“大顺帝”李自成逼迫吴襄写信给吴三桂，劝他来京受降，否则要他全家性命。派专使将信送到了山海关吴三桂手中，见信后，吴三桂动了心，他深知大明皇朝已无重兴的可能，不如干脆顺应时势，归附了李自成，也好保全家人的性命。这时他突然想起了陈圆圆，在他的想象中陈圆圆应是和家人一同在押，可他还是不放心，便随口问了一句：“陈夫人现在何处？”来使便如实相告：“陈夫人已被刘宗敏将军收入府中。”听到这句话，吴三桂顿时火冒三丈，怒吼道：“大丈夫不能保一女子，何面目见天下人？逆贼如此无礼，我吴三桂堂堂丈夫，岂肯降此狗子！”随即抽出佩剑，一剑砍下来使的头颅。

吴三桂知道光凭自己的兵力与闯王交战难操胜券，于是派副将杨坤持书到清军大营，乞求睿亲王多尔衮出师相援，准备好好地惩罚一下李自成的大顺王朝，以泄痛失陈圆圆之恨。吴三桂知道请清兵灭大顺国，将来的天下无疑为满人所有。但是，为了心爱的陈圆圆，家人也好，民族也好，吴三桂已顾不了那么多！冲冠一怒为红颜，吴三桂这一怒，献出的不仅仅是自己的家人，还有整个大明的江山。

吴三桂开关引清兵入北京，这正合多尔衮的心意，他立即发兵入关。李自成侦知清兵逼近的消息，就亲自率领20万大军向东迎去，同时带上了吴襄作人质。两军交战于一片石，由于清军与吴三桂的兵马并肩作战，致李自成大败，一怒之下，李自成于马前斩杀了吴襄，并将他的首级悬挂在高竿上示众，回师京城后又杀了吴家老少共38人。

清兵紧追不舍，李自成眼看大势已去，只好带上京城的金银财宝撤回陕西老巢。临走时，刘宗敏本想带着陈圆圆，陈圆圆却认认真真地劝告说：“妾身若随大王西行，只怕吴将军为了妾身而穷追不舍；不如将妾身留在京师，还可作为缓兵之计！”刘宗敏听了以为颇有道理，命运危急关头，他无心留恋美色，索性丢下陈圆圆跑了。可惜那边吴三桂并不知道陈圆圆留在京城，挥师紧追李自成的残部，一心夺回心爱的女人。一直追到山西绛州，忽然京师有人来报，说是已在京城寻获了陈圆圆，吴三桂喜不自胜，立刻停兵绛州，速派人前去接陈圆圆来绛州相会。陈圆圆来到绛州时，吴三桂命手下的人在大营前搭起了五彩楼牌，旗帜萧鼓整整排列了三十里地，吴三桂穿着整齐的戎装亲自骑马出迎。陈圆圆经历了劫难，又受奔波之苦，神色中带有几分倦态，却更加显得娇憨妩媚，让吴三桂怜爱得心尖发痛。全家38人惨死的悲痛被他抛诸脑后，一心一意地享受着陈圆圆的魅力，一任李自成残部渡过黄河回了陕西。此时京城里也热闹非凡，多尔衮组织人马隆重地迎接清世祖顺治帝入关，在北京建立了大清朝廷。为了表彰吴三桂开关请兵之功，清朝廷册封他为平西王，并赏银万两。这样一来，吴三桂当初请兵相助的初衷完全变了质，他不折不扣地成为开关延敌的民族叛徒。

崇祯皇帝自缢殉国后，福王朱由崧在南京重新组建了南明新朝廷。新朝廷深知吴三桂手握重兵，举足轻重，因而遣特使前往绛州，欲封吴三桂为蓟国公，并从海路运米30万担、银5万两犒劳吴军。不料吴三桂因已受封于清廷，不肯再接受南明皇朝的犒劳。清顺治二年，吴三桂继续协助清兵西讨，由山西渡黄河入潼关，攻克西安，将李自成的力量彻底消灭。随后，他又风尘仆仆，东征西伐，为清廷统一中国立下了汗马功劳。最后他为清廷拿下了西南一带，将最后一个南明小朝廷——永历皇朝赶往缅甸，清廷诏令他坐镇云南，总管西南军民事宜。此时已是顺治十四年，吴三桂可以说是功成名就，他将五华山的永历皇宫重加修葺，建成了平西王府，踌躇满志地经略所辖领地，俨然就是西南边地的土皇帝。

在吴三桂戎马倥偬的那些年里，陈圆圆紧随其左右，为他消愁增乐，简直成了他的精神支柱。可是在政途选择上，吴三桂并不听从陈圆圆的劝导，不惜将大明皇朝置之死地，陈圆圆默默看着这一切，不免黯然神伤。在昆明，吴三桂提出封陈圆圆为平西王妃，不料陈圆圆却不肯接受，她提出："妾出身卑微，德薄才浅，能蒙将军垂爱已属万幸，实在不配贵为王妃，宁愿作侍妾追随将军左右！"陈圆圆此举着实令吴三桂费解，别的女人不惜争风吃醋为的就是一个名位，她竟然把送上门的恩惠拱手推出。手下的人也在疑惑，为何陈圆圆会做出这样不可理喻的事来？原来，陈圆圆自从经历了诸多颠沛流离之后，心境已经起了很大的变化。她曾在此时写过一阕“丑奴儿令”：

满溪绿涨春将去，马踏星沙，雨打梨花，又有香风透碧纱。声声羌笛吹杨柳，月映官衙，懒赋梅花，帘里人儿学唤茶。

词中所绘并非眼前之景，而是此时之情。满怀落寞消沉，便是陈圆圆这时的心境。经历了十几年的坎坎坷坷，看惯了人世间的沉浮起落，生生死死恍如过眼烟云，她对一切都已看淡。何况她也明白，为了自己吴三桂不惜引外族入关，毁灭大顺王朝，背弃朝廷及家人，落下了重重罪名，这一切虽然谈不上是她的过错，可毕竟与她有关，让她自感罪孽深重，哪里还有什么心思去做王妃。

顺治十八年，吴三桂以兵势从缅甸索回了永历皇帝，陈圆圆认为这是拥明复清的好时机，连忙力劝吴三桂趁此机会推出永历皇帝，对清廷反戈一击。然而吴三桂却不想放弃到手的权位，仍然将永历皇帝绞杀了。天下人为之大失所望，陈圆圆更是心灰意冷，深感已到万劫难复的地步；于是脱下华服霞帔，隐入净修庵中，日夜与古经为伴，不再为凡尘世事而烦心，而吴三桂也对她的选择无可奈何。

相关链接：

崇祯皇帝

朱由检（1610 年—1644 年），明朝第十六位皇帝，明朝亡国之君。明光宗第五子，明熹宗异母弟，母为淑女刘氏。于天启二年（1622 年）被册封为信王。1627—1644 年在位，年号“崇祯”，是位年轻有为的皇帝。

当时的明王朝外有后金连连攻逼，内有农民起义的烽火愈燃愈炽，而朝臣中门户之争不绝，疆场上则将骄兵惰。面对危机四伏的政局，朱由检殷殷求治。每逢经筵，恭听阐释经典，毫无倦意；召对廷臣，探求治国方策；勤于政务，事必躬亲。同时，他平反冤狱，起复天启年间被罢黜官员。全面考核官员，禁朋党，力戒廷臣交结宦官。整饬边政，以袁崇焕为兵部尚书，赐尚方剑，托付其收复全辽重任。他在位期间大力铲除阉党，并六下罪己诏，与前两朝相较，朝政有了明显改观。

朱由检求治心切，很想有所作为。但因矛盾丛集、积弊深重，无法在短期内使政局根本好转。加之他性情刚愎自用，急躁多疑，又急于求成，因此在朝政中屡铸大错。1644 年，李自成军攻破北京后，朱由检于煤山（景山）自缢身亡，终年 35 岁，在位 17 年。庙号思宗，谥号守道敬俭宽文襄武体仁致孝庄烈愍皇帝，葬于十三陵思陵，谥为怀宗，后改谥庄烈帝。南明政权谥他为思宗烈皇帝，后又改谥为毅宗，史又称崇祯皇帝。

李自成

李自成（1606 年—1645 年），明末农民起义领袖。原名鸿基。称帝时以李继迁为太祖。世居陕西米脂李继迁寨。童年时给地主牧羊（一说家中非常富裕），曾为银川驿卒。崇祯二年（1629 年）起义，后为闯王高迎祥部下的闯将，勇猛有识略。八年荥阳大会时，提出分兵定向、四路攻战的方案，受到各部首领的赞同，声望日高。次年高迎祥牺牲后，他继称闯王。十一年在潼关战败，仅率刘宗敏等十余人，隐伏商雒丛山中（在豫陕边区）。次年出山再起。十三年又在巴西鱼腹山（腹一作复）被困，以五十骑突围，进入河南。其时中原灾荒严重，阶级矛盾极度尖锐。李自成部将李岩提出“均田免赋”等口号，获得广大人民的欢迎，民间广传“迎闯王，不纳粮”的歌谣，部队发展到百万之众，成为农民战争中的主力军。崇祯十六年（1643 年）在襄阳称新顺王。同年，在河南汝州（今临汝）歼灭明陕西总督孙传庭的主力，旋乘胜进占西安。次年正月，建立大顺政权，年号永昌。不久攻克北京，推翻明王朝。由于起义军领袖犯了胜利时骄傲的错误，迫害吴三桂的家属，逼反吴三桂，导致其引满洲贵族入关，联合进攻农民军。他迎战失利，退出北京，率军在河南、陕西抗击。永昌二年（1645 年）在湖北通山九宫山考察地形时，神秘消失。其余部降清后，又反清，继续抗清斗争。

附：

《圆圆曲》

清·吴伟业

鼎湖当日弃人间，破敌收京下玉关，恸哭六军俱缟素，冲冠一怒为红颜。
红颜流落非吾恋，逆贼天亡自荒宴。电扫黄巾定黑山，哭罢君亲再相见。
相见初经田窦家，侯门歌舞出如花。许将戚里箜篌伎，等取将军油壁车。
家本姑苏浣花里，圆圆小字娇罗绮。梦向夫差苑里游，宫娥拥入君王起。
前身合是采莲人，门前一片横塘水。横塘双桨去如飞，何处豪家强载归。
此际岂知非薄命，此时唯有泪沾衣。薰天意气连宫掖，明眸皓齿无人惜。
夺归永巷闭良家，教就新声倾坐客。坐客飞觞红日暮，一曲哀弦向谁诉？
白皙通侯最少年，拣取花枝屡回顾。早携娇鸟出樊笼，待得银河几时渡？
恨杀军书抵死催，苦留后约将人误。相约恩深相见难，一朝蚁贼满长安。
可怜思妇楼头柳，认作天边粉絮看。遍索绿珠围内第，强呼绛树出雕阑。
若非壮士全师胜，争得蛾眉匹马还？蛾眉马上传呼进，云鬟不整惊魂定。
蜡炬迎来在战场，啼妆满面残红印。专征萧鼓向秦川，金牛道上车千乘。
斜谷云深起画楼，散关月落开妆镜。传来消息满江乡，乌桕红经十度霜。
教曲伎师怜尚在，浣纱女伴忆同行。旧巢共是衔泥燕，飞上枝头变凤凰。
长向尊前悲老大，有人夫婿擅侯王。当时只受声名累，贵戚名豪竞延致。
一斛明珠万斛愁，关山漂泊腰肢细。错怨狂风飏落花，无边春色来天地。
尝闻倾国与倾城，翻使周郎受重名。妻子岂应关大计，英雄无奈是多情。
全家白骨成灰土，一代红妆照汗青。
君不见，馆娃初起鸳鸯宿，越女如花看不足。
香径尘生鸟自啼，屧廊人去苔空绿。换羽移宫万里愁，珠歌翠舞古梁州。
为君别唱吴宫曲，汉水东南日夜流！

合眼朦胧我是谁

——红尘看破弃黄泉

人物小档案：

No.1　爱新觉罗·福临（1638 年—1661 年），清世祖，清朝第三位皇帝，同时也是清朝入关后的第一位皇帝，满族，清太宗爱新觉罗·皇太极的第九子。生母为孝庄文皇后博尔济吉特氏。在位十八年（1643—1661 年），死后谥号为：体天隆运定统建极英睿钦文显武大德弘功至仁纯孝章皇帝。陵寝清孝陵（河北遵化县清东陵），庙号清世祖。

No.2　孝献皇后（1639 年—1660 年），董鄂氏，世称董鄂妃，属上三旗贵族的正白旗，内大臣鄂硕之女，费扬古大将军之姊，是清朝顺治帝一生最钟爱的女子。去世时才 22 岁，顺治帝大为悲痛，追封其为皇后，上谥号为：孝献庄和至德宣仁温惠端敬皇后。康熙二年（1663 年）六月与顺治帝福临、孝康章皇后佟佳氏合葬于清孝陵。

顺治

顺治皇帝爱新觉罗·福临是太宗皇太极的第九子，经多尔衮扶持，6岁登上帝位，成为大清入关后的第一任皇帝。顺治帝登基后，在朝堂上有多尔衮摄政，后宫内又有几个太后给他选的但他并不喜欢的皇后和妃子，顺治帝的心情很是苦闷，他年纪轻轻就开始参禅念佛，对权力欲望似有看透一般的无奈。多尔衮病逝后，顺治帝开始摆脱傀儡地位，对多尔衮实行了削除封号爵位、罢撤庙享谥号、籍没家财等身后惩处。为加强皇权，他废除了诸王贝勒管理各部事务的旧例，又采取了停止圈地，放宽逃人法等一系列缓和民族矛盾的措施。尽管顺治帝很想有番作为，也颇为中原文化所吸引，但终因他周围尚未形成一个以他为主导的强有力的政治势力，致使他在与朝中反对汉化的勋旧大臣的较量中败下阵来。政治上的失意，使顺治帝沉湎于与其弟媳董鄂氏的爱情之中。

在董鄂氏入宫前，顺治帝因为太监的引诱，在私生活上是相当放纵的。为了和母亲孝庄太后斗气，他随便临幸宫女，导致顺治一朝身份低微的后妃特别多，葬于孝陵的18个是有名分的，没有名分而又受过临幸的则不计其数。董鄂氏（即董鄂妃）是内大臣鄂硕的女儿。她在顺治十年入选秀女，16岁时被指配给襄亲王。襄亲王名叫博穆博果尔，是皇太极的第11个儿子，顺治帝的同父异母弟弟。顺治帝与他第二个皇后大婚时，按照当时清代的规定，王爷们的福晋要进宫侍宴。顺治帝由此与襄亲王的福晋董鄂氏相识相爱，襄亲王博穆博果尔也因此愤而自杀。博穆博果尔死的同年，顺治帝冒天下之大不韪，把董鄂妃接到宫中，封为皇贵妃，地位仅次于皇后。

顺治帝将其全部的感情都用到董鄂妃身上，他与母亲政见不合，在某种程度上加剧了董鄂妃地位的上升。顺治十五年（1658年）正月，孝庄太后身体不适，顺治帝指责皇后礼数不周，下令取消皇后接受贺表等资格，实际上是在暗示要废后。由于孝庄太后的干预以及董鄂贵妃的劝阻，第二任皇后得以保全，但也只是徒有皇后名号而已。

董鄂氏

顺治帝与董鄂贵妃真可谓是天生一对。顺治帝之前的落寞和不得志在董鄂氏这里得到了安慰。董鄂氏不仅气质高贵，而且还有一种其他后宫女子没有的独特风韵，这就是文雅、谦恭的书卷气、温柔而善解人意的女性柔美。顺治帝生性好动，尤其爱好骑射狩猎，她对此很是担心，每每劝谏说："陛下藉祖宗鸿业，讲武事，安不忘战，是好事，但马足安可恃？以万邦仰庇之身轻于驰骋，叫我提心吊胆，实在为陛下感到危险啊！"她常伴随顺治帝骑马狩猎，守护顺治帝。顺治帝的马偶然一绊一蹶，她都会惊得脸色大变，冷汗满面。顺治帝感受到被人亲切关怀的滋味，幼时备尝孤苦的内心变得宁静。

董鄂妃对顺治帝的饮食起居照顾得无微不至。每当顺治帝下朝回宫，她一定倚宫门迎候，问寒问暖。若发现顺治帝稍有不快表情，便立刻安慰说："陛下今日回宫晚，是不是身体劳倦了？"并赶紧令人准备顺治帝最喜爱的奶茶和点心菜肴。饮食送到，董鄂妃也总是亲自奉给顺治帝后，安静地站在餐桌边侍候，劝勉皇上多加餐饭。顺治帝看到她总为自己忙进忙出，很过意不去，邀她与自己共餐，她却和悦地反问一句："陛下厚待我是我之幸，何不与诸大臣共食，使之得奉皇上笑颜而沾宠惠呢？"顺治帝的新政常常受阻，他又脾气急躁，与大臣们关系有时很紧张。听了她的劝告，顺治帝果真频频召诸大臣与自己共同进膳，大大缓和了君臣间的气氛。朝廷里的大臣们新旧交替、派系林立，也常使顺治帝气恼发火。她得知其故后，劝顺治帝说："这事本不是我该干预的，但以妾愚意测度，诸大臣即使有过错，也都还是为了国事，并非为自身谋利，陛下何不息怒，平心静气地详细考察，以服其心呢？不然，诸大臣都不能心服，又何以服天下之心？"

如果遇到庆典宴会，顺治帝必须大量饮酒时，她就一定会频频告诫随侍太监，要好好服侍皇上安寝，寝室里千万不可太热，防止皇上酒力得不到发散。即使这样，她还是放心不下，深恐太监不足恃，往往半夜三更，又亲自跑到顺治帝的寝所整夜地看护侍候，一定到顺治帝酒劲过去，安眠如常，她才松一口气。

顺治帝批阅奏章常常要批到深夜，她总是陪伴在侧，为顺治帝披衣倒茶、捻灯添香，从无懈怠。有时奏本过多，顺治帝看得不耐烦，草草一翻就搁置一旁。她就会轻声问："这些不是朝廷机务吗？陛下怎么就随意搁置了呢？"顺治帝答道："不用看，都是循旧例的老一套。"她便进一步劝说道："这虽然是奉行成法，安知没有因时期不同需要更张，或有其他缘故应该洞察的内容呢？陛下怎么能忽略呢？祖宗付于陛下的大业至关重要，即使身体劳累，恐怕也不应该草草了事吧？"顺治帝听劝，自然格外勤政。有时干脆命董鄂妃同自己一起批阅文章，她就赶紧起身敬谢，固辞不可，说："妾闻妇无外事，岂敢以女子干国政。惟陛下裁察！"每当顺治帝听日讲官讲课的日子，回宫后，她总要顺治帝为她复述当天学到的经史章句大义。说得流畅完全，她就很高兴；要是有所遗忘，她就有些生气，带着责备的语调说："妾闻圣贤之道备于载籍，陛下读懂学好默记于心，才能于朝廷政治有所裨益，否则，讲书学习还有什么用处呢？"董鄂妃对顺治帝不是一味迎合、奉承，而是尽心尽力辅佐、督促和鼓励，她劝皇帝勤于政事而自己却不干预政事。她不仅是顺治帝的爱侣，还是他的知己，能对他的治国理政加以督促和鼓励，这不是宫中任何别的人能够做得到的。

董鄂妃还具有许多顺治帝非常欣赏的美德。一天，顺治帝连夜审阅一批上报斩首的罪犯案卷，心中不忍，手提朱笔，犹豫难下。董鄂妃见状，起身问道："是什么奏疏，使陛下痛心难决到这种程度？"顺治帝告诉她："是秋决疏。其中十多人，只等朕报可，就置于法了。"董鄂妃说："这些罪犯大多愚昧无知，又不是陛下一一亲审的。妾度陛下之心，即使亲审也还唯恐不得真情，何况刑司审问，岂能全无冤屈？陛下还是应谨慎从事，在其中尽量寻求可矜宥者全其性命，以称上天好生之仁。"顺治帝听从她的意见，一再详览。她还常常对顺治帝说："这样的有关民命的生死大事，与其失入，毋宁失出。"这样的仁爱之心，非常符合顺治帝从儒家学说中学到的仁政王道，是顺治帝十分看重的长处。

董鄂妃生性节俭，衣饰简朴，不尚华彩，即使簪钗耳环也不用金玉，

而以骨、角等物代替。

董鄂妃识大体顾大局，谦逊宽和从不恃宠而骄，也不以皇贵妃身份自矜。她对宫闱眷属，一视同仁，年长者呼之为媪，年少者称之为姊，就是对顺治帝的乳娘保姆也以礼相待，从无怠慢。就连宫女太监因故招致顺治帝发怒时，她也出面为这些奴仆拜求，请顺治帝看在他们往昔勤劳效力之处，原谅他们并息怒宽怀。她非常有才干，后宫的各种事务在她的调理下井井有条，使顺治帝摆脱了内政丛集、关系复杂的缠绕，专意治理朝政，确实是位贤内助。尤其使顺治帝感慨不已的是，董鄂妃从无丝毫嫉妒，其他嫔妃有优长处，她总是最先向顺治帝禀奏称道；而嫔妃们有了过错又替她们遮掩。这使得顺治帝反倒对她一往情深，并把后宫所有事务都委托给她。

但是，皇太后并不喜欢被顺治帝专宠的董鄂妃，董鄂妃是有夫之妇，入宫为妃本就招人非议、失了体统。尤其顺治帝专宠于她，威胁了皇太后的侄孙女即当今皇后的地位，实际上也就是威胁了后宫蒙古博尔济吉特氏的一统天下，皇太后对董鄂妃自然戒心很深。但董鄂妃并没有放弃和退缩，她以婉静谦恭的气质应对宫中各种繁复的礼节，每日晨省昏定，侍奉周到，皇太后想到的事，无论多困难，她都毫不迟疑、费尽心力地办好；皇太后生病时，她从来都寝食俱废、昼夜侍奉，以至于太后竟挑不出她的毛病。

董鄂妃还有一个其他妃嫔不具备的长处，就是她的汉学和书法。这又正是皇太后的擅长和爱好。兴趣相投最容易使人接近，并且互相理解，使人彼此产生好感。以至于后来，皇太后和董鄂妃都跟着顺治帝一起敬佛修禅，她们的共同语言就更多了。就这样，芥蒂渐渐地消除了。

董鄂妃以自己的智慧才能，尤其是以自己的劳瘁，努力去赢得后宫上上下下所有人的心。她不仅对顺治帝本人非常关爱，还给予关怀于他人。顺治十四年（1657 年）十月初七日，董鄂妃顺利生下一子，按照排行，这是顺治帝的第四子，顺治帝高兴极了，然而，小皇子出生仅 104 天，便夭折了，由于太小的缘故，当时还未来得及起名字。顺治帝在悲痛之余，下令追封这个没有名字的孩子为“和硕荣亲王”，其爵位在清宗室十二等级中为首位，并为其在清东陵的黄花山下营建了荣亲王园寝。

董鄂妃身体本来就不大好，属于体弱多病、多愁善感型的人，孩子死去后，对她的打击甚大，精神上的崩溃终于让她那脆弱的身体再也支撑不住了。顺治十七年（1660 年）八月十九日，这个最受顺治帝宠爱的善良女人梦离人间，于东六宫的承乾宫病逝，年仅 22 岁。

董鄂妃的死，对于顺治帝来说，等于天塌了下来，悲痛万分之中，他不仅亲自为其守灵，还以超常的礼仪规格为她办理丧事。他传谕亲王以下、四品官以上，公主王妃以下命妇，均必须于景运门内外哭丧，如果哭嚎但表现出不悲痛者，给予严厉的处罚。董鄂妃死后的第三天，即八月二十一日，顺治帝谕令礼部，破例追封董鄂妃为皇后，令诸大臣议谥号。大臣们开始拟为四字，顺治帝不同意，于是就拟六字、八字，直到最后十字，顺治帝才认可。尽管如此，顺治帝仍以谥号中没有“天圣”二字深为遗憾，为了识别是皇后谥号，又加上了“端敬”二字，于是，董鄂妃的皇后谥号为：孝献庄和至德宣仁温惠端敬皇后。

顺治帝下令朝廷高官为其抬棺椁。八月二十七日，董鄂妃的梓宫从皇宫奉移到景山观德殿暂安，抬棺椁的都是满洲八旗二、三品大臣。这在清代，不仅在皇贵妃丧事中绝无仅有，就是皇帝、皇后丧事中也未见过这类记载。

顺治十七年十月初八日，是清宫中一个不寻常的日子，这一天，在景山观德殿外，建起了规模可观的水陆道场，即将为董鄂妃举行火葬。在这个大道场中，设有忏坛、金刚坛、梵网坛、华严坛、水陆坛，高坛林立，蔚为壮观。白幔、挽幛随风飘逸，笙管笛萧，哀音阵阵，透着哀婉和悲凉。高僧茆溪禅师身披大红袈裟，手持玉如意，主持董鄂妃的葬礼。一百零八名僧人，身披袈裟，手击铙钹，口诵经文。铙钹声、诵经声，萦绕山巅，直上云霄。各级官员人等，穿梭其间，毕恭毕敬，焚楮铂，烧纸钱，各司其职。朝廷大小官员，皆来祭拜，场面极其庄严隆重。茆溪森和尚为董鄂妃火化时，曾作一偈语：“出门须审细，不比在家里。火里翻身转，诸佛不能如。”与董鄂妃尸体同时被烧的，不仅有棺椁和大量的珍宝，还有她生前居住过的承乾宫纸扎样和生前使用的物品和陈设。在收骨灰时，茆溪森和尚竖起如意，又作一偈语：“左金乌，右玉兔，皇后光明深且固，铁眼铜睛不敢窥，百万人夫常守护。”顺治帝又下令将承乾宫内大小太监、宫女等三十余人全部“赐死”，以备皇妃娘娘在阴曹地府役使。这么多人生殉，酿成清宫中罕见的一大惨案。

宠冠后宫的红颜知己魂归西天，给痴情天子顺治帝留下了无穷的哀恋和回忆。为了彰显董鄂氏的贤德、美言、嘉行，顺治帝命大学士金之俊撰写董鄂氏传，又令内阁学士胡兆龙、王熙编写董鄂氏语录。顺治帝亲自动笔，饱含深情地撰写了《孝献皇后行状》，以大量的具体实例，展现了董鄂氏的美言、嘉行、贤德，洋洋达四千言，内容十分丰富。

《行状》的字里行间，充满着对董鄂妃的爱和敬，虽然不能完全排除溢美之嫌，但基本上还是属实的。这样一个懂道理、识大体，处处为爱人着想的贤妃死了，顺治帝怎能不悲痛？后人论及董鄂妃时，多强调她倾国倾城之貌。从《行状》看来，顺治帝更看重的是她的品德。皇家后宫美女如云，而性情相投的知己则可遇不可求。顺治帝与董鄂妃幸运地遇到了对方，然而天妒红颜，董鄂妃青春妙龄不幸逝去，徒留多情的顺治帝苦苦追忆，不胜唏嘘。

董鄂妃在其生前和死后都对顺治帝产生了很大影响，顺治十四年（1657 年），顺治帝因身边太监的鼓动，遂于南海子召见了当时的佛教高僧憨璞聪，听了他的一番关于佛教经义的谈论后，顺治帝很是高兴，从此便对佛教产生了浓厚的兴趣。不久又延纳南方五台山高僧玉林琇、茆溪森、木陈忞等入京师，供奉之于西苑万善殿，对他们崇礼优渥。十六年，顺治帝竟请玉林琇为他起法名，其初不肯，固请之下依之，顺治帝自择“行痴”，号“痴道人”。后来在他的印玺铃章中竟有“尘隐道人”、“痴道人”等法号。顺治帝虔心佛事，每以讲经释教为常事，甚至董鄂氏也在他的影响下由不信佛到笃信于佛，直至“口呼佛号而终”。在顺治帝御制《端敬皇后行状》中也说：“后素不信佛，朕时以内典禅宗谕之，且为解《心经》典义，由是崇敬三宝，专心禅学。”

顺治帝对佛教的信仰之深是历代皇帝所不及的。他总是会冒出想要出家为僧的念头。民间对他与佛家的渊源还有一段美丽的传说。

相传明末有位老僧，在峨眉山高峰结茅庵隐居。老僧终年不下山，不吃饭、不喝水，闭目打坐。有一个小和尚跟着他，不时下山买米做饭自己吃。就这样老僧打坐了十多年，徒弟跟随了十多年。

一天，老僧忽然睁开眼睛，对徒弟说：“我要走了，你好好地待在这儿，不要下山。”徒弟闻此言牵着老僧的衣服大哭，不希望师父离去。老僧劝慰说：“不要悲伤，我们师徒还有见面的一天。”遂从袖中取出一幅画轴，上面画着老僧的形象，肖像上眼睛、耳朵、嘴巴、鼻子都有，就是没有眉毛。老僧要徒弟珍藏师父肖像，说：“我走后，经过十二年，你就下山找我，看见人就拿出画给他看。如果有人帮你为肖像画上眉毛，那人就是我。”交代完，老僧就飘然而去。

不久张献忠流窜入四川，使川民血流成河。老僧的徒弟恪遵师父吩咐，没有下山，所以性命得以保全。十二年的期限到了，徒弟才下山，此时清兵已入关，爱新觉罗·皇太极第九子福临继位，称大清世祖章皇帝，年号顺治。

小和尚辗转云游了十多年，走遍天下寻找师父，却一直没有找到。后来，小和尚讨饭讨到北京，恰逢顺治帝到郊外狩猎。小和尚不知这是皇家队伍，只牢记师父的嘱咐，于是竟上前冒犯御驾，请求顺治帝看画。侍卫大惊，想逮捕小和尚，顺治帝制止了侍卫，要小和尚不妨打开画轴来过目。小和尚打开画卷后，顺治帝一看，诧异地说：“这肖像怎么没画眉毛呢？”命令左右取砚台、毛笔来，顺治帝亲手为肖像添上了眉毛。

小和尚此时早已泪雨滂沱，跪倒在地上大喊：“师父，我可找到你了！”众人面面相觑，顺治帝也吃惊不小。于是小和尚把老僧的嘱咐原原本本说了一遍。顺治帝恍然大悟：原来自己的前世是峨眉山老僧啊！怪不得总有出家的念头冒出来。

由于顺治帝沉迷于佛事，在他最心爱的人病逝这一无情现实的打击下，便产生悲观厌世情绪，企望遁入空门，以求精神上的解脱。他曾命茆溪森为其削发剃度，决心出家，孝庄皇太后百般劝解，命人急召高僧玉林琇抵京。玉林琇一面痛责弟子茆溪森，一面命人取来柴薪，说倘若茆溪森敢引顺治帝为僧，就要将其烧死。无奈，顺治帝才勉强答应蓄发留俗。但却命他的亲信太监吴良辅做替身，入五台山修行。

又有一说是顺治帝本人出家在五台山上，宫中因为不允许帝王出家，所以才假托顺治帝病逝来遮掩。民间更有《顺治皇帝出家偈》来证明顺治帝遁入空门的行为。顺治帝离位后，皇三子玄烨于顺治十八年继承皇位，史称康熙帝。康熙帝六下江南，目地之一就是探访顺治帝踪迹，但未如愿。顺治帝是否出家，已经成为了清朝四大谜团之一，后人不断试图找寻真相，然而真相就如同一叶扁舟，早已淹没在历史的浩茫烟波中。

而正史中则这样记载，董鄂氏的早逝，使顺治帝看破红尘，万念俱灰，认为“财宝妻孥，人生最贪恋摆拨不下底，朕于财宝固然不在意中，即妻孥亦觉风云聚散，没甚关系”。他想为爱妃而死，但在封建社会里，身为帝王，且上有高堂，觅死便为大不孝。既死不成，他又欲遁迹空门，愿青灯古佛，伴其终生，以求精神上的解脱，然而又有皇太后阻拦，也未成行。死也不行，皈依佛门也不行，从此他一蹶不振，终日郁郁寡欢，使本来就十分羸弱的身体更加虚弱。结果，在爱妃董鄂氏死后仅半年就染上天花，不久便死在养心殿，追随他的爱妃而去了。

顺治帝死后火化入葬，康熙二年四月二十二日，将顺治帝宝宫（即骨灰罐）送往遵化孝陵安葬，小皇帝玄烨亦要前往为父送葬，但因路途较远，经太皇太后及诸王大臣劝慰乃止。沿途自然有诸多皇家礼仪活动。至六月初六日始抵孝陵，举行了隆重的葬礼，并与已逝的孝康章皇后（康熙生母）、孝献章皇后（董鄂氏）合葬。地宫中只葬有3个骨灰罐，而无随葬珍宝。顺治帝终于了却了一段尘缘，与所爱的人长相厮守了！

相关链接：

五台山

五台山原先并不叫五台山，而是叫紫府山，也称作五峰山道场。这里曾是道士们修行的地方。到了东汉永平十一年（68年），天竺（今印度）高僧迦叶摩腾、竺法兰从洛阳来到了五台山（当时叫清凉山）。由于山里很早就有阿育王的舍利塔，再加上五台山又是文殊菩萨演教和居住的地方，他二人想在此建寺，但由于当时五台山是道教根据地，他二人颇受排挤，因此奏知汉明帝。汉朝廷为辨别佛教与道教的优劣高下，让僧人与道士表演、说明、验证，因此双方达成协议——约期焚经，以别真伪（相传，焚经地点在今西安焚经台）。焚经的结果，道教经文全部焚毁，佛教经文却完好如初，故他二人获得建寺的权利。台内山多地广，

五台山

河流纵横，何处适合建寺？《清凉山志》载：在大塔左侧，有释迦牟尼佛所遗足迹，其长一尺六寸，广六寸，千幅轮相，十指皆现。相传他二人不仅发现此足迹，而且还发现佛“舍利”，此外，营坊村这座山的山势奇伟，气象非凡，和印度的灵鹫山（释迦牟尼佛修行处）相似。由于这三种原因，二人决定在此建寺。寺院落成后，以其山形命名为灵鹫寺。汉明帝刘庄为了表示信佛，乃加“大孚”（即弘信的意思）两字，因而寺院落成后的全名是大孚灵鹫寺。大孚灵鹫寺是现今显通寺的前身。从此，历经各个朝代的修建、扩建，以台怀镇为中心的寺院最多时曾达到360多座，直到今天还保留着100多座。五台山也以其佛教寺院历史悠久、规模宏大位于全国佛教四大名山之首。

至于五峰山更名为五台山，这里面还有一段鲜为人知的故事。据传说，远古时代的五峰山一带气候异常恶劣，常年酷暑，当地百姓苦不堪言，时逢文殊菩萨在那里讲经说法，见到黎民百姓的疾苦，深表同情，于是发大愿拯救百姓脱离苦海。文殊菩萨装扮成一个化缘的和尚，行程万里到东海龙王那里寻求帮助。他在龙宫门口发现了一块能散发凉风的巨大青石，于是便把它带了回来。当他把那块大青石（东海龙王的歇龙宝石）放置在五峰山一道山谷里时，刹那间，那里一下就变成了草丰水美、清凉无比的天然牧场。此后，那条山谷也被起名叫做清凉谷。人们在山谷里建了一座寺院，将那清凉石圈在院内。为此，五峰山又名清凉山。后来，隋文帝听说此事后，便下诏在五座山峰的台顶各建一座寺院供奉文殊菩萨。即东台顶的聪明文殊，西台顶的狮子吼文殊，南台顶的智慧文殊，北台顶的无垢文殊，中台顶的孺童文殊。在东台顶能看日出，西台顶能赏明月，南台顶能观山花，北台顶能望瑞雪。这就是五台山的由来。

附：

《顺治皇帝出家偈》

天下丛林饭似山，钵盂到处任君餐。黄金白玉非为贵，惟有袈裟披最难！
朕为大地山河主，忧国忧民事转烦，百年三万六千日，不及僧家半日闲。
来时糊涂去时迷，空在人间走一回。未曾生我谁是我？生我之时我是谁？
长大成人方是我，合眼蒙眬又是谁？不如不来亦不去，也无欢喜也无悲。
悲欢离合多劳意，何日清闲谁得知？世间难比出家人，无牵无挂得安闲。
口中吃得清和味，身上常穿百衲衣。五湖四海为上客，逍遥佛殿任君嬉。
莫道僧家容易做，皆因屡世种菩提。虽然不是真罗汉，也搭如来三顶衣。
兔走乌飞东复西，为人切莫用心机，百年世事三更梦，万里江山一局棋！
禹尊九洲汤伐夏，秦吞六国汉登基，古来多少英雄汉，南北山头卧土泥！
黄袍换却紫袈裟，只为当初一念差。我本西方一衲子，缘何落在帝皇家！
十八年来不自由，南征北战几时休？朕今撒手归西去，管你万代与千秋。

不爱江山爱美人

——二十世纪最动人的爱情

人物小档案：

No.1　爱德华八世（1894 年—1972 年），全名爱德华·阿尔伯特·克里斯蒂安·乔治·安德鲁·帕特里克·大卫，英国国王乔治五世之子。自 1936 年 1 月 20 日其父乔治五世驾崩到 1936 年 12 月 11 日退位，为英国和英联邦各自治领国王，共执政 325 天。他是温莎王朝的第二位国王，退位后成为温莎公爵。

No.2　辛普森夫人（1896 年—1986 年），全名华里丝·辛普森，也译作沃丽斯·辛普森，辛普森为前夫的姓。开始是爱德华八世的情妇，后来成为爱德华八世的妻子并获得“温莎公爵夫人”的头衔。

英王乔治五世和玛丽王后共有六个孩子，爱德华是长子，依照王位继承法，他在 1910 年被立为英国王储。第二年，又受封为威尔士亲王。

爱德华八世

爱德华就读于皇家海军学院，第一次世界大战时在掷弹兵卫队服役。这位受人欢迎的亲王，还是一位风度翩翩、富有人情味的绅士。他有一张文弱年轻的面孔，眸子忧郁深邃，高鼻梁，一头金发。这样的外貌，加之富有人情味的绅士风度，尤其是所拥有的皇室无上的尊贵，使他成为了女人心中梦一样的人物。22岁那年，爱德华与一个公爵的女儿——罗丝玛丽一见钟情，但被国王夫妇强行拆散，因为王室根本不能接受自由恋爱。王室为他从欧洲各国王室物色了18位妙龄公主，但都被爱德华拒绝了。爱德华完全按照自己的口味，自由地和一些女人交往着，其中长久保持亲密关系的就有两位。

英国王室一直关注着爱德华的举动。爱德华当然不会不知道，他只能享受五年的不受干扰的热恋，而后，他的爱情将演变成一个可怕的结局。但这个结局早已被老国王乔治五世预见到了。老国王说："我死后，这个孩子不出十二个月就会毁掉自己。"

1931年6月，37岁的爱德华认识了平民出身、两度婚嫁的美国人沃丽斯·辛普森。少女时，沃丽斯就特别喜欢那些有关平民如何引起皇室的注意、获得他们青睐的故事。她的房间里挂了几十张王子照片，和当时成千上万的所有年轻女孩一样，沃丽斯迷恋上了英国皇位继承人——长着一头金发的威尔士亲王爱德华。她剪辑出所有有关王子的报道，时刻关注着王子的一举一动。在经历了10多年的期待后，在她25岁时，沃丽斯终于和英国王子有了生命中的第一次交集。

1920年4月7日，爱德华与表兄路易斯·蒙巴顿在乘名望号巡洋舰去澳大利亚途中来到圣地亚哥。年轻的王子纤瘦矮小、满头金发，显得迷人又随和，很快便征服了整个圣地亚哥。下午2点30分，他与蒙巴顿来到海边，和战场上归来的退伍老兵们握手，然后在礼堂内向大约两万人发表了演说。

当时，沃丽斯的丈夫温菲尔德因酗酒和不检点的行为以及与上司的冲突，没有被邀请出席在新墨西哥号战舰甲板上为欢迎王子举行的盛大午宴，也没有在阿鲁斯图克号和名望号舰艇上接受王子的接见。那天晚上，沃丽斯和温菲尔德一起出席在科罗纳多饭店举行的市长舞会，她的自尊心又一次受到了打击，晚宴的来宾名单中没有她的名字。沃丽斯只是远远地看见身穿皇家海军夏季白色制服的王子与数不清的人握手。虽然沃丽斯见到她少女时代的偶像时很激动，但是这段令人兴奋的经历马上被与温菲尔德之间婚姻的破裂所吞噬。

沃丽斯再婚后成为了辛普森夫人。由于辛普森的社交关系，她终于来到了威尔士亲王爱德华面前。1930 年 10 月，辛普森夫人在参加一次行猎活动时，第一次见到了爱德华，不过没给爱德华留下什么印象。第二次相见已是“遥远”的六个月以后。谁都没想到，第三次相见时，爱德华便开始赞赏这个女人的礼服。爱德华最先退席，却出人意料地等在门外，用车将辛普森夫妇送回家。渐渐，俩人相见的次数增多，间隔缩短，……1932 年，辛普森夫人成了爱德华所住的贝尔凡得宫的常客。第二年，爱德华便令人吃惊地在伦敦最大的饭店为她举行生日晚会，还将一个天鹅绒的小盒子放在了辛普森夫人的手中：那是一个小钻石和翠玉的手镯。

辛普森夫人

对于爱德华和辛普森夫人的一见钟情，民间流传着一个具有传奇色彩的故事：1931 年 6 月，爱德华心血来潮，又玩起搁置已久的老把戏，换上便装，一身普通佣工打扮，登上一列便车，只身出外游玩。火车空空荡荡，偌大一个包厢，除爱德华外，只有一个单身女人。那女人金发蓝眼，皓齿厚唇，体态轻盈，秀色可餐。言谈间风情千种，移步时仪态万方。爱德华偷窥良久，怦然心动，不禁打破在女人面前冷若冰霜的习惯，主动与那独身女子攀谈。二人天南海北地交谈，从伦敦的雾天到大西洋的风，从法国的白兰地到西班牙的古城堡，话越说越多，一发不可收拾。年届 37 岁的爱德华第一次彻底投入到与异性的交谈中，感到十分愉悦和快乐。这个女人就是辛普森夫人沃丽斯。但到这时为止，辛普森夫人仍不知爱德华的真实身份，只是把这位与她主动攀谈的英国男人当做一个普通劳动者。列车邂逅以后，爱德华和沃丽斯一见钟情，成为知交。

一个经历过两次婚姻的女人，她没有通常意义的美貌，而且瘦骨嶙峋。彼时的爱德华从王子时期开始，就被各式绝非等闲之辈的情人包围。他曾和一连串的年长的已婚妇女发生感情，比较著名的包括弗丽达·达利·沃德和西尔玛·佛奈丝侯爵夫人，她们美貌娇媚、个性十足、热情癫狂……除了这些情人，还有一堆身份高贵的公主企盼与爱德华结成连理。

而沃丽斯却打败了她们，以她无可比拟的魅力收服了爱德华漂浮不定的心。沃丽斯具有美国人的独立精神，意志坚强，幽默乐观，见解独特，同时也很有女人味。她不漂亮，但体态轻盈，优雅高贵，有教养。她布置的家舒适得令人叫绝；她张罗的美式晚宴赢得了国王的赞赏；她能让爱德华说出不能对任何人说的心里话。就像懂自己的心思一样，她懂得爱德华心里的每一个想法……爱德华什么样的漂亮女人没见过？脸蛋儿早晚都会衰老的。他接受的是沃丽斯整个的人和她所创立的一整套有情趣的生活方式。

爱德华和沃丽斯频频约会，形影不离，双双出入于上流舞场、下等酒吧。沃丽斯亲昵地称呼爱德华为大卫。她广泛的兴趣使他俩兴味相投；她诙谐的语言和智慧的评论使他刮目相看；她品位不凡的着装让他惊艳不已……她就这样俘虏了英国未来的国王。泰晤士河游艇上、维也纳多瑙河岸、意大利比萨斜塔，到处留下爱德华的开怀笑声和沃丽斯的莺啼软语。二人一时成为新闻焦点和人们街谈巷议的对象。

这时，有人开始猜测沃丽斯被立为英国王妃的可能性，但这一猜测立即被洞悉英国王室继位惯例的人们否定。沃丽斯虽有出众的才华，浑身上下确实透露出雍容华贵之气，但她年长爱德华好几岁，有过婚史，出身于贫贱人家。不仅如此，沃丽斯还是美国公民。一向高傲无比的英国人绝不会接受一个已婚的美国妇女成为自己国家未来的王后，这有损于大英帝国的赫赫威名。1936 年，英王乔治五世驾崩。王储按王位继承法继承王位，成为爱德华八世。即位典礼后，新国王就对沃丽斯说："任何事情都不能改变我对你的感情。"同年5月，沃丽斯开始办理离婚手续。8月，新国王带着心爱的女人去地中海度假，起初一切都非常美好。在南斯拉夫的马夏，当地人穿着五颜六色的民族服装，围着新国王和沃丽斯欢呼。在阿尔巴尼亚小渔港的夜晚，成千上万的农民用火把和歌声欢迎国王。国王开玩笑地说，这全是为了沃丽斯，因为他们知道国王爱上了她……不过很快，快乐退潮，美国各大报连篇累牍地惊爆英国国王恋情，消息像病毒一样反馈到英伦三岛。

爱德华继位后，马上引起许多大臣与人民的不满。这是因为爱德华对政治既无知又轻率。他每星期大部分时间都和沃丽斯在一起，大臣们给他送去的国家文件，他经常不看，或者给沃丽斯看。他对自己的某些职责完全没有兴趣，作为英国国教会领袖，对国教会的运行非常无知，周日从不去教堂，甚至两次问主教谁有权利任命大主教（这是他的权利）。9月23日，爱德华本来应该给一个苏格兰医院剪彩，但是他借口给父亲吊丧（虽然宫廷吊丧已经结束几个月了）而让弟弟艾伯特代替他去。在弟弟代替他履行职责时，他却亲自开车走了100公里，去一个火车站接沃丽斯。

10月27日，沃丽斯办好了离婚，当日爱德华送给她一块当时价值1万英镑（相当于现在的20多万英镑）的绿宝石。12月初，在爱德华和沃丽斯准备结婚时，英国政府却反对他们结婚并同时保留王位。如果爱德华不顾政府意见，政府就必须辞职，会导致一场立宪危机爆发。爱德华的母亲、王后玛丽不得不以这样的言辞劝爱德华放弃沃丽斯："那些在战争中（第一次世界大战）做出伟大牺牲的人们很难想象做为国王的你为什么不能做出一个较小的牺牲。"

国王准备和沃丽斯结婚的消息一经传出，民众一片惊愕。整个帝国的女人都把沃丽斯看成是偷走国王的坏女人。舆论界更是大兴风浪，说沃丽斯心术不正、玩弄阴谋诡计、冷酷无情……沃丽斯家被包围了，陌生人在记录她们的行踪，恐吓信批评信纷纷寄来，有人还准备刺杀她。沃丽斯被迫离开美国前往法国。

只有萧伯纳、丘吉尔、毕维布罗克寥寥几位最智慧、最优秀的人物支持国王。丘吉尔在众议院、毕维布罗克在舆论界根据宪法为国王争辩……丘吉尔说，国王想娶他心爱的女人为妻，有什么不可以呢？这时，有人劝爱德华接受妥协方案，即接受无名义婚姻——可以结婚，但妻子不享受丈夫的地位头衔。爱德华决定后退一步，接受这个妥协方案。1936 年 11 月 16 日，爱德华和首相斯坦利·鲍德温在堡宫见面，表达要和沃丽斯结婚的想法。首相告知爱德华，其想法在精神上是不可被接受的，因为他作为英国国教会的领袖，根据英国国教的教义——离婚和再婚都是不能被接受的，另外，人民也不能接受沃丽斯为王后。为此，爱德华提出了另外一个结婚方案，那就是沃丽斯在婚后不拥有王后头衔，未来他们的孩子也不能继承王位，但这个方案依然被内阁拒绝。

无奈之下，爱德华向母亲玛丽王后和三个弟弟求援。玛丽王后表示不能认同这桩有损王室尊严的婚事，拒不授予沃丽斯“公爵夫人殿下”的头衔。这时，爱德华表示，婚事不成宁可退位。玛丽王后却回答道，“你不当国王，你弟弟会当得很好。”

于是，爱德华通知首相如果他不能迎娶沃丽斯，他将退位，当时首相鲍德温给了爱德华三个选择：

1. 取消结婚的想法；

2. 迎娶沃丽斯，违抗首相的意愿；

3. 退位。

首相鲍德温要求爱德华在 12 月 6 日做出最后选择。沃丽斯在给爱德华的信里鼓励他接受退位，因为“这样我们才不会在全世界人面前丢脸，因为如果你不这样你就会像个负心汉，而我就成了那个‘被抛弃的女人’”。

1936 年 12 月 10 日，不爱江山爱美人的爱德华八世为了迎娶心爱的女人不惜作出退位的牺牲，宣布退位，并且永远放弃子孙后代继承王位的资格。12 月 12 日，爱德华与沃丽斯永久性离开英国，没有皇家允许不能回国。其弟约克公爵继位为王，称号乔治六世。当时，爱德华已经 43 岁了，在辞去王位后，他受封为温莎公爵。不久，爱德华与沃丽斯在法国顺利成婚。二人婚后双宿双飞，恩爱无比。爱德华被任命为英国驻法军事代表团成员，参与军机。法国败亡后，爱德华携带夫人转往西班牙。他俩每日穿梭于纽约、巴黎和棕榈滩的富人圈之间，以争取世人对他们的好感。

爱德华八世退位的举动引起了全世界的轰动，在震惊之余，很多国家开始猜测爱德华八世退位背后的故事。他们认为，爱德华八世退位除了因为沃丽斯外，也许另有隐情。当时的美国政府认为，导致爱德华八世退位的真正原因不是沃丽斯曾离异，而是因为她是纳粹德国的狂热支持者。当时正值二次大战前夕，英国、法国和美国结成了盟国，共同抵御德国法西斯向世界人民发动的挑战。如果英国国王娶了一位支持德国纳粹的女人为妻，那么无论是英国王室还是英国政府，都无法面对盟国及本国国民。于是，王室和政府共同向爱德华八世施加压力，在最关键的时刻，愤怒的鲍德温首相竟以内阁集体辞职要挟。而此时，深陷爱河的爱德华八世已经无法自拔，只好乖乖地摘下自己的王冠。除了美国以外，英国、法国等也针对这一事件进行了深入调查，甚至还派出秘密人员对爱德华夫妇进行监视。

既然统治不了国家，爱德华和沃丽斯就在自己的家里指挥着仆人、司机和厨子。爱德华放弃了天生该做的事业，但是又没什么事情能填补空白。不过他仍然保持着王室成员的尊严，享受着特权，而且他希望自己的夫人也能受此优待。他家的仆人仍然身着宫廷制服，而且不论是在他们精心布置的住宅还是公寓，只要有陈列着王室祖先画像的地方就必然悬挂宫廷画像。

爱德华在一件事情上非常下心力，那就是不遗余力地为夫人争取王室封号。当初，爱德华力排众议和沃丽斯结婚的时候，英国王室坚决不肯接纳这位来自巴尔的摩、两度离婚的女人为王室成员，更不可能授予她“殿下”的封号。这样的怠慢令爱德华十分痛苦，所以只要一有机会，他就想办法对夫人进行补偿。

爱德华和王室家族之间的关系本来就因为退位事件变得岌岌可危，英国王室坚决不肯接纳沃丽斯，而他在为夫人争取封号时决不让步的态度则使紧张的家族关系进一步恶化。爱德华的母亲玛丽王后在写给自己的另一个儿子、爱德华的弟弟乔治六世的信中提到：“你可知道为了这个‘殿下’的称号他让我伤透了心。一旦把封号授予了那个女人，外人恐怕就会认为我们承认了这桩可怕的婚姻，这在任何方面对我们来说都将是致命的打击啊。”

二战期间，英国遭受了纳粹德国猛烈的袭击，白金汉宫也遭到轰炸。即便在这样严峻的形势下，爱德华仍然不忘向王室为夫人讨封号。首相温斯顿·丘吉尔在指挥战争的百忙之中对爱德华进行了一番忠告：“阁下既然已经从世界上最尊贵的王位上退了下来，就应该为了您的权益和尊严多做些事情，而不是为了虚名斤斤计较。”爱德华曾一度被任命为巴哈马总督，于1940年7月远渡重洋赴任。巴哈马一行令爱德华夫妇忙得四脚朝天，所以战后他们觉得应该彻底放松一下。如果天气好的话，爱德华就打几轮高尔夫球，天气不好就打个盹，然后斟酒小酌。不过到了下午4点他就得忙活起来了，不是向下人们转达夫人的指示，就是亲自为夫人跑腿效劳，而这个时候的沃丽斯正在忙碌地准备当天晚上的晚宴或者社交活动。

爱德华似乎心甘情愿地享受这种虚度光阴的生活。一次，他在跟美国外交官的夫人交谈时无意间表露了自己的这种心态：“我今天是怎么过的呢？早上我起得晚了点儿，陪公爵夫人出了趟门，她买了顶帽子，我在旁边欣赏。回家的路上我在博伊斯下车，观看了一会儿美国士兵的橄榄球比赛。后来我想散个步，可是天太冷了……我到家的时候，公爵夫人正在上法语课，所以没人陪我聊天，正好上礼拜我母亲给我寄来几个纸盒子，我就拆开看了看。嗬，里面装的是我小时候学法语时写的作文，那会儿正是一战期间吧……您也知道，我这个人向来不爱阅读。”

1972年，爱德华无疾而终，老死泉林，享年78岁。他的祖国在他死后才再度接纳他，将他安葬在温莎堡的王室墓地。沃丽斯后来以温莎公爵夫人的身份把自己丈夫的遗体送回英国，参加国葬。整个英伦三岛举国上下一片悲声。在那个时候，认同他们爱情的人，已经比几十年前要多许多了。人们把他们看做是为爱情献身的经典。沃丽斯死后与公爵合葬，但这只表明王室有限度的和解，她的墓碑上只刻着“温莎公爵夫人沃丽斯”的字样，还是不称“殿下”。

现在想起来，没有爱德华和沃丽斯的爱情，整个英国的历史也许会被改变，现任的女王也许永远不会出现。为了爱情而抛弃王位的君主，从国家民族的角度来看，是不负责任；从人的角度来看，是把爱情当做自己毕生的信仰，是“人”这个概念的最完美的诠释。

相关链接：

立宪危机

根据《公祷书》和《三十九条信纲》，英国王室遴选后妃的惯例是王后必须为纯正血统的英国人，所以英国首相鲍德温代表政府、王室、议会提出：英国不能接受一个美国人为王后。另外，辛普森夫人出身平民，没有资格充当大不列颠北爱尔兰联合王国的王后；其次，辛普森夫人过去离过婚，现在又是有夫之妇，重婚为法典所不容，即使她能马上离婚，但爱德华八世作为英伦之主，娶一位离婚两次的妇女，也有悖国教中反对离婚的教规。

英国是最早实现资产阶级革命的国家，但却在政治制度上保留了君主制的封建尾巴。对于现代工业化的英国，君主以及王室是英国民族团结的象征，是整个民族的精神领袖。根据教规，英国国王婚后在原配妻子还在世的情况下禁止再婚。再据英国宪法，爱德华八世是王位的合法继承人。他一旦继承王位就成为国教当然的最高领袖。在由大主教主持的皇冠加冕典礼上，国王必须宣誓维护国教教规。因此，爱德华八世要继承王位，就不能再婚或娶辛普森夫人。如果爱德华不顾政府意见，政府必须辞职，这必然会导致一场立宪危机。在爱德华作为国王的数月之中，他的婚姻问题引发了一场危机，他的政府、自治领政府、人民、教会均反对他迎娶辛普森夫人，他如果违背民意引起政府辞职，即违背了作为君主立宪政体下国王保持政治中立的基本宪法方针。所以，他选择了退位，他也成为了英国和英联邦历史上唯一的自动退位的国王。

斯坦利·鲍德温

鲍德温于1923年5月23日出任英国首相。他是一位保守主义者。在1937年退休的时候，他获得了不少的称颂。但第二次世界大战的爆发大大贬抑了他的公众形象。鲍德温、张伯伦、麦克唐纳，常被认为要对英国在 1939 年大战爆发之前，未进行充足的军事准备负责。而鲍德温的辩护者却指出，他一向走温和路线，因此没有全国一致的共识，他不应推行激进的军事重整计划。而事实上，当时不论英国、法国还是美国，高举和平主义的绥靖政策大行其道，所以英国军备之所以未及重整，并非鲍德温一人之过。不过，丘吉尔却认为鲍德温难辞其咎。他坚信鲍德温对纳粹德国采取安抚的态度，促使希特勒认为英国一日不受到攻击，一日也不会战斗。丘吉尔虽然对张伯伦等政治对手都能宽宏大量对待，不过对鲍德温却不留情面。在鲍德温 1947 年 80 大寿的时候，丘吉尔就拒绝寄送贺卡，还刻薄地说："我希望他早日康复，但他没有在世上存在过会更好。"

斯坦利·鲍德温

偷天换日不为财

——皇帝也爱玩偷盗

人物小档案：

No.1　完颜吴乞买（1075年—1135年），汉名为晟，金世祖劾里钵第四子，太祖阿骨打同母弟。初为穆宗（盈歌）养子。1123年即位，在位12年。谥号金太宗。

No.2　爱新觉罗·溥仪（1906年—1967年），乳名“午格”，字耀之，号浩然。其曾祖父为道光帝，祖父为道光帝第七子，父亲为摄政王载沣。年号宣统（1908年12月2日—1912年2月12日，1917年7月1日—12日），是清朝最后一个皇帝。因其为清朝的末代皇帝，所以有人称其为清废帝，或尊称为清逊帝，其在台湾的后人尊其为清恭宗。

No.3　法鲁克一世（1920年—1965年），出生于埃及亚历山大港蒂恩角宫（冬宫），埃及苏丹福阿德一世与王后娜兹莉的长子，在福阿德一世所有儿子中排行第二，全名穆罕默德·法鲁克，第二任埃及和苏丹国王，努比亚、科尔多凡和达尔富尔的统治者（1936 年—1952 年在任）。

在历史上，不少皇帝或者国王都做过与其身份极不相符的惊人举动。皇帝与小偷之间，地位是千差万别的，可就有这么几位九五之尊，偏偏喜欢妙手空空之事，诚然，作为最高统治者他们并不缺钱，做这样的事情是各有各的理由。

金朝开国之初，财力不是很雄厚，金太祖完颜阿骨打对吃穿用度都非常节约，不吃稀有的食物，不喝好酒。他曾与群臣定下誓约：国库中的财物，只有打仗时才能动用。如果有人违反，不论是谁，都要打20大棍。这一铁令一直被很好地遵守着。

完颜阿骨打去世后，他的弟弟完颜吴乞买继位，成为了金太宗。起初，他也遵守哥哥遗留下来的习惯，也是很节约。他住的宫殿装饰得很简陋，平日的衣服也不用华丽的衣料，甚至有的时候还有破损，这种节俭的生活过得久了就有些让人无法忍受了，不过，完颜吴乞买还是坚持了下来，只是有一件事情他实在是坚持不下去。完颜吴乞买虽不贪杯，但是毕竟是游牧民族出身，哪个游牧民族的男子不爱开怀畅饮的，节俭到连一壶好酒都没有，实在是有些让人不痛快，难道连喝点好酒都不可以吗？由于节约，皇宫内是找不到他想要的好酒了，完颜吴乞买身上又没有银子，没办法，只好打打国库的主意。一天夜里，忍无可忍的完颜吴乞买偷偷打开国库大门，随手抓了一把财物，偷偷溜出皇宫，美美地享受了一餐美酒佳肴。当美酒入喉的那一刻，完颜吴乞买似乎将哥哥定下的规定抛到脑后去了。

完颜吴乞买

事后，丞相清点国库时发现少了财物，经询问，发现是皇帝干的。他赶紧告诉了当时的重臣粘罕。粘罕是开国时的功臣，而且铁面无私，他马上在朝上将此事揭发出来。众大臣商议之后，决定遵照先帝留下的规矩，处罚这个奢侈浪费的君主。他们半威胁地把完颜吴乞买请下宝座，由大臣们亲自动手，打了20棍子。打完后，又把他搀回宝座，然后，以粘罕为首的全体大臣一齐跪下请罪。事已到此，完颜吴乞买也无可奈何，只好忍着疼痛将侍从端来的压惊酒喝完，然后恕众臣无罪。从这以后，完颜吴乞买再也没奢侈浪费过，直到他驾崩。

完颜吴乞买是因为无法忍受口腹之欲，只偷得一小部分财物挥霍。相比下来，清代的末代皇帝溥仪所盗之物数量则多得让人难以想象，其价值也是贵重到难以衡量的地步。

清逊帝溥仪4岁即皇帝位，在位仅3年，宣统王朝便土崩瓦解。但溥仪却在此后一直生活在紫禁城北部的小朝廷中，宣统年号也一直在这里使用，因此，从1909年至1924年11月溥仪出宫，在这15年的宣统时期，溥仪从一个孩童成长为一个青年，同时，溥仪将大量宫廷字画、书籍、珍宝以各种方式夹带出宫。

溥仪

溥仪同中国任何一位封建皇帝都不同，他少年时期接受英国老师庄士敦的教育，从小受到西方文化思想的影响，因此他一直有出国留洋的梦想。为了离开皇宫后能有充足的经费实现自己的愿望，他想到了皇宫中收藏的大量珍宝、字画。但为了稳妥起见，他主要把这些珍宝、字画赏赐给皇亲，溥仪曾以“赐赏”的名义赏赐两位伴读，即自己的两个弟弟溥杰、溥佳大量的字画书籍。

溥仪主动赏赐溥杰、溥佳珍宝古物，实际上是一起有预谋、有计划的盗窃活动。生活在紫禁城小朝廷的溥仪很清楚地知道，他已经不是这里的主人，过不了多久就会被赶出这座皇宫，一旦离开这里，一切的费用怎么办？这样，宫中珍宝古物便成为他盗卖的目标。他盗运珍宝古物出宫的活动是从1922年开始的，挑的是宫中最为昂贵珍稀的古版书和历朝名人字画，古版书以宋版为主，名人字画主要是好携带的手卷。这批盗运出宫的书籍、字画，颇费了溥仪的一番心血，也历尽了周折。

当时宫内各处所存的古物都由专人保管看护，有账册登录在案。如果溥仪要赏赐某人某宫物品，需要在某宫账册上登录，载明物件名称、赏赐时间和赏给何人，还要到内务府司房登记，开具条子才能出宫。溥仪便想了一个自以为巧妙的办法，将古物分批赐赏溥杰、溥佳，利用溥佳和溥杰每天下学出宫的机会，一批一批地带出宫去。

在此之前，溥仪、溥杰、溥佳等在一起多次商讨，认为宫里不能居住时，唯一安全的地方就是天津租界。在 1922 年前后，北京正受战火威胁，溥佳的父亲恭亲王载涛就在天津英租界 13 号路购买了一幢楼房，以备溥仪不时之需。他们当时打算要筹集重建朝廷的经费，那些分批带出的珍宝便先放置在英租界溥仪的住房内。

溥杰比溥仪小一岁，社会知识比溥仪丰富，最重要的是，他能在外面活动，只要借口进宫，就可以骗过家里。溥杰每天放学回家，必带走一个大包袱。这样的盗运活动，几乎一天不断地干了半年多的时间。运出的字画、古籍，都是出类拔萃、精中取精的珍品。因为，那时正值内务府大臣和师傅们清点字画，溥仪就从他们选出的最上品中挑最好的拿。他们运出宫的珍宝古物中大约有 1000 多件手卷字画，200 多种挂轴和册页，200 种上下的宋版书。

溥仪他们满以为这样很严密，一定无人能知。可是，日子一长，数量又多，于是引起了人们的注意。不久，就有太监和宫伴（宫内当差的，每天上学时给溥杰和溥佳拿书包）询问溥佳："这些东西都是赏您的吗？"溥佳含混地对他们说："有的是赏我的，也有修理之后还送回宫里来的。"

这批古物珍宝运往天津时，又费了一番周折。那些书籍字画共装了七八十口大木箱，体积既大，数目又多。在出入火车站时，不但要上税，最害怕的是还要受检查。恰巧当时的全国税务督办孙宝琦是载抡（庆亲王载振胞弟）的岳父。由溥佳出面找了载抡，说是醇王府和溥佳家的东西要运往天津，请他转托孙宝琦办一张免检、免税的护照。载抡果然很顺利地把护照办妥，于是，就由溥佳把这批古物珍宝护送到了天津，全部存在天津英租界 13 号路的 166 号楼内。

清室善后委员会成立后，在点查毓庆宫时才发现了"赏溥杰单"，

这批流失的书画古籍才公之于世。清室善后委员会称这批东西“皆属琳琅秘籍，缥缃精品，天禄书目所载，宝籍三编所收，择其精华，大都移运宫外”。这批珍贵的书画古籍运到天津后，被陆续变卖了几十件——购买的人以超乎想象的低价购得如此珍贵的宫藏稀世奇珍，真是喜出望外。伪满洲国成立后，日本关东军参谋吉冈安直又把这批珍品全部运往长春的伪满皇宫。

伪满皇宫也是仿照中国历代宫廷的样式，建造得像模像样，坐北朝南的宫殿，呈庭院式结构。皇宫向南，有两座大门，但正殿同德殿前的大门一直关闭着，只开西边的大门，然后再从西面的兴运门入院，门左侧便是宫内府，尚书府也在这里。中和门是伪满皇宫的内外分界点，以北为办公区，称为外廷；以南是溥仪的生活区，称为内廷。勤民楼在外廷，缉熙楼在内廷，后盖的同德殿在外廷，这些都是极重要的宫殿建筑——勤民楼是溥仪办公和接见客人的地方，同德殿是溥仪生活、学习和会见客人的场所，伪满的藏书楼就坐落在这里。

溥仪对于学习一直不很用心，但他对古版书籍和文物珍宝却有偏好，甚至有时很入迷。伪满初年，在皇宫西花园内专用三间大瓦房装贮珍贵的古物和书籍，满满当当的，人在屋内很难转身。同德殿修成后，在后院增建了两层水泥楼，专贮书籍珍宝，并将存放在天津的所有书籍、古物统统运到这里，称之为藏书楼。

据溥仪的远房侄子、曾在宫内府学习并陪伴溥仪的毓嵣回忆，从故宫内带到天津再转运到伪满皇宫藏书楼的许多古书，溥仪很少有时间来此阅读。伪满垮台、日本溃败后，溥仪一行逃往大栗子沟时，匆忙中也没有携带这些古书，损失了不少。国民党占领长春时，张嘉璈任东北行营经委会主任委员，曾接收伪满皇宫宋版书 13 箱，后转交国立长春大学图书馆保存，到 1949 年以后由东北大学接管，现存于东北师范大学图书馆，是馆中最珍贵的善本。

溥仪闲来无事时，喜欢看藏书楼收贮的字画手卷或珍宝古玩。他携带出宫的手卷古玩太多了，如晋王羲之的《曹娥碑》拓片，是历代宫廷奇珍，上有乾隆皇帝的印玺；王献之的《二谢帖》系墨迹本，是罕见的珍迹；张瑀的《文姬归汉图》，乾隆曾认定为神品，上面钤盖有许多收藏章、鉴赏章；苏东坡的《洞庭春色赋》、《中山松醪赋》手卷真迹，称为二赋，是世间仅存的稀世之珍，仅上面钤盖的收藏印章就多达66个，还有元、明、清历代名人的题跋，乾隆皇帝曾先后题跋三次，墨迹淋漓。还有马远、夏珪、马麟等人的《长江万里图》，张择端的《清明上河图》，宋徽宗的花鸟画，以及钟繇、僧怀素等人的手迹。这些作品，经历代皇帝、名人鉴定后钤盖印章收藏，上有乾隆的“古稀天子”和“天禄琳琅”印，系清宫所藏真品。

这批古物、古书在溥仪处有目录，由严桐江掌管，溥仪指定要看什么，看管人员立即去取，看完后归还原处。逃跑前，古书太多无法携带，就挑选了手卷中最珍贵的精品装成 57 箱，都是现钉的白木板箱子，每箱长 1 米有余，高 50 厘米，宽 40 厘米，全部运往大栗子沟，寄放于该处矿山株式会社、矿长住宅西头的两间房内；溥仪还随身携带了一些珍宝，放在电影放映机的皮匣子里，这些珍宝包括乾隆皇帝的田黄石印以及钻石、珍珠、宝石和黄金、白银制品。可惜的是，这批古书、古物在日本投降后，就没有了下落。

作为末代皇帝，偷自己宫内的珍宝，究竟是为了钱，为了生活，还是为了自己一直做皇帝的梦想，我们不得而知。如果说溥仪的偷盗还是有原因的话，那么，同为末代皇帝的埃及国王法鲁克一世的盗窃，则纯粹属于他对盗窃本身的偏爱。

在埃及历史上，法鲁克王朝是一个腐败无能的王朝。法鲁克国王本人虽然写得一手好字，也重视教育，但治国无道，连当时的大臣都私下里说他昏庸。1952 年 7 月 26 日，法鲁克在亚历山大的“冬宫”被包围，不得不签字退位，象征性地将王位让给 6 个月大的儿子艾哈迈德，结束了自己 16 年的末代帝王生涯。法鲁克自知前途无望，当晚，他偷偷地将 38 箱金银财宝装上快艇，带上子女趁着夜色逃往希腊，然后又到了意大利罗马等地。

法鲁克一世

法鲁克好色，喜欢美女，他当政期间，埃及经常流传着他又要结婚的消息。他刚流亡罗马时，看到大街上的金发美女，竟然如入无人之境一般走上前去求婚，连自己是落难国王的身份都忘记了。

法鲁克毕竟是一个大国的国王，在物质上，应该是什么都不缺了，可他就是有一种癖好，喜欢偷别人身上的东西。法鲁克对一些闪闪发亮的东西尤为感兴趣，总想挖空心思地得到它们，也不管这些东西对他是否有用。法鲁克对大臣的东西感到莫名的兴奋，但他并不是向他们索要，而是靠偷，他觉得这样得到的东西更加有意义和珍贵。要想偷到自己喜欢的东西，就必须掌握一套高超的扒窃技巧。于是，法鲁克从监狱里找来一位行窃多年、经验丰富的老扒手，让他教自己偷东西。在这方面，法鲁克国王的悟性相当高，不久，就青出于蓝而胜于蓝了。

法鲁克国王学艺成功之后，每当王宫举行酒会或舞会时，他都会穿行于贵宾和他们的夫人之间，看准目标，下手行窃。甚至在外交场合，他对外国使节也如法炮制。每次在王宫举行的酒会上，法鲁克都笑意盈盈地穿梭在人们中间，显得若无其事的样子，凑上去跟别人谈话，然后神不知鬼不觉地把别人的东西偷到手。等到偷得差不多了，他就会躲到另外的一间房间里，把藏在腰间和口袋中的“战利品”掏出细细观赏，这些“战利品”有钱包、皮夹、打火机、手表和钥匙链等，甚至妇女的化妆盒和口红他都不“嫌弃”。

有一次，法鲁克看中了英国首相丘吉尔的怀表，这块怀表是丘吉尔的心爱之物，放在丘吉尔的背心口袋里，以防丢失，要想偷出来是相当不容易的。法鲁克费尽心机，终于将怀表弄到了手。丘吉尔丢失了怀表，大发雷霆。当他得知是法鲁克将它偷去时，就命令手下人想尽一切办法也要把它弄回来。开始，法鲁克还不情愿交出，因为到他嘴里的肉还从没有吐出来过。后来，由于英国政府提出抗议，他才不得不交出了怀表。

法鲁克偷东西纯粹是为了寻开心，而不是要对它们加以利用。他偷来的许多东西，对他来说可谓毫无用处，到手后就被丢进了仓库。由于他偷来的赃物越积越多，以至于只好在王宫里专辟出一间仓库来放这些东西。这其中竟包括伊朗国王的送葬队伍在1944年经过埃及时，他从国王尸体上偷来的宝剑、宝带和勋章。

偷东西也许是法鲁克对自己戏剧化命运的一种抗议，昔日一呼百应，如今却流亡他国，法鲁克一时之间难以适应这种巨大的反差。流亡的前几年，他定居在罗马郊外的一处别墅。当时，人们看到最多的就是他每天待在房间里，将郁闷转化为食量，对着墙壁吃东西，一声不吭。这使本来就身材矮胖、膀大腰圆的法鲁克在流亡的第一年，体重就增至300磅。当时他只有33岁，可看起来却比实际年龄要老得多。到了40岁时，法鲁克又胖了一圈，更不爱动了。他整天把自己关在一间黑暗的房间里，边看电视，边一块接一块地吃巧克力。

1965年3月17日，45岁的法鲁克在罗马去世，死因迄今不明，有说是被暗杀的，有说是病死的，也有说他是因吃得太多被撑死的。死前那顿饭，他吃了12只大龙虾、10颗牡蛎、8条鱼、5碗炒米饭，此外还有数不清的奶酪、果酱、大饼、豆类、蔬菜和水果。据说，吃完这些后，法鲁克便倒在沙发上，呼吸急促，当人们发觉不对劲时，他已一命呜呼。

相关链接：

《清明上河图》

中国十大传世名画之一的《清明上河图》为北宋风俗画作品，宽24.8厘米，长528.7厘米，绢本设色。该画卷是北宋画家张择端存世的唯一一幅精品，属国宝级文物，现存于北京故宫博物院。作品以长卷形式，采用散点透视的构图法，生动地记录了中国十二世纪城市生活的面

《清明上河图》片段

貌，这在中国乃至世界绘画史上都是独一无二的。总计在5米多长的画卷里，共绘了550多个各色人物，牛、马、骡、驴等牲畜五六十匹，车、轿20多辆，大小船只20多艘。房屋、桥梁、城楼等也各有特色，体现了宋代建筑的特征。具有很高的历史价值和艺术水平。

《清明上河图》共有四个版本，除张择端的原版外，还有仇英仿本（明代著名画家仇英的《清明上河图》）、清院本《清明上河图》（由清宫画院的五位画家陈枚、孙祜、金昆、戴洪、程志道在乾隆元年合作画成）、罗东平补全本（由辽宁省公安厅政治部专职画家罗东平完成）。

《清明上河图》陪伴着清废帝溥仪在天津张园度过了七年多的时光。1932年3月8日，溥仪在侵华日军的操纵下，带着他的家眷和大量珍宝、字画，从天津迁往长春，就任伪满洲国皇帝。《清明上河图》和大量的珍宝、字画，一直封存在长春伪皇宫后面的书画楼里，只有溥仪和少数贴身随从知道书画楼里面封存的秘密。当溥仪从大量的珍宝、字画当中精选了一些珍品逃往通化时，剩下的珍宝、字画被一些侍卫哄抢……

1950年冬天，东北局文化部开始着手整理解放战争后留下的文化遗产，遗失多年的稀世国宝《清明上河图》终于再一次入藏北京故宫博物院。

溥杰

溥杰（1907年—1994年），生于北京清皇室醇亲王府，爱新觉罗氏。其父醇亲王载沣是光绪帝载湉之五弟，为清末监国摄政王。末代皇帝溥仪为其胞兄。

溥杰于1960年11月获释后，受到中央政府亲切关怀。1961年1月30日，周恩来总理接见了溥仪、溥杰及其亲属，鼓励他们为祖国做出贡献。溥杰十分感激，在诗中写道：“今朝灿灿红旗下，新旧河山迥不同”，真诚表示“矢当珍此桑榆景，尽我余龄觅寸阴”。此后，溥杰热心社会公益活动，将多年的积蓄捐献给第十一届亚运会组委会，受到社会称赞。他还担任了第八届全国人民代表大会常务委员会委员，全国人大民族事务委员会副主任委员，全国政协文史资料委员会专员。

溥杰自幼精习书法、诗词，具有坚实雄厚的诗、书功力，是海内外知名的书法家。他的书法作品为海内外所珍藏。他将自己的书法经验总结为："腕头力气刚浑劲，纸上临摹守碎离。心正自然丰笔韵，形拘自得趋丰姿。"在书界可谓自成一家。他的诗词也很有特点。著有《溥杰诗词选》传世。

丘吉尔

温斯顿·伦纳德·斯宾塞·丘吉尔爵士（1874年—1965年），英国政治家、画家、演说家、作家以及记者。1953年诺贝尔文学奖得主（获奖作品《不需要战争》）。

丘吉尔出生于英国的一个贵族家庭，1900年10月，代表英国保守党参选的丘吉尔顺利当选议员，从此开始了长达61年的政治生涯。曾于1940—1945年及1951—1955年期间两度任英国首相，被认为是20世纪最重要的政治领袖之一。

在第二次世界大战期间，丘吉尔带领英国人民取得反法西斯战争的伟大胜利，是与斯大林、罗斯福并立的"三巨头"之一。据传丘吉尔为历史上掌握英语单词词汇量最多的人之一（12万多）。被美国杂志《展示》列为近百年来世界最有说服力的八大演说家之一。2002年，BBC举行了一个名为"最伟大的100名英国人"的调查，结果丘吉尔获选为有史以来最伟大的英国人。

宫廷传奇

历史就是这么不堪

——中外宫廷奇闻录

GONG TING *CHUAN QI*

宁肯牡丹花下死

——成帝醉死温柔乡

人物小档案：

No..1　刘骜（公元前51年—公元前7年），西汉第12位皇帝，汉元帝嫡长子，母为皇后王政君。在位26年（公元前33年—公元前7年），终年46岁，死后谥号孝成皇帝，葬于延陵，庙号统宗。

No..2. 赵飞燕、赵合德（？—公元前1年），赵飞燕原名赵宜主，出身卑微，赵合德是赵飞燕的孪生妹妹，她们的母亲是姑苏郡主，她们系母亲与赵府舍人冯万金暗中私通而生。赵飞燕为汉成帝刘骜的第二任皇后，舞技绝妙，她与被封为昭仪的妹妹赵合德，受汉成帝专宠近十年，贵倾后宫。

如今有一句形容美人的话叫“燕瘦环肥”，燕瘦指的就是赵飞燕。赵飞燕和她的孪生妹妹赵合德生在江南水乡姑苏。赵飞燕原名宜主，只因窈窕秀美，凭栏临风，有翩然欲飞之概，邻里多以“飞燕”誉之。久

赵飞燕

而久之，人们渐渐忘记了她的本名，而把她叫做赵飞燕。妹妹赵合德与她风姿迥异，生得体态丰腴，玉肌滑肤，美艳妩媚与赵飞燕不相上下。追根究底，赵氏姐妹在血缘上与皇家刘氏多少还有点儿关系。她们的母亲是江都王的女儿，嫁给中尉赵曼，暗中与舍人冯万金私通而生下二女，后将她们丢在郊外，居然三天不死，以为命大福大，才又抱回抚养。由于赵曼死得早，赵氏姐妹早年也备尝艰辛，母女三人从姑苏一直流落到京师长安，住在城郊的陋室之中，靠替人做女红为生。赵母在贫病交加中撒手人寰后，赵氏姐妹便倚托在同里的赵翁家中，成为赵翁的义女，过着寄人篱下的生活。

汉代自高祖开国以后，历经惠、文、景、武四帝，文治武功，卓有绩效，但从昭、宣开始，霍光秉政，到元帝时，外戚王氏开始独揽朝纲，汉成帝刘骜 19 岁继位，大权旁落，落得个清闲自在，在深宫内院里日夜沉浸于醇酒美人之中。而长安市上各处的侯王爵府中，也都弦歌不辍，通宵达旦。即便是市井小民，也习惯于奢华浪漫的生活，帝京到处是斗鸡走马、选色征歌的景象。

赵翁当时年近花甲，膝下犹虚。如今平白捡到一对豆蔻年华的少女，乐不可支。他就像个青楼里的鸨母似的，知道以赵氏姐妹美艳的姿貌，再稍稍加以琢磨、培植，不愁没有脱颖而出的机会。于是在她们身上不惜工本，加意教养，赵氏姐妹聪颖慧黠，居然也像模像样地学会了不少大家闺秀的风范。不久，赵氏姐妹便被有钱有势的富平侯张放罗致府中，充任歌舞姬，开始卖笑生涯。汉成帝与张放年纪相若，情趣相投，原本就是极为要好的朋友。虽然在公开场合要顾到君臣之礼，然而在寻欢作乐时，却放浪形骸，彼此了无拘泥。张放时常应召陪汉成帝在宫中宴乐，

汉成帝

自然也不时怂恿汉成帝微服出游，以领略宫廷之外的长安风月。汉成帝终于按捺不住，在一个春寒料峭的夜晚，轻车简从驾临富平侯府。

张放尽出府中歌女舞姬轮番上阵，轻歌妙舞，使得汉成帝眼花缭乱，目醉神迷，不禁慨然叹道："谁料侯府风月更甚皇家！"单凭场面富平侯府自然难与皇家媲美，但在风情尺度上，就远远地超过了皇宫拘谨的模式。也许是有一种新鲜的感觉，也许是歌女舞姬临席侑酒而不拘形迹，总之，汉成帝有些飘飘然。等到赵飞燕出场时，歌声娇脆，舞姿轻盈，若空谷莺鸣，似仙子凌波；再看她纤眉如画，秀发如云，尤其是一对流星般的眸子，含情脉脉地回身一瞥，闪烁出无限诱人的风情与醉人的魅力，顿使汉成帝如痴如呆。但汉成帝毕竟是大汉皇帝，岂可为一个平民女子而失态，他立即端正身板，漫不经心地询问赵飞燕的背景情况。富平侯张放自然是心知肚明，过了几天便依照当时的宫廷礼法，把赵飞燕送进宫去，让其暂时以待诏宫女的身份侍候许皇后起居，以便使汉成帝有更多的机会接近她。

汉成帝当然了解张放的苦心安排，于是不管有事没事，三天两头地前往许皇后宫中溜达，频频注视立在皇后身后的赵飞燕。久之，皇后看出了丈夫的心意，不得不故示贤淑与大方，叫赵飞燕入侍皇帝。芙蓉帐里，帝泽如春。翡翠衾中，妾情似水。汉成帝如获至宝，喜极而狂，彻夜颠鸾倒凤，不觉东方既白，立马封赵飞燕为婕妤。赵飞燕能歌善舞，通音律，晓诗书，妖娆媚艳，是一个天生的人间尤物。初时封为婕妤，后宫议论纷纷，都认为只不过是个惯于蛊惑的货色，难登大雅之堂。

赵飞燕谨言慎行，对皇后很恭谨地执婢子礼，从而消除了皇后的戒心，待之如姐妹；又刻意低声下气地与宫中粉黛结好，也逐渐松弛了后宫佳丽对她的敌意。既蒙皇上宠幸，还得委曲求全，赵飞燕的心中自然不是滋味。为了打破形单势孤的局面，于是在汉成帝枕边进言，终于在她进宫半年之后，赵合德也被引进宫来，受到汉成帝的宠幸，并也被封为婕妤。赵氏姐妹轮流承欢侍宴，不但后宫莺莺燕燕被汉成帝抛诸九霄云外，就连原先宠爱有加的许皇后与班婕妤，也被汉成帝冷落一旁。于是两人为了利害而结合在一起，与赵氏姐妹展开一场白热化的争宠斗争。

几番交手之后，赵氏姐妹已稳操胜券，许皇后被收回后印，废处昭台宫，班婕妤也匿居长信宫中侍奉皇太后去了。情敌既去，赵氏姐妹志得意满，除了竭尽所能，使出浑身解数讨好皇帝之外，再就是一步一步有计划地进行夺权固位。迨至永始元年（公元前16年），赵飞燕在入宫两年之后，被册立为皇后；赵合德也被封为昭仪，两人并得宠幸，权倾后宫。赵氏姐妹这种地位的得来是非常艰难的，因为总揽了朝纲的王太后以赵飞燕出身微贱，对立后之议曾加阻挠。汉成帝排万难而前进，为了搪塞母后，也为了防杜天下悠悠之口，乃封收养赵氏姐妹的赵翁为成阳侯。虽然如此，朝堂上仍然啧有烦言。

赵飞燕册封为皇后以后，移居建筑豪华的东宫，汉成帝特地赐给她一把古琴。每当月白风清之夜，赵飞燕抚琴而歌，宫苑一片宁谧，只有皇后的琴韵歌声回荡在花丛林梢。汉成帝每每为之尘虑顿消，心想：两人倘若置身水上舟中，自当别有一番风味。即想即说即做，汉成帝立刻命人在太液池中起瀛洲台，做千人舟。台竣舟成之时，恰好是金风涤暑、玉露生凉的季节。汉成帝与赵飞燕双双登上瀛洲台，遥见帝京繁华，俯视宫苑景物，笑傲云霓，兴寄烟霞，心中为之大乐。从台上下来泛舟太液池中，相对饮酒谈心，酒兴来时，赵飞燕颤巍巍地站起身来，高歌《归风送远》之曲，汉成帝以玉管击节，侍郎冯无方吹笙相和。舟在湖中，忽然一阵风来，赵飞燕衣袂随风飘舞，大有御风而去之势。汉成帝一时情急，连忙命冯无方拉住皇后裙角，只听得“吱啦”一声，薄如蝉翼的裙幅已被扯下一片。赵飞燕趁势跌入汉成帝怀中撒娇：“要不是你命人拉住我，我岂不成了仙女了嘛！”自此以后，宫中佳丽都将裙后留一缺口以为时髦，名为“留仙裙”，走动起来，一双玉腿隐约可见。人们都以为是赵飞燕为了吸引皇帝视线的巧妙构思，又哪里知道是无意之间被扯破的呢？直至今日妇女的裙后开叉，仍然是汉宫服饰流传下来的规格与习惯！

赵合德虽然没有姐姐的蛊惑手段，但是她丰满的身躯，状若含苞待放的蓓蕾，酷似粉妆玉琢，恰好形成了对汉成帝的另外一种诱惑。这种诱惑潜藏在汉成帝的内心里，每当他与赵飞燕缠绵得昏天黑地时，就会情不自禁地想到赵合德。还是在赵合德与汉成帝度过第一个不眠之夜后，汉成帝就在欢畅无比、欲仙欲死中，把赵合德叫做“温柔乡”。说：“我当终老是乡，不愿效武帝之求白云乡了。”这话有如谶语，后来果然得到印证。

赵合德

比较起来，赵合德的寝宫无论是气派、格局与设备，都无法与东宫相提并论，甚至还有一些陈旧与寒碜的感觉。于是汉成帝下旨要为赵昭仪建一座美轮美奂的宫殿。据说赵合德一身肌肤如塞上酥，必然经常沐浴，才能保持通体舒泰。自从汉成帝一次无意间从门窗隙缝中窥见了赵合德洗澡后，便将偷窥她沐浴当做一种新鲜的刺激。所以这次为赵合德修宫殿，汉成帝特地关照用蓝田玉镶嵌了一个大浴缸。另外再用白玉、黄金配以翠玉、明珠做成一张特大的合欢床，悬挂着粉红纱帐，帐顶装饰万年之蛤所产的夜明珠，发出璀璨的光辉，照耀得长夜如昼。赵合德知道了自己入浴的过程，竟能如此地使皇帝神魂颠倒，于是便将计就计地不予揭穿。更运用欲擒故纵的手法，尽量铺排无限的媟艳风光，甚至连浴罢的情态，也加以刻意的美化，以捕捉汉成帝的注意力。赵合德入浴时的美态，紧紧地扣紧了汉成帝的心弦。赵飞燕听到了风声，也如法炮制地想要吸引她的皇帝丈夫。然则“西施捧心”愈显其楚楚可人的美态，“东施效颦”则丑态毕露，不堪入目。须知赵飞燕体态轻盈，适合翩翩起舞而有飘飘欲仙之感；而赵合德体腴饱满，最宜斜歌横陈。姐妹各有所长，岂可反其道而行之。果然，据史料记载，赵飞燕入浴的场面确实使得汉成帝倒尽了胃口！

不知道从什么时候开始，汉成帝的情感快速地从赵飞燕怀中撤出，转移到了赵合德的身上。从此宫槐秋落，孤雁哀鸣，青灯映壁，衾寒枕冷，赵飞燕冷冷清清地饱尝孤独寂寞的苦涩滋味。她不甘心芳华虚度，更不愿就此结束她绚烂的生活方式，于是开始诱使心腹太监，把一些年轻力壮的美男子暗地里引进宫来。初时还躲躲闪闪，一方面为了享受青春，另一方面也期望借以生育一男半女，日后承继皇家香烟，好永葆富贵尊荣。时间一长，就肆无忌惮、无所顾忌了，竟明目张胆地与其所欢饮酒作乐，甚至白昼宣淫。赵合德曾经声泪俱下地劝告姐姐，无奈赵飞燕已经走火入魔，那里听得进去，仍然日复一日地胡闹下去。“纸是包不住火的，再厚的墙也会透风。”俗谚说得一点不错，终于有一天，赵飞燕胡闹闹出乱子来了。

那天，汉成帝前往中宫王太后处请安，并陪侍母后午膳，饭后有些疲累，就近想到东宫歇息片刻。午后人寂，宫女们正在廊下打盹。皇帝驾临，赵飞燕仓皇出迎，但见云鬓偏坠，发丝散乱，衣衫不整，满脸春情。汉成帝以为她是午睡方浓而被惊醒，并未十分在意，突然寝宫内有一声郁闷的男子咳嗽声传出，刹那间，汉成帝便明白了一切，拂袖而起，一声不响地愤然离去。虽然朝廷大权都在舅舅手中，然而处理后妃间的事情，汉成帝仍然具有无上的权威。此刻绿云压顶，是可忍孰不可忍；何况贵为天子，如不能制止自己的妻子红杏出墙，还有什么面目治理万民。汉成帝一言不发，满脸严肃地来到昭阳宫。聪明伶俐、心细如发的赵合德立刻明白是怎么一回事了，急忙跪在地下自责道：“臣妾孤寒，无强近之爱，一旦得备后庭驱使之列，不意独承幸御，立于众人之上，恃宠邀爱，众谤来集，加以不识忌讳，冒触威怒，臣妾愿赐速死，以宽圣怀。”说罢泪流满面，叩头不已。面对这个梨花带雨的美人儿，汉成帝心中的怒火已被她的汪汪泪水浇灭了一半。然而仍然愤愤不平地说：不管你的事，只是你姐姐闹得太不像话，我一定要杀了她，方泄我心头之恨。一听到“杀”字出口，赵合德心中一惊，但是很快地冷静下来，故作镇静地缓缓疏解。首先说明她们姐妹的情感深厚，姐姐若死，妹妹义不独生。再说明自己得以忝列后宫，侍奉皇上，完全是靠姐姐的引荐。最后说到为了皇家的威严与声誉，岂可大肆张扬。姐姐固然是罪有应得，如果累及皇上的圣德就太不划算了。汉成帝认为赵合德言之成理，于是答应对赵飞燕的事不再追究，但却派人夜搜东宫，捉住了几名美俊壮硕的男子，神不知鬼不觉地斩首了事。

汉成帝从此恨透了赵飞燕，不再踏进东宫一步。但是天下美俊壮硕的男子多的是，杀了一批，不久赵飞燕便又找来一批，依然白昼行事，淫声浪语溢于户外。对此，宫廷之中，尽人皆知；朝堂之上，也窃窃私议，只有汉成帝被蒙在鼓里。光禄大夫刘向看到赵皇后如此秽乱，实在忍无可忍，但又不便明白指出，只好费了许多工夫，引经据典，搜罗昔时贤后贞妇，兴国保家之事，写成了一册《列女传》，呈献汉成帝作为讽劝，力斥孽嬖为乱亡之征兆，以盼望朝廷有所警悟。汉成帝嗟叹至三，频频予以嘉勉，但就是不讲实质性的话，也未因此做出实际的行动，但是刘向的《列女传》却因而流传下来。

赵飞燕正处在生理的旺盛期，纵欲已到了疯狂与变态的程度。汉成帝已将她置诸脑后，然而赵合德却放心不下，整日胆战心惊。为了挽救姐姐，她声泪俱下地进行了一次恳谈。她忆及幼时的家贫，三餐不继，如何与邻家少女一起做草鞋，如何把草鞋卖掉换回大米，如何路遇大风雨，如何无柴可烧，在饥寒交迫下，夜长不能寐，相拥而泣。谈到今天的富贵，是别人可望而不可即的，现在你竟自毁如此，倘若再犯了过错，皇帝再怒，事情就会不可挽救！那时身首异处，岂不贻笑天下。今天，妹妹还能救姐姐，但实在是没有把握，倘若妹妹死啦，姐姐还依靠谁呢？一席话说得声情并茂，姐妹两人忍不住抱头痛哭。声音哑了，泪也干了，仍然要面对现实。大错已经铸成，如何才能挽回，赵飞燕说道："愧悔无及，奈何！奈何！皇上爱汝一身，惟望妹妹援我，就像过去我推荐妹妹一样。"听罢此话，赵合德明知覆水难收，但为了姐妹之情，更为了兔死狐悲的孤单态势，只能强打起精神，凭恃自己的美貌与智慧，加上圣眷正隆这一最大的优势，想尽了各种可行的办法，去弥补皇上与姐姐之间的裂缝。

出于男人天生的自尊和排他性，盛怒之下的汉成帝曾经产生过杀了赵飞燕的念头。但比起那些飞扬跋扈的权臣与居心叵测的外戚，汉成帝在内心里觉得赵飞燕的放浪是微不足道的。一段时间后，他慢慢地想起赵飞燕也曾是自己心爱过的女人，因此一丝怜悯的情意油然在汉成帝心中升起。这时，恰好遇到赵飞燕24岁生日，东宫里有一个庆祝仪式，在赵合德的连哄带骗下，汉成帝终于暂时忘记前嫌，来到东宫。酒过三巡，赵飞燕忽然悲从中来，汉成帝非常诧异，问道："又有什么委屈吗？"意思是说我已经不咎既往，还有什么好怨的呢？赵飞燕装模作样地跪下来，痛心疾首地说道："妾过去在许皇后身边的时候，陛下驾临，妾站在皇后身后，陛下总是频频地注视我。皇后知道陛下的意思，叫妾特地来侍奉皇上。想不到竟承更衣之幸，体血还污了御服，妾欲为陛下洗去，陛下不肯，说要留作纪念。不数日，就被封为婕妤，又被封为皇后，当时陛下的齿痕还在妾的颈项之间，今日思之，不觉感泣。"这一段说词，是事前设计好的，无非是想以旧日的感情，来打动皇帝的心，收到重拾旧欢的效果。果然，汉成帝念及旧日恩爱之情，不禁为之恻然，大有不胜今昔之感！赵合德眼看苦心设计的温柔计已经牢牢地套住皇帝，于是借故先行离去，这一夕汉成帝与赵飞燕开怀畅饮，直至夜阑人静，双双携手进入内寝。虽然赵飞燕使出浑身解数，竭力迎合与讨好，无奈情感已有裂痕，汉成帝终感不是滋味。

但这事的结果却出乎意料，令赵合德大吃一惊。原来赵飞燕看透了皇帝的心思，心想：这也许是最后一次获得宠幸了。于是瞒着妹妹，私自做主，在一个月后竟假装怀孕，并上表汉成帝，希望以此来改变目前对自己不利的态势。汉成帝自从19岁嗣位以来，时光荏苒，倏忽间已经年逾不惑，还无子嗣。如今听说皇后有了身孕，着实大为兴奋，喜滋滋地批了一道圣旨，对赵飞燕表达了无限爱怜之意，叫她好好保重。于是，一项骗局在宫中开始进行，被收买的太医在宫中进进出出，煞有其事。后本打算在民间找一个婴儿进行偷天换日的勾当，可宫禁森严，谈何容易。眼看十月临盆之期已到，东宫上下急得像热锅上的蚂蚁，实在无法再搪塞下去，才不得不由太医上奏，说是"圣嗣不育，一生下来便夭折了"。汉成帝日夕盼望的喜讯成了泡影，失望之余也懒得再去东宫了。

赵合德最终明白了是怎么一回事，对姐姐的这一行为十分愤怒和惊惧。因为不知什么原因，赵氏姐妹虽一直蒙皇帝宠幸，就是没有怀孕，因此就十分担心别的宫妃怀孕夺宠。所以只要后宫中有人怀孕，就千方百计毒害，以至长安市上都出现了童谣：“燕燕尾涎涎，张公子，时相见；木门珰琅琅，燕飞来，啄皇孙，皇孙死，燕啄矢。”这事使汉成帝断绝了皇嗣。一旦拆穿，必定死后无葬身之地。赵飞燕的骗局就极有可能使这事拆穿。赵合德狠狠地骂姐姐，使得赵飞燕凛然而惊，懊悔交加，从此收敛形迹，不再招蜂引蝶，也不再贪恋荣华富贵了，过着今朝有酒今朝醉的自我流放式的幽居生活。

其实，汉成帝的内心是痛苦的，他本有亲政的能力，却无法动摇已经形成的王氏外戚势力。先是元帝皇后王政君的兄长王凤以“大司马大将军领尚书事”的名义辅政，王凤死后又由他的弟弟王音自代，这时成帝已经 30 岁，在位 11 年。另外，王太后还有一位早死的兄长王曼不曾封侯。他的儿子王莽矫揉造作，沽名钓誉，将自己伪装成勤身博学，谦恭下士，居然也浪得虚名。汉成帝在太后暗示下又糊里糊涂地封他为新都侯，种下他日后篡夺汉室江山的祸根。事实上，赵飞燕姐妹在宫中胡作非为，王氏权臣未尝不知道，只是故意睁只眼闭只眼，让她们加速刘氏政权的灭亡。汉成帝内心太苦，权力又夺不回来，就纵情声色来掩盖自己内心的悲哀。汉成帝本来因荒淫无度，身体状况已日见不济。而赵合德正值女性的生理鼎盛时期，需索却益加强烈，因此不得不以春药来刺激皇上的欲念，终于酿成了可怕的后果。

绥和二年（公元前 7 年）春天，在一个暖洋洋的春夜里，汉成帝因为欢娱过度，一度昏迷。等到早晨起身着衣，忽然一阵天旋地转，两手一松，龙袍落地，一头栽倒在地，竟然停止了呼吸。汉成帝死得离奇，死得突然，连传唤太医的时间都没有，自然引起许多怀疑及揣测。王太后谕令王莽会同丞相、御史查究皇帝起居发病状况。赵合德方寸大乱，羞愧不已，饮药自杀，算是保全了最后一点尊严。而赵飞燕则被打入冷宫，寂寞而终。

从某种意义讲，赵飞燕姐妹不自觉地担当了外戚王氏夺取刘汉政权的工具。就她们姐妹而言，入宫见妒，不得不采取自保的措施，属于人之常情。何况，她们入宫后，并未干预朝政，也未谗害忠良。只有毒杀有孕宫妃，断绝皇嗣，才是她们不可饶恕的罪过。

相关链接：

班婕妤

班婕妤（公元前48年—2年），西汉女辞赋家。祖籍楼烦（今山西朔县宁武附近）人，是汉成帝的妃子。婕妤并非班氏的名字，而是汉代后宫嫔妃的称号。因班氏曾入宫被封婕妤，后人一直沿用这个称谓，以致其真实名字无从可考。汉制，“婕妤”原来仅次于皇后，后从汉成帝始置昭仪，婕妤位在昭仪之下，爵同上卿，在后妃中地位较高。相传班婕妤是越骑校尉班况的女儿，也就是《汉书》的撰写者班固和出使西域的名将班超的姑母。《汉书·外戚传》说她少有才学，工于诗赋，汉成帝时被选入宫，初为少使，不久定为婕妤。她的作品很多，但大部分已佚失。现存作品仅三篇，即《自伤赋》、《捣素赋》和一首五言诗《怨歌行》，亦称《团扇歌》。

附：

《怨歌行》（又名《团扇歌》）

西汉·班婕妤

《玉台新咏·序》曰，班为赵飞燕所谮，失宠、幽居于长信宫，“乃作赋自伤，并为怨诗一首”。

新制齐纨素，皎洁如霜雪。
裁作合欢扇，团圆似明月。
出入君怀袖，动摇微风发；
常恐秋节至，凉意夺炎热；
弃捐箧奁中，恩情中道绝。

昭阳殿

汉代宫殿名，赵飞燕姊妹曾居住此殿。昭阳殿的东西两侧分别有东阁、西阁，通过长廊与昭阳殿连接。东阁内有含光殿，西阁内有凉风殿。廊阁之间，流水潺潺，香草萋萋，是另一天地。昭阳殿后面则是皇后嫔妃们居住的后宫。后宫是通过永巷（长巷）与昭阳殿连通的，分为左右两院。后人多以昭阳殿代指皇后和受宠妃嫔的居所。

七二疑冢系传言

——书生轻议冢中人

人物小档案：

No.1　曹操（155 年—220 年），字孟德，一名吉利，小字阿瞒，沛国谯（今安徽省亳州市）人。东汉末年著名政治家、军事家、文学家、书法家。三国中曹魏政权的缔造者。

No.2　曹丕（187 年—226 年），字子桓，曹魏的开国皇帝，220 年—226 年在位。沛国谯（今安徽省亳州市）人，魏武帝曹操与卞夫人的长子，去世后庙号高祖，谥为文皇帝，葬于首阳陵。

曹操出生在官宦世家，其父亲曹嵩原是夏侯氏的后裔，后来成为宦官曹腾的养子。曹操文武双全，才力绝人，他能用手来射飞鸟，曾经在南皮一日射野鸡达 63 只。192 年，他正式组建了自己的军事集团“青州兵”，196 年率军进驻京城洛阳，“挟天子以令诸侯”。后来，经

曹操

官渡之战等战役，打败袁绍和其他割据势力，统一中国北部。建安十三年（208年）十二月，于赤壁之战中败于孙权和刘备联军，从此形成中国历史上魏蜀吴三国割据的局面。213年，曹操晋爵魏王，名义上虽为汉臣，但权倾朝野，实际上已是皇帝。死于220年3月15日，终年66岁。

古人对阴宅，即身后安置用的陵寝是非常重视的。这个阴宅在中国的传统里，是一门非常重要的学问，孔子就曾经讲过“唯送死者以当大事”，因此丧葬的过程是极其重要的。阴宅安置的地点好坏是关系到死者家族今后人丁兴旺不兴旺的一个重要标志。曹操其人，乃三国时期权倾一时的人物，为了后世着想，他的陵墓怎么能不讲究呢？难以置信的是，他竟然是中国历史上第一位提出“薄葬”的帝王。当时，曹操虽未称帝，但权力与地位不比帝王低，后人多数感到很奇怪，为什么他不但提倡“薄葬”，而且身体力行呢？

据说，曹操一生提倡节俭，对家人和官吏要求极严。217年岁末，天气寒冷。一天，曹操登上铜雀台，环顾四周。突然，一个年轻女子出现于他的视线。该妇女头戴饰物，身着绫罗，十分华丽。曹操看后，勃然大怒，立即派士兵前去盘问。士兵报告说，此女乃曹操之子曹植的妻子。曹操听后没有言语。第二日，一道诏令送到曹植府上，内容是说其妻违反家规，不事节俭，专好华丽，请其自裁。曹植之妻无奈，只好自缢身亡。原来，一生节俭的曹操曾制定了家规，规定后宫的妃嫔衣服上不得织锦饰绣，侍女的衣裙不准超过鞋帮。宫廷里的帷帐和屏风破旧之后缝补一下继续使用，所有人员盖的棉被和垫褥一律不准织有花纹。

曹操不仅对家人和官吏要求极严，自己的生活也十分俭朴。当时，天下闹灾荒，中原常发生人吃人的事情。军中无粮，靠采桑葚、摸河蚌充饥。曹操颁发了《屯田令》，动员士兵种田，自给自足解决粮食问题。由于资财匮乏，曹操不仅带头不穿皮革制作的衣服，连他的被褥和衣服都用最简单的轻绡。曹操患有头风病，官员们劝他做一顶皮帽，以御风寒。但他坚持戴一顶绢帛做的帽子，不破先例。以至于到了冬天，在他的影响下，朝廷的官员们都不敢戴皮帽子。

由于节俭，曹操主张薄葬也在情理之中。又有人说，曹操早年曾干过盗墓的勾当。他亲眼目睹了许多坟墓被盗后尸骨纵横、什物狼藉的场面，为防止自己死后出现这种惨状，他一再要求“薄葬”。曹操主张薄葬，这是在许多史料中有确切记载的。但曹操生性多疑，为了防止盗墓，还采取了“疑冢”措施，设置了“七十二疑冢”，则多是来自民间传说和文学作品，如在《三国演义》中，就对曹操去世和他身后的墓穴有大段的渲染。曹操想盖一座新的宫殿，起名为建始殿。殿前有一梨树，伐之，鲜血溅出。当天夜里二更时分，曹操睡卧不安，梦见一人披发仗剑，身穿青色衣服，直至他面前，指着他大声喝曰：“吾乃梨树之神也。汝盖建始殿，意欲篡逆，却来伐吾神木！吾知汝数尽，特来杀汝！”曹操大惊，连忙呼喊：“武士安在？”青衣人挽起剑来砍曹操。曹操大叫一声，忽然惊醒，头脑疼痛不可忍。急传旨遍求良医治疗，不能痊愈。后来神医华佗想以开颅之法试之，却遭到了曹操的猜忌，因此而被杀。曹操的病情越来越严重了，到后来感觉到气冲上焦，眼睛不能看东西。

建安二十五年（220 年）春季的一天，曹操躺在卧榻上，向曹洪（曹操的弟弟）等嘱咐身后事。他说：“孤纵横天下三十余年，群雄皆灭，止有江东孙权，西蜀刘备，未曾剿除。孤今病危，不能再与卿等相叙，特以家事相托。孤长子曹昂，刘氏所生，不幸早年殁于宛城；今卞氏生四子：丕、彰、植、熊。孤平生所爱第三子植，为人虚华少诚实，嗜酒放纵，因此不立。惟长子曹丕，笃厚恭谨，可继我业。卿等宜辅佐之。”嘱毕，长叹一声，泪如雨下。须臾，气绝而死。

曹操身亡，文武百官尽皆举哀，一面遣人赴世子曹丕、鄢陵侯曹彰、临淄侯曹植、萧怀侯曹熊处报丧，一面用金棺银椁将曹操入殓，披星戴月举灵榇赴邺郡。曹丕闻知其父去世，放声痛哭，他率大小官员出城十里，伏道迎榇入城，将棺椁停放在偏殿。官僚挂孝，聚哭于殿上。等到出殡的那一天，邺城内所有的城门同时打开，72 具棺木分别从东南西北四个方向同时抬出，声势十分浩大，所有的棺木都葬入事先准备好的墓室内。于是，后人再也分不清楚哪一座是曹操的真坟，哪一些又是迷惑人的疑冢。

在《聊斋志异》中有个叫做“曹操冢”的故事。这个故事讲，在邺城外有一条河，河水十分湍急，靠近岸边的地方尤其深邃幽暗。盛夏时有人到河里洗澡消暑，忽从水里传来敲击刀斧的声音，下水的人被断为两截浮上水面；后来又有一人也下河洗澡，结果和第一个人一样遭到腰斩。这种现象在百姓中流传，引起惊恐。当地的地方官听说了这事，就派人到上流截断河流，让水流枯竭。于是人们发现岩崖之下有个幽深的洞穴，洞中安置了一个转轮，轮上安装着锋刃如霜的利刃。人们拆除了转轮进入洞穴，发现洞中有一座小石碑，上面的字体是汉朝的篆书。仔细阅读这些文章，得知原来这就是曹操的墓穴。于是人们打开曹操的棺材，抛散曹操的骨骸，把给他陪葬的金银珠宝全都拿走了。

作者蒲松龄最后总结说：“后贤诗云：‘尽掘七十二疑冢，必有一冢葬君尸。’宁知竟在七十二冢之外乎？奸哉瞒也！然千余年而朽骨不保，变诈亦复何益？呜呼，瞒之智正瞒之愚也！”蒲松龄认为，后人有诗讲尽掘72个假墓，肯定有一个墓里葬着曹操的尸体，可怎么知道曹操的尸体竟然不在72个墓之内呢？曹操实属奸诈啊！然而千余年后腐朽的骨头不保，使这些诈术又有什么用呢，曹操的智慧恰恰是他的愚蠢所在。千百年来，人们对曹操有诸多疑冢的传言确信不疑，蒲松龄所写的小说，不过是在此基础上又神化了一些而已，使之玄之又玄。有了这一先例，更神秘的传说便纷至沓来。

清朝褚人获所著《坚瓠集》续集中有“漳河曹操墓”条，说有捕鱼者，见河中有大石板，旁有一隙，入行数十步得一石门，“初启门，见其中尽美女，或坐或卧或倚，分列两行。有顷，俱化为灰，委地上。有石床，床上卧一人，冠服俨如王者。中立一碑。渔人中有识字者，就之，则曹操也。”这里将曹操墓的位置定在了漳河，捕鱼的渔民看见河的中央有块大石板，石板侧有缝隙，顺着缝隙往里走数十步便看见一石门。门刚一开启的瞬间，看见里面全是分列在两侧的美女，她们或坐或卧或倚，姿态各不相同，不一会儿，这些美女却都化成了灰烬倒在地上。渔民看到屋内有一石床，穿着打扮就像帝王一般，中间还立着一块碑。有识字的渔民看见了上面的文字，原来这人就是曹操。

今人曾经在河北临漳发现了一个南北朝时期的古墓。这个古墓上的墓志铭清楚地写着这座墓就建在曹操墓的旁边。通过这句话，再结合一些历史资料，人们大概判断出曹操墓应该是临近漳河的，但是问题是漳河曾经多次改道，当年的曹操墓很有可能已经被漳河水冲毁了。而且民间曾流传，曹丕因为漳河冲毁了曹操墓，从而无处祭祀父亲而感到悲伤。由此看来，传说在河底发现过曹操墓的说法也不是空穴来风了。这个墓上有很多的封土，被洪水冲去之后，墓室剩下的结构可能就是砖石结构了，由于很牢固，就留在了河底，这样就有可能被后人发现。

另外，还有一个曹操仿效张角造墓的传说更加离奇。据说，在曹操设置"七十二疑冢"的几十年后，司马氏篡夺了曹魏的天下。朝中对曹操有宿怨的大臣们联合起来，四处寻找曹操的真坟，想把他的尸体找出来打碎，以谢天下。可这些人挖遍了72座曹操墓，也没有找到真正的曹操尸体，最后万般无奈之下，这些人发布公告称只要有人能找到曹操的真正坟墓，他就能得到宰相之职。布告贴出去一个多月，仍没有人来应召。就在这些人几乎丧失信心时，一个白发老者揭了榜文来到京城洛阳，说自己有办法找到曹操的真墓。官员们一听半信半疑，派出了100多名士兵跟着老者沿京城不远的洛河逆水而上。一路上，老者左看右看，终于在一个地方停下来，指着一处土丘说，就在这里。士兵们开始挖，果然挖出了曹操的尸体。老者所指的地方位于洛阳以西，是从堤旁凿穴，深入洛水河床之下。士兵们进入墓室，将金银财宝一扫而空；又把曹操的尸体搬出，剁成碎块，甩入河中喂了乌龟。最后，官员们吩咐请出白头老者，准备给他官做，可是老头却像神仙一样消失了。

官员们后来经过多方打探，才知道老者之所以晓得曹操的墓地所在，是因为他是黄巾起义张角三兄弟的后人。曹操是以镇压黄巾起义发的家，当年，张角在广宗病死，黄巾起义失败。参加黄巾起义的将领们为了保护自己领袖的尸骨，在邻近的县埋了许多假墓碑欺骗官军。官兵们找遍了方圆三百里地面，挖遍了几十座立有"大贤良师"的张角坟，也没有找到张角的尸体。只有曹操不肯善罢甘休，他用软硬兼施的办法，从叛徒的口中得知了张角真墓的秘密。于是，亲自带领兵马开赴张角的老家巨鹿郡，在老漳河边凿穴探墓，终于在深深的河床下找到了张角的墓室。

他吩咐把张角的脑袋割下来，带着人头回京城报功。曹操由此深受启发。他生前秘密派人在洛河水下秘造墓室，又把参与修墓的人全部杀掉，想躲过后人的惩罚。可是，善恶到头终有报，张角兄弟的后人猜透了曹操的诡计，为自己的祖宗报了仇。

然而，传说毕竟是传说，其实，就在曹操去世后不久，随着他的《遗令》被发现，便彻底否定了“七十二疑冢”的存在。

陆机是西晋著名文学家、东吴名将陆逊的孙子，他在任皇宫著作郎时，无意中在宫内秘阁中发现了曹操临终时的遗令。这份遗令的全文如下：

> 吾夜半觉（醒来），小不佳；至明日，饮粥汗出，服当归汤。吾在军中，持法是也。至于小忿怒，大过失，不当效也。天下尚未安定，未得遵古也。吾有头病，自先著帻（头巾）。吾死之后，持大服如存时，勿遗。百官当临殿中者，十五举音（以礼哭丧）；葬毕，便除服；其将兵屯戍者，皆不得离屯部；有司各率乃职。敛以时服，葬于邺之西冈上，与西门豹祠相近，无藏金玉珠宝。吾婢妾与伎人皆勤苦，使著铜雀台，善待之。于台堂上，安六尺床，下施穗帐，朝晡设脯糒（食物）之属。月旦、十五日，自朝至午，辄向帐中作伎乐。汝等时时登铜雀台，望吾西陵墓田。馀香可分与诸夫人，不命祭。诸舍中无所为，可学作履组卖（做鞋卖钱）也。吾历官所得绶，皆著藏中。吾馀衣裘，可别为一藏。不能者，兄弟可共分之。

遗令的大致意思是这样的：我在半夜感到身体有些不适，第二天喝粥出了汗，又饮了当归汤。我在军中执行法纪时，出现过一些小的过激行为和大的失误，你们不要再去效仿重演啦。现在天下尚未安定，还不能遵照古训办事。我患有头风症，从开始一直戴着巾帽避寒。死了，还要像我仍然在世时主持大事那样，一切照旧进行。殿内文武百官，十五天祭祀后停止哀悼，丧葬完毕都要脱掉孝服。率领军队驻守边关的人，都不能离开屯兵的地方，有司应担当起管理职责。我过世后，要收藏好我穿过的时服，把我安葬在邺城西边山冈上，同西门豹的坟墓靠近。不要陪葬金银、玉器、珠宝等物。我的婢妾和歌舞艺人过去都非常辛苦，让他们仍住在铜雀台那里，安顿好他们的生活。在铜雀台正堂上，给我放张六尺床，挂上灵帐，早晚上食物供祭。每月的初一、十五两天，从早上至中午，要在帐中奏乐歌舞。你们要时时登上铜雀台，遥望我在西陵的墓地。没有用完的那些炷香分给诸夫人，不要再用它来作祭祀了。所有房舍里的人，如果没有什么事情可做，就让他们学着去制作带子、鞋子去卖。我做官时得到的那些佩带，都要保存在我的住屋里面。至于其他一些衣物，可放置到别的地方去。实在没法收藏处理的，就都分送给兄弟们穿戴使用吧。

曹操的遗令被发现后，后人便依据这篇遗令里所说的内容，以铜雀台为中心，寻找曹操的陵墓，但由于种种原因，始终未果。这封遗令虽然不能帮人找到真的曹操墓，但却彻底否定了“七十二疑冢”的存在。在这篇遗令中，曹操明确规定他的寿陵需要建在西门豹祠的西原上，“因高为基”，“不封不树”，也就是说，陵墓必须建在地势高的地方，上面既不要封土，也不要种树，没有任何标记。这样看来，临漳、磁县境内的“七十二疑冢”，却是人工封土堆积而成的，这些墓冢小的高数丈，大者则高数十丈，远远望去，宛如一座座小山。其中一座叫申庄乡的天子冢，其封土长 90 米，宽 80 米，高 40 米。这显然不符合曹操所规定的形制。

魏文帝曹丕是曹操王位的继承人，他对曹操墓葬的真实情况是最为了解的。对曹操出殡时的情景，曹丕在《为武帝哀策》一文中是这样描述的：在进行曹操的葬礼时，首先占卜可以下葬了，然后才打开通向墓道的大隧洞口。这个陵寝原来是保密的，只有在下葬的时候才会打开。墓室里一片黑暗，丧葬仪仗队已经整整齐齐地站好，天官、地官、水官这三官也并马排开。前导高高地举着丧旗，手执长戈，高扬盾牌。浩浩荡荡的丧葬队伍从邺城向墓地出发，从此父王将抛离邺城的宫廷，登上那个准备安葬的山阿。曹操墓黑暗的那个墓道一闭上，就意味着曹操被永远封闭在地下的暗室之中。作为孝子，作为群臣，在这样的时候是悲痛到了极点，哀号声响成一片。当时的百姓都向着苍天号啕大哭，哭声经久不衰。

在曹操的 25 个儿子中，曹植是最有才华的，他也在为父亲写的《诔文》中记载了父亲下葬时的情景：曹操在准备好要入殓时，身上穿着平时穿的缝补过的衣服，印玺也没有带在身上，只是带着系印章的丝绳。陪葬的冥器没有雕饰，最好的陪葬品是没有染色的陶器。220年2月，曹操的灵柩在夏侯尚、司马懿等人的陪奉下被运抵邺城。这一年的3月15日，曹操的遗体被埋葬在他亲自选定的邺城西面的山冈上，当时称作“高陵”，与西门豹祠相距不远。

曹操下葬后，曾在“高陵”的墓田上建造了陵屋和祭殿。陵屋的作用，一个是派人看守陵墓，防止有人盗墓；另一个是在陵屋内的墙上画了一些表现公卿大臣列将事迹的画。后来，魏文帝曹丕力推薄葬，对自己的随葬品做出了明确规定，他甚至对他的棺材仅刷漆三遍也有规定。为了继承父亲的薄葬主张，曹丕还下令毁去了曹操陵的殿屋。这就使得曹操墓如同常人的墓葬一样，失去了标志和特征，最终湮没于岁月的烟尘当中，从而引发出了后人关于“七十二疑冢”的无数传说。

相关链接：

曹操墓

2010年1月29日，中国国家文物局认定，经考古发掘确认，位于河南省安阳市西北约7公里的安阳县安丰乡西高穴村村南的高陵就是曹操墓。

由于该墓葬西面是砖场取土区，墓葬西部填土被下挖约5米，使其局部暴露出来，引起多次盗掘。2008年春，有画像石等遗物被盗。为了抢救地下文物，避免墓葬遭到进一步破坏，经国家文物局批准，河南省文物考古研究所于2008年12月中旬开始对此墓葬进行抢救性发掘。

曹操墓平面呈甲字形，为叠室砖室墓。坐西向东，方向110度。墓扩平面呈前宽后窄的梯形，东面最宽22米、西面较窄处19.5米、东西长18米，面积近400平方米。整个墓葬占地面积约740平方米，由墓道、砖砌护墙、墓门、封门墙、甬道、墓室和侧室等部分组成，全长近60米。墓室、甬道和侧室均用长48米、宽24米、厚12厘米的大砖垒砌而成。墓葬虽多次被盗掘，但仍出土了一批文物。据初步统计，出土可复原的文物约 400 件。其中，有反映墓主人身份的刻铭石牌和铁甲、剑、徽以及时代特征明显的铁帐架构件等。

墓中还出土了 59 件长方形、圭形的刻铭石牌。其中的 8 件石圭上刻有“魏武王常所用挌虎大戟”、“魏武王常所用挌虎大刀”以及“魏武王常所用挌虎短矛”等。在追回的被盗文物中有一件石枕上刻有“魏武王常所用慰项石”铭文。墓中发现石壁三块，圭一块。圭璧合一是判断一个帝王陵墓等级级别非常重要的标准。圭是只能在皇帝的墓葬中才能出现的。在陵墓的挖掘过程中还出土三具骨架，经专家鉴定，一具为男性，约为 60 多岁；另两具为女性，分别为 20 多岁和 40 多岁。

将此处墓葬认定为曹操墓的依据有：

1. 墓葬当中男主人年龄与曹操卒年相吻合。

2. 墓葬当中出土的文物以及画像石等具有典型的汉魏特征。

3.1998 年在西高穴村西北部，距离该墓葬约 800 米的地方出土一块后赵建武年间驸马都尉的墓志，墓志上明确记载距离魏武帝陵西北角 43 步。

4. 墓葬规格较高，并出土有只有在皇帝墓当中才出现的圭。墓中出土的铭牌以及石枕上有“魏武王”字样。据史料记载，曹操曾被封为“魏公”，后为“魏王”。曹丕称帝后追谥其为“武皇帝”，史称“魏武帝”。出土文物上的“魏武王”完全符合其卒时之称谓。

5. 该墓葬与曹操《遗令》当中提倡的薄葬相符。该墓葬规模虽大，但未见壁画等，反而是出土了兵器、石枕等物品。《三国志·魏书·武帝纪》记载“吾死之后葬于邺之西岗”，而西高穴村所处的位置正是古代邺城的西面。

铜雀台

铜雀台位于河北临漳县境内，距县城 18 公里。这里古称邺，古邺城始建于春秋齐桓公时，在三国时期，曹操击败袁绍后营建邺都，修建了铜雀、金虎、冰井三台。铜雀台到明代末年已基本被毁，地面上只留下台基一角。据史书载，铜雀台最盛时台高十丈，台上又建五层楼，离地共 27 丈。按汉制一尺合现在市尺七寸算，也高达 63 米。在楼顶又置铜雀高一丈五，舒翼若飞，神态逼真。在台下引漳河水经暗道穿铜雀台流入玄武池，用以操练水军。

附：

《邺中歌》

明·钟惺

邺则邺城水漳水，定有异人从此起：
雄谋韵事与文心，君臣兄弟而父子；
英雄未有俗胸中，出没岂随人眼底？
功首罪魁非两人，遗臭流芳本一身；
文章有神霸有气，岂能苟尔化为群？
横流筑台距太行，气与理势相低昂；
安有斯人不作逆，小不为霸大不王？
霸王降作儿女鸣，无可奈何中不平；
向帐明知非有益，分香未可谓无情。
呜呼——
古人作事无巨细，寂寞豪华皆有意；
书生轻议冢中人，冢中笑尔书生气！

红颜步步生莲花

——一生偏爱美人足

人物小档案：

No.1　李煜（937 年—978 年），五代十国时南唐国君，字重光，初名从嘉，号钟隐、莲峰居士。彭城（今江苏徐州）人。南唐元宗李璟第六子，于宋建隆二年（961 年）继位，史称李后主。在政治上失败的李煜，却在词坛上留下了不朽的篇章，被称为“千古词帝”。

No.2　爱新觉罗·奕詝（1831 年—1861 年），清朝咸丰皇帝。父亲是爱新觉罗·旻宁（道光帝），母亲为钮祜禄氏，谥号孝全成皇后。他 20 岁登基，在位 11 年，是清朝秘密立储继承皇位的最后一位皇帝，被后人称为无远见、无胆识、无才能、无作为的“四无”皇帝。死后葬于直隶定陵（今河北省遵化县西北），庙号文宗。

据载，女人裹小脚始于南唐宫廷，宋朝开始风靡于民间。然而杜牧有诗："钿尺裁量减四分，纤纤玉笋裹春云。"似乎唐代就有缠足的习俗。而"金莲"一词的来历甚多，说法不一，一说是因南齐皇帝萧宝卷的贵妃——潘玉儿而得此名。

潘贵妃之所以能让萧宝卷魂不守舍，和她出了名的小脚有莫大的关系。她单凭一双柔若无骨、状如春笋的小脚就能够让萧宝卷如痴如醉。萧宝卷闲暇时便抚摸、揉搓、深嗅、亲吻甚至啃咬潘玉儿的小脚。每次都感觉神清气爽，快活似神仙。一天不抚摸、亲吻潘玉儿的小脚便感觉浑身无力，没精打采。为了展示潘美人的风姿，他命令工匠打制纯金的莲花铺在地上，然后让潘玉儿裸脚在上行走、跳舞。萧宝卷惊叹说："真是步步生莲花啊！""金莲"一词自此得来。

据说西汉汉成帝宠妃赵合德也生有一双柔软白净而且是天生的小脚。汉成帝每次握住她的美足便情兴勃发，而赵合德却每每躲开或缩起，使得汉成帝大费周折。服侍赵合德的樊姬曾大惑不解地问赵合德："皇上求取了那么多方士大丹，想要在二人尽兴时旺盛而不能得，然皇上仅持贵人之足便能够情动非常，此乃上天赐予贵人的大福啊，为什么还要频频拒绝皇帝的要求呢？"赵合德自己却心知肚明，她这是在吊汉成帝的胃口，让汉成帝觉得"得之不易"，不至于对她产生厌倦。樊姬哪里懂得其中的奥妙。汉成帝喜爱赵合德双足，让我们知晓早在很久以前美人足便成为帝王的独特喜好。不过，无论是赵合德还是潘玉儿，她们大约都是天生的玉足纤纤，而真正将三寸金莲的小脚风靡到全国，恐怕要追溯到南唐后主李煜。

李煜是历史上著名的风流才子，他是一个成功的文人，却是一个失败的皇帝，在他的生平中开女子裹小脚先河，却是他万万没有想到的。在李煜的后宫中，美女如云。而在这众多的美女中，最负盛名的便是一个做窅娘的年轻女孩。窅娘本为采莲女，十六岁被选入宫。她不仅容貌秀丽、体态袅娜、能歌善舞，还精通琴棋书画，善于吟诗作赋。这样的女子，李煜自然是另眼相看，别样对待，视其为红颜知己，见其双目深凹而顾盼有情，便为其取名"窅娘"。窅娘进了宫后，李煜便经常单独召见她，看她跳舞。窅娘善跳金莲舞，据说她跳舞时好像莲花凌波，俯仰摇曳之态优美动人。

为了让窅娘跳舞时显现婀娜多姿的风韵体态，李煜便派人在宫中建起了一朵六尺高的“大莲花台”，并在上面装饰了各种宝物，还佩细带璎珞，中间镶莲花朵朵。最有特色的是窅娘跳舞前喜欢用白帛裹足，把两只脚都缠得很小，然后就在莲花形状的“大莲花台”凌波微步，流连媚唱，曼妙起舞。李煜每每观之，觉得很是美丽，就命窅娘一直将双足用布帛紧紧地缠裹起来，久而久之，窅娘的足尖便真的像月牙儿一般。窅娘每每在“大莲花台”上歌舞时，一双香艳的小脚儿，都引得众人驻足观看，叫好之声不绝于耳。这使李煜对窅娘更是呵护有加，窅娘一时宠冠后宫。对此，有诗为证：“莲中花更好，云里月长新。窅娘纤足媚，承欢宠后宫。”

窅娘

自此以后，拥有一双香艳小脚的窅娘名声大震，后宫之女纷纷仿而效之，“缠足”一下子便风行了起来，渐渐地由宫中传遍整个京师，旋即又风行了南唐全国，女子无不以“缠足”为美。后来，南唐灭亡后，宋王朝的女子竟也纷纷仿效前朝的女子，你追我赶地缠起足来，而且越缠越紧，越缠越小，直至出现后世所说的“三寸金莲”。

清代的咸丰帝身边不乏貌美的嫔妃，但众多的满族妃嫔都是按照清朝人的规矩来选的，一则太美貌的不会被选入宫中，否则会以美色误国，对皇帝身心不宜；二则选妃多是为了巩固政权，选择的对象也多是重臣之女或者亲友之女，带有政治色彩的婚姻令咸丰帝格外厌弃。清王朝入主中原之初，任性的顺治帝曾纳汉族女子石氏、陈氏、唐氏、杨氏。其母孝庄皇太后一则担心顺治帝尚未成年，过早迷恋女色会伤身；二则为了保证皇子、皇孙皆为纯正的满蒙血统，曾在清宫神武门内悬挂谕旨：“有以缠足女子入宫者，斩！”汉族女子从唐时起便开始缠足，走起路来摇曳生姿，看起来很是柔婉，令人心情愉悦，这是那些天足的满族女子所没有的风韵。既然皇宫之内宫禁森严，难近汉族女色，咸丰帝就想到了住进圆明园内，他以身染恙疾需要静养为由，将搬入圆明园的想法昭告群臣。福建道监察御史薛鸣皋上奏谏止。咸丰帝大怒，要向群臣显示一下皇帝天威。他不但拒谏饰非，命将薛鸣皋交部议处，而且特别为此颁谕称：清朝皇帝在圆明园处理朝政，本系祖制，近年来因军务未竣，故朕从未临幸园内，“朕兢业之心，中外臣民所共喻”。此外，咸丰帝还颇有些强词夺理地申辩说，自己若是为了贪图安逸，即使燕处宫中亦同样可以自耽逸乐，何必临幸御园才萌生怠荒的念头呢？自己无论在皇宫之内，还是在圆明园之内，是“同一敬畏，同一忧勤”。

上有所好，下必有投其所好者。一些奸佞之臣察知咸丰帝热衷于汉族女子后，不惜重金，从江苏、浙江一带购买数十名妙龄美女，献与咸丰帝。更有大臣献媚说：现在天下多乱，而圆明园又地处郊外，应加强警戒，可令这些女子每三个人为一拨，每晚在皇帝的寝宫周围打更巡逻。咸丰帝自然懂得其中的奥妙，马上下令照办。从此，咸丰帝便随时将这些“值勤警戒”的美女召入殿内，随意召幸。这些汉族的小脚美女非常温柔妩媚，咸丰帝感受到了芊芊金莲带来的人间大乐，便在圆明园中乐而忘返，不可自持。后来，咸丰帝干脆“金屋藏娇”，将其中的四位特别漂亮的女子加以封号，分别称为牡丹春、杏花春、武陵春、海棠春。并让这“四春”分别居住于圆明园内的“镂月开云”、“杏花春馆”、“武陵春色”和“绮吟堂”。

这时，近侍告诉咸丰帝，园中的女子中有一位姓曹的寡妇很美丽，黑发如瀑，皮肤如脂。咸丰帝听说后，非常好奇，立即前往观看，发现曹氏寡妇果然名不虚传。她不仅相貌姣好，皮肤白皙，一双深潭般的眼睛充满秋水，还有一双十分精致的小脚。咸丰帝十分兴奋，当天晚上便召幸了曹氏寡妇。从此，曹氏寡妇便生活在宫中，受到咸丰帝的特别宠爱。宫中人对她很是敬畏，恭敬地称她为娘娘，私下里则称她为皇宫曹寡妇、大家曹寡妇。

当时，身为懿贵妃的那拉氏（慈禧）对于咸丰帝贪恋沉迷于其他女色，特别是圆明园四春及汉族的小脚女人，醋意大发，但又不敢直接规劝咸丰帝，曾多次向皇后报告相关情况。但是，此时的皇后也已对咸丰帝失去了规劝的信心，只能无可奈何地劝那拉氏接受这一现实。

咸丰帝面对如此众多的小脚娇媚女子，性生活无所节制，“旦旦戕伐，身体久虚”，头昏眼花、腰疼腿软、浑身无力。每逢天坛、地坛、社稷坛或太庙大祭之时，咸丰帝常常因担心腿脚无力，于升降宝辇，或上下台阶时跌倒而失仪，不敢亲临，只能派恭亲王代劳。后来，内忧外患交相而至，咸丰帝身体愈坏，患上了吐血之症，于咸丰十一年（1861年）七月十七日崩于承德避暑山庄烟波致爽殿，死时年仅 31 岁。

一双三寸金莲，多少帝王为之神魂颠倒，又有多少帝王为之误国亡命，真是可悲可叹啊！

相关链接：

三寸金莲

中国历史上，人们把女子裹过的脚称为“莲”，而不同大小的脚是不同等级的“莲”，大于四寸的为铁莲，四寸的为银莲，而三寸则为金莲。以“金”相称，说明三寸的小脚是古人公认的最美的小脚。

三寸金莲的名称由来有很多传说。传说大禹治水时，曾娶涂山氏女为后，生子启。而涂山氏女是狐精，其足小；又说殷末纣王的妃子妲己也是狐精变的，但是她的脚没有变好，于是就用布帛裹了起来。由于妲己受宠，宫中女子便纷纷学她，把脚裹起来。

金莲鞋

关于三寸金莲，还有一个精彩的典故。相传隋炀帝东游江都时，征选百名美女为其拉纤。一个名叫吴月娘的女子被选中。她痛恨炀帝暴虐，便让做铁匠的父亲打制了一把长三寸、宽一寸的莲瓣小刀，并用长布把刀裹在脚底下，同时也尽量把脚裹小。然后又在鞋底上刻了一朵莲花，走路时一步印出一朵漂亮的莲花。隋炀帝见后龙心大悦，召她近身，想玩赏她的小脚。吴月娘慢慢地解开裹脚布，突然抽出莲瓣刀向隋炀帝刺去。隋炀帝连忙闪过，但手臂已被刺伤。吴月娘见行刺不成，便投河自尽了。事后，隋炀帝下旨：日后选美，无论女子如何美丽，“裹足女子一律不选”。但民间女子为纪念吴月娘，便纷纷裹起脚来，女子裹脚之风由此日盛。

女子裹脚这种风气先兴起于宫帷之中，后传入民间，到北宋神宗熙宁年间时，已广为流传了，并把缠脚当成了妇女的美德，把不缠脚当做耻辱。明朝开国皇帝朱元璋的皇后马娘娘，就是因为有一双天然大脚而受尽嘲笑。

懿贵妃

慈禧太后（1835年—1908年），叶赫那拉氏，名杏贞。出身于满洲镶蓝旗（后抬入满洲镶黄旗）一个官宦世家。咸丰皇帝的妃子，同治皇帝的生母，以皇太后身份垂帘听政或临朝称制，为自1861年至1908年间大清帝国的实际统治者，清朝的“无冕女皇”。生前，外人有以“慈禧太后”、“圣母皇太后”、“那拉太后”、“西太后”等称之者；自光绪年间，宫中及朝廷开始以“老佛爷”尊称之；死后谥号为“孝钦慈禧端佑康颐昭豫庄诚寿恭钦献崇熙配天兴圣显皇后”，长度为大清皇后之最，亦超过大清开国皇后及孝德、孝贞两位正宫。

鬼魂魅影的传说

——汉普顿宫现鬼影

人物小档案：

No.1　安妮·博林（1501 或 1507 年—1536 年），英格兰王后，英王亨利八世的第二任妻子，伊丽莎白一世的母亲，威尔特伯爵汤马斯·博林与伊丽莎白·博林之女。

No.2　沃尔特·雷利（约 1552 年—1618 年），一个天才军人和富有才华的诗人。

No.3　爱德华五世（1470 年—约 1483 年），英格兰国王，1483 年在位。爱德华四世的长子，其父死后即位为英国国王，但不到一年，就和他唯一的弟弟约克公爵理查一起神秘失踪。

大本钟缓慢而清晰的报时声沿着泰晤士河岸依稀传来，回声在这个静谧的夜里反复萦绕，久久不愿散去，似乎是在提醒还未入眠的人将有什么事情发生。而这样的钟声已经响过了几百年，对于世代居住在这里的人来说并不觉得有什么特别。

伦敦塔

伦敦塔始建于公元11世纪，建造者是当时的英国国王“征服者威廉”，这座以白塔为核心的城堡建筑群曾做过皇家宫殿、监狱、造币厂、刑场、军械库，今天则是收藏皇家珍宝的博物馆。从建立之初就有数不清的人在城堡内丧命。在它的地下土牢里，有各种残酷的刑具，而堡外的塔山则是家喻户晓的断头台。从此无数的鬼魅似乎就顺理成章地徘徊在伦敦塔内，而更为奇特的是还有许多游客都声称自己曾亲眼目睹过这些游荡的鬼魂。直到今天，塔内仍栖息着一种大乌鸦，它们雄踞在塔顶和树梢，甚至大摇大摆地在草地上走来走去。据说只要大乌鸦一离开，伦敦塔就会垮下来。乌鸦全身黑色的羽毛，加上如此的一个传说，为这座古老堡垒增添了一股诡异气息。

伦敦塔曾一度作为皇室居所，但后来却成为一座囚禁要犯的皇家监狱，英国历史上许多当权得势的王侯、后妃一旦失宠，便会沦为伦敦塔中的囚犯。

伦敦塔内最有名的鬼魂，也是塔内第一个显赫的受难者是王后安妮·博林，即亨利八世的第二位妻子。安妮也为亨利八世生了一个女儿，但她却始终不能给亨利八世带来儿子。在当时，让一个女人来做英国的国王是不可想象的，同时亨利也已经厌倦了他们的婚姻生活。这个婚姻只维持了3年，最终，之前就为子嗣问题困扰的亨利恼羞成怒，于1536年5月无中生有地判安妮犯有通奸罪，并决定在伦敦塔内的绿地上将其斩首。临刑前，亨利八世满足了安妮最后的一个愿望——用剑而不是斧头行刑，为此，亨利八世专门从法国加莱物色了剑客充当刽子手。

1536年5月21日清晨，在行刑前，安妮问塔内的军官是否看到过那把剑，还问剑是否锋利。军官作了肯定的回答。“那么”，安妮说，

"我很满意，因为我有一个纤细的脖子。"据说，当锋利的剑刺向安妮纤细的脖子时，塔外的乌鸦腾空飞起，发出惨烈的哀鸣。英国人民相信，那是灵异的乌鸦对无辜王后唱的挽歌。随后，安妮在邻近的圣彼得及温库拉小教堂被焚化。自此以后，就有不少人声称，看到安妮王后的幽灵身穿一袭白衣，夹着自己的头颅，在塔内的回廊和绿地游走。

另一个有名的鬼魂是马格利特女伯爵，为了扫除政敌，亨利八世以叛国罪宣布处死她。1541年5月28日，年近七旬的老公主被押上了刑场，但她秉性刚烈，决不肯跪伏在断头台上。不仅如此，刽子手刚刚向她走来，她竟然撒腿就跑，但很快被刽子手一顿乱砍，顷刻殒命。于是每年的5月28日，塔内的看守都说可以听到垂死女伯爵痛苦的呻吟声。

但最能引起游客同情的，当属被血腥玛丽女王处死的九日女王简·格蕾。美丽的简博览群书，极有教养。她出生于一个贵族家庭，母亲弗朗西斯是亨利八世妹妹的女儿。因此，在亨利八世的唯一儿子爱德华六世身后，弗朗西斯和简分别是王位的第三、第四顺位继承人，排在玛丽和伊丽莎白的后面。在体弱多病的爱德华驾崩后，可怜的简成为政治斗争的筹码，尽管不情愿，却被自己的父亲萨福克公爵和婆家的诺森伯兰公爵扶上了王位。然而，她只在王位上坐了9天，就被可怕的玛丽关进了伦敦塔。玛丽知道她的无辜，愿意饶她一命，条件是必须放弃新教的信仰。简拒绝了。随后，她平静地走向死亡，遗言是耶稣在十字架上的话："主啊，我将我的灵魂交在你手里。"死时还不到17岁，据称，一名卫兵曾在1957年2月12日简去世403周年时看到过她的鬼魂。

另外两个有牵连的鬼魂是伊丽莎白一世的宠臣埃塞克斯伯爵和沃尔特·雷利爵士。1587年，英俊潇洒的埃塞克斯伯爵在任女王伊丽莎白一世的侍从长时，经常和女王一起到伦敦郊外的森林中骑马，这引起女王宠信的警卫队长沃尔特·雷利的嫉恨。于是两人都在女王面前说对方的坏话。1599年，埃塞克斯伯爵任女王驻爱尔兰的代表时，因调度无方，被叛军打败，与对手订立了一项屈辱的条约，紧接着又违反女王的命令擅自回国，因而于1600年被女王撤去了一切职务。此时的埃塞克斯顿感前途被毁，便带领了300人，于1601年2月8日发动伦敦民众叛乱，失败后，被关进伦敦塔。经审判，于2月19日被判处死刑。

2月23日，他的死对头、警卫队长沃尔特·雷利亲眼目睹了政敌埃塞克斯伯爵在伦敦塔内被处死的整个过程。但令他意想不到的是，17年后，他自己也没有逃脱同样的命运。沃尔特·雷利曾就读于牛津大学法学院，是一个天才的军人，也是一个富有才华的诗人，1585年受封为爵士，深得女王的欢心。但后来他因瞒着女王与一位宫女结婚，激怒了女王，被女王以玷污宫女的贞操和荣誉的罪名投进了伦敦塔。虽然不久就获释，但他的仕途也从此终结。

1603年，伊丽莎白女王逝世，詹姆斯一世继任。此时的沃尔特·雷利觉得女王已死，便卷入一起推翻国王詹姆斯一世的阴谋事件，因事情败露又被关进了伦敦塔中。雷利在伦敦塔中被囚禁了13年，他是在此被囚禁时间最长的囚徒。但与众不同的是，在囚禁期间，他不但在伦敦塔的花园里种植烟草，还把圈养动物的笼舍改造成化学实验室，并利用空余时间撰写了一部《世界史》。1616年，这个优雅的贵族终于说服了国王，让他率领一支探险队去南美洲寻找金矿，以此立功赎罪。不幸的是，雷利两手空空而回。1603年，雷利被处以极刑，最终在伦敦塔丢了脑袋。由于雷利的戏剧性经历，使现在的“雷利显形”表演成了伦敦塔最吸引人的游览节目之一。人们相传，埃塞克斯伯爵和沃尔特·雷利这两个不甘心的鬼魂经常在伦敦塔的附近飘荡，叹息过往的一切。

还有一件奇事是，在许多个夜晚，伦敦塔内的守卫报告曾在城堡西南方的“血塔”附近看到过两个身着洁白睡衣的小孩子的身影，更为奇怪的是他们还手牵着手嬉笑着奔跑着！熟悉英国历史的人明白，这正好印证了500多年前发生在这里的一宗离奇命案：英王爱德华四世1483年去世后，他的两个儿子——爱德华五世和弟弟约克公爵被送到伦敦塔里，过着孤苦的生活，等待继承王位。这两个小孩，一个十三四岁，另一个是十岁左右。他们从头发的色泽、眼睛的颜色、眉宇鼻翼，一直到衣饰，几乎无处不同。有一天，弟弟坐在床沿，半个身子靠在床柱上，两腿无力地垂着，右臂与倾侧着的脸都往前靠，依偎在年长的孩子的肩上。年长的孩子把一本打开着的烫金的大书搁在年幼的孩子的膝处；右手放在打开着的那一页上，这手极美，宛如象牙揉成的。两人孩子都身穿黑如鸦翼的上衣，肤色显得格外白洁。这时，哥哥掉过头来对弟弟说：

“今天又这么过去了？”弟弟只答道：“真冷。”哥哥自言自语地嘟哝着说：“只要不杀死我们，可以把王位让给叔叔……”弟弟只是说：“我要妈妈。”这时，只见对面挂着的那幅织锦上的裸体女神像飘动了两三下。几个黑影走进了房间，笼罩住了微明的火光，包裹住了房间。

爱德华手中的圣经重重砸落在了地板的花纹上。檀香木芬芳尤在，在洛可可的螺旋舞动中，在古老的王族纹饰下，他们无奈与恐惧。墨绿的帘幕在风的撩动下袒露出两位年幼的小王子。一个黑影先冲上前，将匕首刺入爱德华的体内，鲜血飞淌而下，他落入无声的喑哑，倒落在了地上。另一个黑影走到床头，他看着小王子浅浅的金发覆盖下的那张天真烂漫的容颜，撩起王子的头发，拿起枕头压在了他的头上。黑夜的上空划破一声尖锐的厉喊，他的身体挣扎着，又归于沉寂。

白塔的墙壁被凿开，奉格罗斯特公爵的意旨，约克家族爱德华四世的两位年幼的小王子——爱德华五世和约克公爵的尸骸被砌入了伦敦塔的墙中。对外，公众都认为他们在塔内神秘失踪，而他们的舅舅理查成了英国国王。直到两百年后的1674年，工人在整修塔内阶梯时，才从砖石中发现两具小孩的遗骸，经过精密检测，他们都有王室血统，几乎可以确定正是当年失踪的两位小王子！

英国的科学家们不肯承认真的有鬼魂，2003年，赫特福德郡大学的学者们携带最先进的物理电磁感应仪器对伦敦塔内诸多“鬼魅”频繁出没的地区进行了调查，虽然调查并没有真的捉到鬼魂的踪迹，但是也发现了不少有价值的证据，给予了“鬼魅”现象一个科学的解释。

首先，塔内某些地点磁场异常强烈，另外某些地点建筑格局造成了气流通过时速度较高，以致在通过建筑隙穴时会发出啸叫。此外，光线的昏暗客观上可能对游客产生心理暗示的作用，尤其是对那些熟知英国历史的本土游客。于是科学家们得出结论：“闹鬼”事件都是环境造成的，所谓“鬼魂”不过是人大脑对现象的解读，鬼魂现象应该说是磁场、寒冷的气流、昏暗或变幻的光线等造成的。科学研究还发现，那些“闹鬼”的地方常存在次声波，次声波会使人不安，还会使火苗摇曳不定。换句话说，伦敦塔内某些地点的磁场异常、空气流动以及次声波，加上昏暗的光线，特别容易激发起人们内心深处对幽闭环境的恐惧感，如果再联想到数百年前塔内发生过的种种血腥事件——包括死刑和谋杀，游客就很容易相信自己发现了鬼魂。

但是就在这年的年底，这个看似稳如磐石的科学解释首次受到了质疑，质疑的依据并非来自伦敦塔，而是来自英国的另一处古代建筑——汉普顿王宫。建造于1525年的汉普顿王宫邻近伦敦泰晤士河，距离市中心约10英里。这座王宫有“英国的凡尔赛宫”之称，是1514年渥西主教购得此区后，完全依照都铎式风格兴建的，是当时全国最华丽的建筑。渥西过世之后，汉普顿王宫为亨利八世所有。1838年，维多利亚女王正式将此宫开放给大众参观。为了配合它的都铎王朝的背景，王宫部分警卫会穿上都铎时期的服装。

汉普顿王宫

汉普顿王宫最吸引游客的也是它的鬼故事传言，而几个流传甚广的汉普顿王宫鬼故事则都与英王亨利八世有关。亨利八世的第三任妻子简·西摩是在汉普顿王宫中因难产而死的，据传有人见过她的鬼魂拿着蜡烛飘过王宫庭院；简的儿子爱德华的一名女仆潘恩1562年过世后埋葬在王宫庭院里，1829年因为王宫翻修工程影响到她的坟墓，那段时间，王宫西南苑便时常传出一种诡异的声音，王宫工作人员循着声音的方向查找到一间过去不为人知的密室，发现密室里留有这名女仆使用过的纺织机。

不过，关于汉普顿王宫的鬼魂现象历来都是传闻，一直没有真凭实据。而在2003年圣诞节前夕，一卷疑似拍到汉普顿王宫鬼影的监视录像带使得这些传闻有了“真凭实据”。当时，驻守王宫的警卫为了弄清王宫内一道平常都是锁着的门为什么打开了，调出监视录像查看，结果，他们发现，汉普敦王宫的保安监视系统拍到了一个身穿长袍的“鬼魂”。监视录像中，一个身穿中古世纪长袍服装的神秘人物正推开王宫的一道侧门往外走，他一手伸向门把，一下把门打开，一下又把门关上。他的脸上仿佛带着骷髅面具，因为相对他的手的肤色，他的脸实在白得吓人。

虽然监视录像带画面不甚清晰，不过几个反复观看过录像带的警卫却都异口同声地表示，画面中的人一定是鬼。警卫法可斯说：“真是恐怖得不可思议，因为那张脸根本不像人。”他说，他看到这段画面后的第一个反应是，这是有人在开玩笑，于是就去问他的同事，而他的同事都说没见过有这副打扮的游客。“这真的很令人毛骨悚然”，警卫发言人说：“我们也感到很困惑，这不是开玩笑的，我们没有捏造……我们真的不知道他是谁，或者那是什么。”汉普敦王宫发言人伍德女士也向记者再三保证：“这绝对不是故弄玄虚，也不是圣诞节的玩笑，我们也很想知道这东西究竟是什么。”

“鬼魂”录像的出现震动了不少英国学者,他们的第一个反应是——肯定是有人在搞恶作剧！要知道这里的导游常常会穿着都铎时代的宫廷服饰为游人讲解，于是全部的王宫导游都被找来，可是谁都没有录像中那样的衣服！录像公布后，英国《太阳报》推测，被拍到的“鬼魂”就是当年英国的暴君亨利八世！事到如今，英国科学界再次对鬼魂的科学解释产生了动摇，录像里的鬼影如果是真的，那么磁场、次声波等解释就会被彻底推翻；如果这个鬼影真的仅仅是恶作剧，那么为什么调查部门又查证无果呢？伦敦塔内的鬼魂究竟是真是假？也许，伦敦塔和汉普敦王宫中封存的不仅仅是英国古老的王族历史，还有至今也没能洞察的谜题……

相关链接：

亨利八世的婚姻

亨利八世（1491 年—1547 年），是英国历史上赫赫有名的国王。他以改革英国宗教而名标青史，还因先后有过 6 位王后而在英国历史上出尽风头。

亨利八世的第一位王后是凯瑟琳。凯瑟琳出身名门，她的父亲是西班牙阿拉贡国王费迪南二世。凯瑟琳于 1501 年与亨利七世的长子亚瑟（也就是亨利八世的哥哥）结婚。转年亚瑟去世。亨利七世不愿失掉凯瑟琳带来的嫁妆，费迪南又想能继续影响英格兰的外交政策，所以凯瑟琳又与其先夫之弟（即亨利八世）结婚。

凯瑟琳长亨利八世（以下称亨利）6 岁，容姿秀丽，妩媚动人。婚后共生 6 个子女，但除了最幼之女，其余全都夭折。这个独生女后来成为英格兰女王玛丽一世。由于无男嗣，亨利对凯瑟琳不满，渐萌离婚之念。加上亨利迷上了宫廷侍女安妮·博林，遂于 1527 年提出与凯瑟琳离婚，但遭拒绝。亨利就“先斩后奏”，与博林秘密结婚，后来，法庭宣布亨利和凯瑟琳的婚姻无效，亨利借题发挥，把凯瑟琳幽禁在一个下等庄园里，导致她久病不愈，愤愤而死。时年 51 岁。

亨利八世的第二位王后是安妮·博林。博林于 1522 年入宫做凯瑟琳王后的侍女。博林恰值妙龄，亦有姿色。当亨利与凯瑟琳分离时，博林便成为亨利的情妇。后来与亨利暗通而怀孕，不得不于 1533 年秘密结婚。当亨利与凯瑟琳的婚姻被取缔时，博林被封为王后。同年生一女，这使亨利大为失望，加之博林性情孤傲，亨利又另寻新欢，与简·西摩勾搭。两人关系彻底破裂。博林于 1536 年因所谓通奸和乱伦罪被斩首于伦敦塔。但博林的通奸和乱伦罪是否有证据，至今仍是疑案。

简·西摩（1509 年—1537 年），是亨利的第三位王后。她也是宫廷侍女，曾侍奉前两位王后。博林遭嫌之后，亨利转而追求西摩。一次亨利送她一袋金币和一封情书，恳求西摩做他的情妇。可是西摩返回了礼物，表示她只愿堂堂正正地做王后而不愿做情妇。博林被斩首后仅 11 天，亨利就和西摩共享洞房之乐了。

在亨利的六位王后中，只有西摩生有一子，即后来的英王爱德华六世。但她在产期患病，生子后 12 天便去世了。西摩并无倾国之色，但机敏温顺，使亨利倾心。她也是唯一在死后使亨利伤心落泪的王后。亨利死后与之合葬，足见其对西摩的钟情。

亨利的第四位王后是安妮（1515 年—1557 年）。安妮是德国公爵之女，当时为加强英国和德国联盟，以抗衡法国与神圣罗马帝国的联盟，亨利与安妮订婚。而当他们于 1540 年完婚后，亨利就想与她离婚，因为他认为此女不像别人所描绘的那么漂亮，而是丑陋不堪，还不懂英语。后来法国与神圣罗马帝国联盟破裂，这样，英德联盟也失去了意义。加之，安妮以前曾和另一个男人订过婚，故亨利终于与之离婚。离婚后，安妮仍住在英格兰，靠养老金无声无息地了却了后半生。此次婚姻仅维持了 6 个月，是亨利六段婚姻中最短的一个。

亨利的第五位王后是凯瑟琳·霍华德（1521 年—1542 年）。霍华德出身贵族，又有沉鱼落雁之貌，颇得亨利之青睐。亨利与安妮离婚后，马上又与霍华德结婚。可是霍华德隐瞒了自己曾和另一个男人同居过的事实，所以被指控犯有重婚罪。但亨利最后还是饶恕了她，既往不咎。糟糕的是，婚后不足一年，她又和另一个男人有私情。亨利怒火中烧，将她斩首在伦敦塔。

亨利的最后一位王后是凯瑟琳·帕尔（1512 年—1548 年）。她出身宫廷官吏，在与亨利结婚前已两次孀寡。她无倾国之貌，但聪明机智。有趣的是，亨利以王后多出名，而这位王后的丈夫也并不算少。亨利去世后，她又第四次结婚。

伦敦塔

伦敦塔（英文：Tower of London）的官方名称是“女王陛下的宫殿与城堡”，将其作为宫殿居住的最后一位统治者已是几世纪前的詹姆士一世（1566 年—1625 年）。伦敦塔曾作为堡垒、军械库、国库、铸币厂、宫殿、天文台、避难所和关押上层阶级的监狱，最后的这一用途还产生了一条短语“sent to the Tower”，意思是“入狱”。伊丽莎白一世在她姐姐玛丽一世统治时曾在此入狱一段时间；伦敦塔最后一次作为监狱使用是在第二次世界大战期间，曾关押过弃德赴英的希特勒的副手鲁道夫·赫斯。

白塔是伦敦塔中最古老的建筑，于 1078 年威廉一世时开始营建，1097 年威廉二世时建成。为诺曼底式三层建筑，东西长 35.9 米，南北宽 32.6 米，高 27.4 米。因亨利三世时涂成白色，故名白塔。塔四角建有塔楼，除东北角塔楼为圆形外，其余 3 个均呈方形。12—13 世纪又进行扩建，以白塔为中心，四周建内外两层城墙，设多座防御性建筑。内城墙有 13 座塔，建成于亨利三世时期，以威克非塔、血塔、比彻姆塔最为著名。血塔建于 1225 年，原称花园塔，因发生过悲惨事件，16 世纪末改称血塔。外城墙有中塔、井塔、圣托马斯塔等 6 座塔和 2 座棱堡，完成于爱德华一世时期，大部分是圆筒形。最外层有护城壕。

自1140年起，伦敦塔就成为英国国王的重要宫殿之一。白塔内的圣约翰教堂是伦敦现存最古老的教堂，也属诺曼底式建筑。伦敦塔现为英国著名博物馆之一，陈列有英国和其他国家的古代兵器、王冠、王袍、盔甲等。设在地下室的皇家珍宝馆，主要展出17世纪以来君主的王冠、权杖及王室的珠宝，其中有维多利亚女王加冕时制作的镶有3000多颗宝石的“帝国王冠”和嵌有530克拉宝石的权杖等。

伦敦塔于1988年被列为世界文化遗产。

不老传说动帝心

——求仙问道保长生

人物小档案：

No.1　黄帝（公元前 2717 年—公元前 2599 年），是华夏始祖之一、人文初祖，与炎帝并称为中华始祖，是中国远古时代华夏民族的共主，五帝之首。少典与附宝之子，本姓公孙，长居姬水，改姓姬，居轩辕之丘，号轩辕氏，建都于有熊，亦称有熊氏，因有土德之瑞，故号黄帝。

No.2　嬴政（公元前 259 年—公元前 210 年），即秦始皇。嬴姓赵氏，故又称赵政，生于赵国首都邯郸。秦庄襄王之子，13 岁即王位，39 岁称皇帝，在位 37 年。他把中国推向了大一统时代，被明代思想家李贽誉为“千古一帝”。

No.3　朱厚熜（1507 年—1566 年），明朝第十一位皇帝，明宪宗庶孙，明孝宗之侄，明武宗堂弟，兴献王朱佑杬嫡子。1521—1566 年在位，在位 45 年（在位时间之长在明代皇帝中仅次于其孙子明神宗），年号嘉靖，庙号世宗，谥号钦天履命英毅圣神宣文广武洪仁大孝肃皇帝。葬于北京十三陵之永陵。

自古以来，长生不老是多少帝王梦寐以求的。虽然无一人得以实现这一愿望，帝王们却乐此不疲。修道、炼丹、吃长生不老药成为追求长生的手段，历代求仙访道的故事层出不穷。

相传，最早追求长生不老之术的是黄帝。黄帝是中华民族的始祖，传说他在位一百多年，深受百姓的爱戴。后来，由于年事渐高，精力日衰，黄帝就将帝位禅让给少昊。黄帝是一个对生活充满希望的人，他不愿意坐着等死，便决心去追求一种长生不老的境界，于是拜仙翁容成子、浮丘公为师，跟随他俩学道炼丹，求长生不老之术。浮丘公对他说：“修道炼丹，一定要选择灵山秀水，丹药才能炼成。”于是黄帝就跟随浮丘公、容成子外出寻找炼丹胜地。他们跋山涉水，遍历五岳三山，最后来到江南黟山。只见这里的山峰高出云头，山谷深邃如海，犹如人间仙境。黄帝认为这里是炼丹修仙最理想的地方。从此以后，他就和浮丘公、容成子同住此山炼丹。

黄帝

黄帝每天伐木烧炭，采药煮石，不管刮风下雨，从不间断。据说丹药必须反复炼九次才能炼成，叫做“九转还丹”。黄帝同两位仙翁炼了一次又一次，越炼难度越大，但黄帝的决心也越大。经过480年，那闪闪发亮的金丹终于炼成了。黄帝服了一粒，马上觉得身轻如燕，竟能飘飘地飞起来。黄帝的须发也由白变黑，但因衰老而造成的皮肤皱纹却依然如故。就在这时，紫云峰崖隙间，突然流出一道红泉，热气熏蒸，香气扑鼻。于是浮丘公恭请黄帝到这红泉中沐浴。黄帝在红泉中连浸了七天七夜，全身的老皱皮肤都随水漂去，他完全像换了一个人似的，看上去满面红光，青春再现。

就在黄帝脱胎换骨、返老还童之际，红泉的上空突然祥云缥缈，笙歌悠扬。顷刻之间，雾散云开，霞光耀眼，异香袭人，忽然有珠函一件、玉壶一把，从空中徐徐降下。黄帝接在手中，打开一看，函中有霞衣、宝冠、珠履，壶中盛满了琼浆玉露。浮丘公在一旁恭敬地说："这是上天赐给你的宝物，请接纳。"黄帝将天赐宝物携回北海望仙峰石室，接受群臣的祝贺，披霞衣，戴宝冠，穿珠履，饮下甘露琼浆。当他走出石室时，身上霞光万道，照遍了黟山的高峰深谷。这时，空中又降下白龙、彩幡、珠盖，黄帝与浮丘公、容成子一起乘上白龙，彩幡引路，珠盖护顶，从望仙峰顶，飘飘上升而去。山下臣民齐声欢呼，响彻云霄。

黄帝异化升天，当然只是一个传说，这是史书中关于炼丹最早的记载。炼丹的主要器具是"鼎"，它本是古代的烹饪器，也是记载功勋的礼器，传说黄帝造九鼎，鼎就成了传国之宝。鼎被用来煮肉汤和食品，方士们却希望在鼎中也能炼出一些别的东西，传说秦穆公的女婿萧史就在宫中炼丹，他曾经炼成"飞雪丹"（实际上炼成的是铅粉），用来给自己的妻子擦脸美容。

求取长生不老药最为有名的就是一统华夏的秦始皇。秦始皇自从做上皇帝的那一天，就迷恋上了长生不老的千秋大梦。他不但希望皇位能万世万代地传下去，自己还想长生不老，于是就在统一全国之后千方百计地寻求仙丹妙药，经常出巡。

公元前 219 年，秦始皇东巡郡县，去山东泰山、琅琊等地封禅祭神，刻石记功。此时，有齐人徐福等人上书，说海中有蓬莱、方丈、瀛洲三神山，里面有仙人居住，请求秦始皇送他童男童女，可以换回长生不老的药。秦始皇相信了他的话，派徐福率领童男童女数千人同去海上求仙，但是始终没有结果。

秦始皇

秦始皇始终惦记着求仙这件事，过了 4 年之后，他再次东游到碣石这个地方，派遣燕人卢生、韩众、侯生等入海寻找仙人和不死之药。这些好说大话的燕齐方士当然不可能找到真的仙人仙药，因此不得不编造谎言欺骗皇帝。卢生乘船出海几个月，丝毫没有收获，但是又不能说实话，就谎称自己寻找灵芝奇药和仙人时有很大的困难，因为有恶鬼为害。现在皇上应该隐秘行踪，以避开恶鬼，没有恶鬼伴随左右，仙人才会出现。卢生对秦始皇说，如果皇帝住在没有人知晓的房间里，不让任何人知道，才能得到长生不老药。秦始皇信了这套鬼话，下令在京师咸阳100里内兴建行宫260座，皆以甬道相连，都用帷幄围起来，在里面放置钟鼓、美人灯。皇帝每日巡幸行宫，随从者不得泄露皇帝的住处，有敢于泄露机密的人立即处死。有一天，秦始皇巡幸到梁山宫，望见山下丞相李斯出行，车骑很多，心中十分不满。随从中有人把这件事偷偷地告诉了李斯，以后李斯外出的时候，便有意减少车骑。秦始皇知道有人泄露了他说的话，十分生气，立即下诏拘捕当日在身边的随从。因为查不出是谁泄露的，便把随从全部杀掉。此后，下臣们就谁也不知道皇上每日的行踪居处了。

方士卢生虽然骗得秦始皇一时宠信，但心里仍惴惴不安。因为他知道，按照秦朝法律，方士两次进献方术不灵验，便要杀头，于是就偷偷地逃走了。秦始皇听说后勃然大怒，痛恨方士没有求到仙药。他抓不着卢生，便迁怒于在京的儒生，认为他们也犯有“妖言以乱黔首”的罪行，下令御史拷问儒生。儒生们相互告发，牵连出460余人犯禁，于是就发生了历史上著名的“焚书坑儒”事件。

9年以后（公元前210年），秦始皇再次东巡，又找来徐福，令其为自己求仙药。徐福怕秦始皇怪罪，诈称海中的大鲛鱼十分厉害，船只难以靠近仙山取药，须派善射者同去，射杀鲛鱼，才能上岸求药。秦始皇再次派徐福携带童男童女以及百工巧匠、武士、射手500多人，装带五谷种子、粮食、器皿、淡水等，入海去仙山求药。秦始皇鬼迷心窍，晚上睡觉还梦见与海神作战，他急忙问占卜师，于是有大臣说可能是大鱼、蛟龙作怪，只有除掉这些东西，才有可能见到神仙。于是秦始皇下令制造捕大鱼的工具，准备好能够连续发射箭弩的大弓。他亲自率领军队来到芝罘岛上，并且射死了一头鲸鱼，但是最终也没找到仙人、仙药的踪影。秦始皇从海上怏怏归来，走到博浪沙的时候就生病死了。而徐福东渡没有获得“不老药”，却在熊野浦登陆后，发现了“平原广泽”（即日本九州）。既然长生不死之药没找到，返回恐遭杀身之祸，徐福便长居于此，不再复返。徐福等人在九州岛等地向日本土著民族传播农耕知识、医疗技术和捕鱼、锻冶、制盐等技术，促进了日本的社会发展，深受日本人民敬重，尊其为“司农耕神”和“医药神”。

秦朝覆灭后，取而代之的汉朝天子同样有着相似的想法。汉武帝时，由于汉武帝热衷于敬神、求仙，汉朝的求仙之风又兴盛起来，规模、声势远超过前代。战国时代形成的方士势力，由于遭到秦始皇的打压，元气大伤，此时，便又趁势东山再起。

武帝虽然好儒，也受黄老思想熏陶。而黄老崇尚自然、清静无为的一面似乎对他毫无影响，他独钟情于黄老神奇的一面。他17岁登基，“尤敬鬼神之祀”。第一个对汉武帝产生影响的方士是李少君。汉武帝有一旧铜器，以之考问李少君。李少君回答：这是齐桓公时代的铜器。后来武帝经案验，发现这个铜器果然是桓公时代的遗物，于是他“以少君为神，数百岁人也”。识认出一个旧铜器的时代，需要一定的学识经验，由此推断李少君有相当学识，才符合逻辑，但汉武帝却由此判断少君是神仙，是活了“几百年”的人，就有点不可思议了。初试小技得逞后，李少君诱使年轻的汉武帝去海上求仙，于是汉武帝派遣方士入海求蓬莱安期生之属，而从事于用“丹砂药剂化为黄金”。汉武帝此举的后果是：“海上燕齐怪迂之方士多相效，更言神事矣”。李少君后来生病死了，汉武帝却“以为化去不死也”。

李少君死后两年，汉武帝开始对方士少翁、栾大等着迷。少翁因造假被汉武帝所杀且不说。汉武帝见了栾大“大悦”，又是为什么呢？因为他对杀少翁已经非常后悔，“恨其早死，惜其方不尽”。栾大相貌堂堂，又“敢为大言”：“臣尝往来海中，见安期、羡门之属……臣之师曰：‘黄金可成，而河决可塞，不死之药可得，仙人可致也。’”“臣恐效文成（少翁），则方士皆掩口，恶敢言方哉。”

为了安抚栾大，汉武帝掩饰自己杀少翁的事实，说他是吃马肝中毒死的。此刻的栾大已经将汉武帝的心理与智力揣摩透了，于是欲擒故纵地对汉武帝说：“臣师非有求于人，人者求之。陛下必欲致之，则贵其使者，今有亲属，以客礼待之，勿卑，使各佩其信印，乃可使通言于神人。神人尚肯耶否耶，致尊其使，然后可致也。”贵其使者，这个使者不可能是别人，只能是栾大本人，别人何由认识他的“老师”呢！汉武帝当即拜栾大为五利将军，一月后，又让栾大佩四颗金印：天士将军、地士将军、大通将军、天道将军。又封栾大为侯，赐甲第，童仆千人，还有车马帐帏器物等。汉武帝还将自己的一个女儿许配栾大时，这个公主下嫁栾大，光黄金就带去万斤。汉武帝除了亲临栾大府第外，他派出慰问和送礼物给栾大的使者，也是络绎不绝。

当时的栾大贵震天下，看得人人不免嫉妒，惹得燕齐一带的人，都说自己有禁方，能成神仙。汉武帝一心期待着栾大给他招来神仙。然而栾大却招不来神仙，故在长安无法久居，就治装东行，说是入海找其师傅去了。

栾大东去后不久，另一个方士公孙卿又出现在汉武帝面前。那一年汾阴掘出古鼎一只，公孙卿讲了一则黄帝成仙登天的故事，虽然吃了少翁、栾大的亏，汉武帝对公孙卿所言仍深信不疑，他说：“我如能像黄帝那样成仙，我视离开妻儿如脱鞋耳。”于是他拜公孙卿为郎，让他去太室山为自己候神。同时，开始有关封禅的准备工作。

汉代的方士中，公孙卿大约是对汉武帝急切求仙的心理揣摩得最透彻的。这年冬天，他声称在河南的緱氏城上发现了仙人的踪迹，汉武帝兴冲冲地赶到那里欲一见“仙人迹”，却是一场空欢喜。失望之余，恨恨地欲问罪公孙卿，谁知公孙卿不慌不忙地回答：“仙人对人主没什么求的，是人主有求于他。若非宽以时日，仙人不会来。”汉武帝竟相信了，于是，在公孙卿的蛊惑下，汉武帝下命郡国修路，各名山修造宫观，以求神仙降临。

武帝 46 岁那年冬天，先是到桥山黄帝冢祭祀黄帝。第二年的 3 月，他礼登太室山，据说从官在山下听到有叫“万岁”的。下山后，武帝即直奔东海，今山东一带的百姓似乎都如痴如狂，“上疏言神怪奇方者以万数”。尽管“无验者”，汉武帝还是不断增加船只，命令自称见到过海上神山的几千人，出海去求所谓的蓬莱仙人。公孙卿则拿着皇帝的符节，带领大批随从，在一些名山候仙。他走到东莱的时候，又声称“夜见大人，长数丈，就之则不见，见其迹甚大，类禽兽云”。汉武帝又兴冲冲地赶到东莱，亲自观看那巨大的足迹。不知是巧合还是迎合，他手下的大臣们也说：他们见到一老人牵着一条狗，说了声“吾欲见巨公”就不见了人影。汉武帝断定此人即是仙人，就在那里住下，同时让1000多名方士乘皇家专车四处去找这个“仙人”。

元封二年（公元前109年），公孙卿又向54岁的汉武帝发表了一通议论：仙人可见，但皇上您来去太匆忙，所以见不着。接着，公孙卿第一次提出“仙人好楼居”的意见，汉武帝于是在长安、甘泉山一带大造高楼。当时在长安造的高楼称“蜚廉桂观”；甘泉的则叫“益延寿观”。后来又在甘泉造了更高的“通天台”，唐司马贞注《史记》时引《汉书旧仪》时描述了这个“通天台”：“高三十丈，去长安二百里，望见长安城也。”

承露盘

汉武帝一方面大兴土木，四处造楼候仙；另一方面，又前后三次亲自万里迢迢来到东海边，希望遇见仙人，但都毫无结果。汉武帝听信方士之言，以为将玉磨成粉屑后和露水饮用，可以长生。为了求取来自上天的纯正清露，汉武帝在柏梁宫建造了这座高达二十丈的铜质承露盘。但可惜的是，这座承露盘最后竟毁于火灾了。

班固《汉武帝内传》记：“至太初元年，十一月乙酉，天火烧柏梁宫。”在柏梁宫火灾的同一年，汉武帝误信了越巫的无稽之谈，以为火灾发生后，要马上修建新宫殿，且必须把规模搞得更大。于是，汉武帝就迫不及待地命人兴建了建章宫。建章宫是完全可以和秦始皇的阿房宫比肩的一个巨大的宫殿建筑群，建筑材料选用香闻数十里、可以防火灾的上等香柏木。它不仅四面皆建有宫观楼台，还有虎圈、大池，大池名太液池，池中建有“蓬莱、方丈、瀛洲”等神山，其中“神明台”、“井幹楼”高五十余丈，与其他楼观皆车道相属。建章宫也有承露盘，其高度高达三十丈（约70米），这是一个高大的铜人，双手高举过头托一铜盘，以接由北斗星降下的仙露。

其实承露盘中承接的仙露，不过是早晚由于温差凝结在盘中的水蒸气。汉武帝就把这些凝结的水珠，当成了长生不老的仙露交由方士。方士再将露水和美玉的碎屑调和而成后，让汉武帝服下。

开创贞观之治的唐太宗是唐诸帝中第一位迷恋服饵养生术的皇帝。许多人困惑于太宗从早年的不相信神仙之说到晚年迷恋服饵养生的转变，而将原因简单地归结为太宗对道教神仙思想态度的前后变化。这种解释有点牵强。

唐太宗李世民

实际上，长期的戎马生涯和紧张激烈的政治、军事斗争，极大地损坏了太宗的身体，至晚从贞观六年（622年）开始，太宗的体质就每况愈下。这年正月，太宗将幸九成宫，姚思廉进谏，太宗解释说：“朕有气疾，暑辄顿剧，往避之耳。”说明这时太宗已有了畏暑怕热的病状。

贞观十年（636年），太宗得了痈疮，此后一直调养，并开始服用金石丹药。先前太宗还曾经嘲笑秦始皇和汉武帝用丹药，现在自己也不由自主地陷进去了。史书载：“上得疾，累年不愈。”次年二月，太宗还下了一道类似遗诏的诏书，坦然谈及生死问题，并告诫子孙在他身后不得厚葬，务从节俭。由此可见，太宗的病情很重，一度曾出现生命危险。

自此之后，太宗对服饵养生产生浓厚兴趣。据说太宗曾诏洞庭山道士胡隐遥入内殿，“问以摄生之道”。贞观十七年，太宗又幸名医甄权家，“视其饮食，访以医性”。据说甄权时年103岁，长于养生，他和弟立言皆有高深的医术。隋鲁州刺史库狄苦于风患，诸医皆莫能疗，甄权“缄其肩隅一穴”，即时而愈。御史大夫杜淹患风毒发肿，太宗令立言视之，奏曰：“从今更十一日午时必死。”果如其言。太宗亲临甄权家，看来应是有针对性的。

就在这一年，高季辅上疏陈得失，特赐钟乳一剂，据载高季辅也“以风疾废于家”。贞观十九年底，太宗征辽后还至定州，因为长途劳顿、征辽不利等因素，病情又有所加重。次年三月抵京师，“上疾未全平，欲专保养”，军国政事委皇太子处分；八月，太宗又行幸灵州招抚薛延陀，十月，还京师，“上以幸灵州往还，冒寒疲顿，欲于岁前专事保摄”。

可能在这期间，太宗已经服食了丹药，原因在于贞观二十一年正月，高士廉卒，太宗欲亲临吊丧，房玄龄、长孙无忌等“以帝饵金石，谏不宜近丧”。三月，因“得风疾，苦京师盛暑”，命修终南山翠微宫。十一月，“上疾愈”，大概是服药后，病情有所缓解。

贞观二十二年，王玄策破中天竺帝那伏国，进献方士那罗迩娑婆给太宗，太宗命其“于金飚门造延年之药”，历年乃成，服之，“竟无异效，大渐之际，名医莫知所为”。据《通鉴》卷一九九载：太宗临终前，“苦痢剧增”，显系服食丹药中毒所致。据此可见，外国方士所进的丹药直接导致了太宗的死亡。

嘉靖

受丹药所害的帝王除了唐太宗外，明嘉靖皇帝也是其中的一个。明武宗死后，因为没有子嗣，朱厚熜以藩王入继帝位，成为历史上的嘉靖皇帝。嘉靖皇帝前后有三位皇后，但都不曾生育。

当时各地所进献的秘方和炼丹药可谓五花八门。其中“红铅”是最流行的炼丹制药之法：将处女月经和药粉经过拌和、焙炼，形如辰砂。据说这些药物能够起到强身健体和增强性欲的作用。嘉靖皇帝为了采得足够的炼丹原料，强迫宫女们服食催经下血的药物，轻则损伤宫女身体，重则造成失血过多甚至血崩，许多人因此丧命。为了防止泄露炼药的秘密，他甚至杀掉取过血的宫女。

嘉靖皇帝长年服食丹药，性情暴躁，动辄鞭打宫女。宫女中，有位叫杨金英的，年近三十，她和另一位年龄较大的宫女邢翠莲负责带领三四十名宫女干活，每天天色微明时就要起床，到花园中为皇帝采集甘露炼丹。尽管如此辛劳，杨金英却犯了一场大错。嘉靖皇帝笃信祥瑞，大臣们为了讨好皇帝，不停地进献祥物。其中有一只五色龟，据说是千年神龟，得来不易。嘉靖皇帝命杨金英等人小心看护。可这只五色龟是严嵩党羽赵文华假造的，龟背上的颜色是用颜料染成的。放在水中，颜料便发散，这只龟也许因颜料中毒，不久就死了。杨金英等发现神龟死了，知道皇帝不可能饶恕她们。她们决定冒险刺杀皇帝，皇帝一死，谁会再管死龟的事？而与宫女一起生活的宁嫔王氏也想借此翻身，参与了宫女们的密谋。

一天晚上，嘉靖皇帝在端妃曹氏的住处喝酒、休息。当他睡着后，端妃和她的侍从退了出去。杨金英等四名宫女潜入他的寝室，拿出事先准备的绳子，先做了一个结往嘉靖皇帝脖子上一套，令同伙们用力向两个方向拉。嘉靖皇帝惊醒，拼命挣扎。不巧绳扣是个死结，怎么也拉不紧，嘉靖皇帝拼命反抗，口中呻吟。宫女中有一个见势不妙，飞奔到方皇后处告密。杨金英等急忙逃走。

方皇后命宦官解下绳子，召来御医。嘉靖皇帝已经昏迷，服下御医配制的药，六七个小时后才苏醒过来，一个多月后才恢复说话能力。这期间，方皇后因为端妃得宠早已怀恨在心，嘉靖皇帝不能说话，方皇后便以他的名义颁布诏书，命令逮捕宫女，一个个严刑拷问。首犯宁嫔、杨金英等被招认了出来，端妃也被牵连在内，于是，方皇后下令将端妃、宁嫔、杨金英等宫女及她们的家属全部凌迟处死。

遭此变故，嘉靖皇帝认为自己受鬼神护佑，从而大难不死，越发迷信，将所有国家政事全部交给严嵩。从此，大明王朝江河日下，不久即覆亡于农民起义的浪潮中。

相关链接：

徐福

徐福，即徐市，字君房，齐地琅琊（今江苏赣榆）人，秦著名方士。他博学多才，通晓医学、天文、航海等知识，且同情百姓，乐于助人，故在沿海一带民众中名望颇高。徐福是鬼谷子先生的关门弟子。学辟谷、气功、修仙，兼通武术。他后来被秦始皇派遣，出海采仙药，一去不返。

乡亲们为纪念这位好心的名医，把他出生的村庄改为“徐福村”，并在村北建了一座“徐福庙”。后来，有徐福在日本的平原、广泽为王之说。

承露盘

承露盘又叫金铜仙人承露盘。自古以来，“露”就被附会为祥瑞之物。《初学记》引《瑞应图》说：“露色浓为甘露，王者施德惠，则甘露降其草木。”可见，“甘露降”是帝皇施仁政、德泽万民的征兆。又据汉朝郭宪《洞冥记》载：“东方朔游吉云之地……得玄黄青露盛之璃器以授帝（指汉武帝）。帝遍赐群臣，得露尝者，老者皆少，疾病皆愈。”这则传说反映了汉人的普遍心理，即认为服用甘露可以袪病延寿。基于标榜德政和求长生两种考虑，汉武帝在长安建造了承露盘，用以承接上天赐予的甘露。铜仙承露盘虽然不能使汉武帝长生不老，但如果保存至今，肯定是一件难得的工艺品。遗憾的是，汉朝灭亡以后，魏明帝曹睿，也就是曹操的孙子，下令将铜仙承露盘从长安搬迁到洛阳。可没想到，在搬迁途中，铜仙承露盘却被彻底损坏了，最后破损的部件也被丢弃得不知所终了。这段历史被《三国志》、《汉晋春秋》等很多文献记录，就连四大名著之一《三国演义》的第一百零五回“武侯预伏锦囊计，魏主拆取承露盘”中，对这段历史也有描述。

玉容未近香袭人

——香妃香魂永留存

人物小档案：

No.1　爱新觉罗·弘历（1711 年—1799 年），清朝第六位皇帝，定都北京后第四位皇帝。年号乾隆，寓意“天道昌隆”。25 岁登基，在位六十年，退位后当了三年太上皇，实际掌握最高权力长达六十三年零四个月，是中国历史上执政时间最长、年寿最高的皇帝。庙号清高宗，谥号法天隆运至诚先觉体元立极敷文奋武钦明孝慈神圣纯皇帝。葬河北遵化清东陵马兰峪之裕陵。

No.2　容妃（1734 年—1788 年），即传说中的香妃。霍卓氏（又作和卓氏），维吾尔族人。阿里和卓之女。清高宗时为和贵人、容嫔、容妃。乾隆五十三年（1788 年）四月十九日卒，享年 55 岁。同年九月二十五日入葬清东陵之裕陵妃园寝。

在乾隆皇帝的40多个后妃中，有一位维吾尔族女子，她就是闻名遐迩的香妃。香妃的故事历来非常迷人。传说她“玉容未近，芳香袭人，即不是花香也不是粉香，别有一种奇芳异馥，沁人心脾”，不仅如此，香妃还留给后人很多美丽的传说。

传说1

香妃旗装

1788年香妃病逝，年届80岁的乾隆帝老泪纵横，曾生出将香妃的遗体送回喀什安葬的念头，但困于有悖大清祖传皇规。按规定，清皇的后妃只能葬于皇家的东陵后妃园寝中，绝不准移送原籍。乾隆帝陷入“两难”，在愁肠百结之中，忽地茅塞顿开，何不在名字上做做文章？一个万全之策应运而生。他命令雕工匠仿照香妃生前的体形相貌加工了一个与真香妃一模一样的“香妃”。全身裹以白布，只留出面部以便香妃家人瞻仰吊唁。这居然蒙过了一大家族人。此时被册封为辅国公的香妃的哥哥图尔迪亦已去世，乾隆帝便传旨将其兄妹俩一真一假的遗体由香妃的家人护送回新疆喀什。100多人的抬尸队伍，历经半年的艰难跋涉，终于到达目的地。香妃的亲人们查看了香妃和她哥哥的遗体面容，确认无误后即刻下葬入穴。香妃的遗体早已隐秘地葬在了清东陵，而那个檀香木雕制的假香妃，却登堂入室地埋进了祖墓内，由此人们只记住了香妃和香妃墓，而对于墓地的真正主人却疏于谈论。

传说2

在我国新疆地区，有一个维吾尔族首领的妻子长得非常漂亮，且身上有一股奇异的香味儿，人们都管她叫香妃。这件事儿被清朝乾隆帝知道了，就派军队出战新疆，同那个维吾尔族首领交战，首领战败，军队将领把香妃抢到了北京。家仇乡恨，香妃满腔悲愤，身上暗藏了锋利的刀子，想寻短见。被“选”进北京以后，要不是乾隆帝叫人看得严，香妃早就自杀身亡了。要叫她给乾隆帝做妃子，是谁说也不从，谁劝也不依。乾隆帝望眼欲穿地看着这个如花似玉的美人儿，也没办法，不敢接近她，因为知道她身上藏着刀子，怕她自杀了，但又不死心，就把香妃安置在如今的中南海住下了。乾隆帝为这件事很犯愁。维吾尔族多信奉伊斯兰教，为了讨好香妃，乾隆帝命令宫人一定要按照伊斯兰教的风俗习惯去安排香妃的起居饮食。宫人也都照办了。这虽说博得了香妃的欢心，但仍然消除不了香妃想家的念头。乾隆帝心里又暗自思索：如何才能给香妃消愁解闷儿呢？他想来想去，忽然想到回民住的地方都有做礼拜的地方，如果照着她家乡的礼拜寺给她盖一个，她一想家，就叫她看一看，不就好像到了家乡一样吗？命令一下，很快就在宝月楼（就是现在西长安街中南海的新华门楼）的对面儿，仿照香妃家乡的礼拜寺，修了一座庄严肃穆的礼拜寺楼，有两三丈高，楼基上有两层楼阁。在这座建筑的后边儿住着的是随香妃来北京的回教人。每当香妃思念家乡心切的时候，就叫宫女陪着，登上宝月楼，向南眺望对面的这座仿照她家乡样式盖的礼拜寺楼。看见了自己家乡的礼拜寺楼，看见了头戴回民帽子、出来进去的家乡同胞，就好像回到自己的家乡一样，香妃在精神上得到了很大的安慰。于是这座楼便被叫做了望家楼。后来望家楼没有了，宝月楼改叫了新华门。但是现在西长安街附近还住着不少回族同胞。北京人心里还一直纪念着香妃，一代一代地传说着关于香妃和望家楼的故事。

虽然有了望家楼，但是香妃还是想家，根本不顺从乾隆帝。乾隆帝的母亲皇太后很替儿子着急。她想如此这般下去是不行的，于是打定了主意。趁着乾隆帝出宫不在家的当口，她把香妃叫到了跟前，问香妃："你到底是从还是不从？"香妃还是不从。皇太后说："不从，就叫你死！"香妃笑着说："我被你们抢来就没打算活着！"于是皇太后就"赐白"，叫人把香妃给绞死了。太后处死香妃的原因，除了上述为成全其名节外，另有说是太后担心自己的儿子弘历（即乾隆帝）为香妃所害。还有说由于香妃受乾隆帝宠爱，诸妃妒忌，向太后进谗言，太后听信谗言而加害香妃。

香妃死后，乾隆帝悲伤不已，最后以妃礼将其棺椁送往故乡安葬。此说在清末民初流传颇广，出现不少叙述香妃故事的戏曲说唱、小说诗歌，绘声绘色，凄婉动人，使不少人对香妃传闻信以为真。

有人指出，有关香妃事迹仅为传说而已，并非历史事实，根本不存在香妃其人。乾隆帝先后有嫔妃四十多人，只有容妃和卓氏来自叶尔羌（今新疆莎车）回部，一般认为她就是传说中附会的香妃，但实际上容妃并不是被掠进宫的。和卓氏是秉持回教始祖派噶木巴尔的后裔，生于雍正十二年（1734年）九月十五日，属和卓旗。乾隆二十五年（1760年）二月，定边将军兆惠平定回部，和卓氏亲属因配合清军作战有功而受封，并到京师定居，和卓氏也随同到京师。后和卓氏被选入宫，乾隆二十七年五月被封为容嫔，乾隆三十三年六月，晋升为容妃，时年35岁。容妃深得乾隆帝宠爱，曾随乾隆帝东巡、南巡，特允于宫中着本族服装，专配回回厨师。自乾隆五十年起，容妃因病很少于宫中露面，乾隆五十三年（1788年）四月病故，年55岁。史籍与档案中，也未见容妃有体散异香的记载，更无被皇太后赐死的结局。可见，容妃并无传说中香妃的曲折经历，她不是香妃。

另外，有史料证明，乾隆帝下令在西苑建宝月楼的目的不是为容妃（或称香妃），从时间来看，宝月楼建在容妃进京之前，当时乾隆帝怎么知道和卓氏进京并能为己所爱？所以香妃事迹纯属子虚乌有。此外，关于容妃墓的地点，一为喀什噶尔（今新疆喀什），一为河北遵化县东陵。容妃一人怎葬两地？传说当年容妃去世后，其遗体由灵轿运送到喀什噶尔东北郊的伊斯兰墓群下葬，一架“驮轿”还停放墓侧。河北遵化县马兰峪清东陵裕妃园寝中，亦有一座容妃墓。1979年10月被发掘，地宫由两个券堂组成，均为拱券石结构。在金券的宝床上，停放一红漆棺木，棺帮被盗墓人砍开一大洞，棺中已空，棺头正中有数行回文文字，意为“以真主名义……”，棺木西侧有一头骨，西北角有一根85厘米长的花白发辫、青缎衬帽、包头青纱等，还有一

香妃洋装

些龙袍残片和几件织物，织物上织有“江南织造臣成善”、“苏州织造臣四德”等字样，墓中还存有如意、荷包、珍珠、宝石、猫眼石、钻石等。棺头文字表明墓主为伊斯兰教信徒，龙袍和猫眼石等证明其身份为妃子，由花白发辫推断死者为55岁左右，织物上“四德”、“成善”皆为乾隆五十三年的织造官，可见这才是真正的容妃墓。

香妃之名的由来

“香妃”之名早在清朝末年的一些私人著述中就已出现了。据迄今为止的考证得知，最早出现香妃之名的当属光绪十八年（1892年）萧雄写的《西疆杂述诗》卷四“香娘娘庙”，其中有“纷纷女伴谒香娘”一语。他在附录中进一步写道：“香娘娘，乾隆年间喀什噶尔人，降生不凡，体有香气，性真笃，因恋母，归没于家。”光绪三十年（1904年）刊印的《王湘绮先生全集》第五卷中，记有回妃被掳入宫，不顺从皇帝，最后被皇太后绞杀的情节。“香妃”之名的广泛流传则是在清王朝灭亡以后。1914年，故宫古物陈列所从沈阳故宫和承德避暑山庄调来一批文物搞展览，其中有一幅年轻女子的戎装像。在该画像下面的说明文字中，明确指出：“香妃者，回部王妃也。美姿色，生而体有异香，不假熏沐，国人号之曰香妃。”从此以后，香妃之名大震。由上述记载我们可以得到两个信息：第一，香妃是回族；第二，香妃之得名与生来就“体有异香”有关。人真的可以“不假熏沐”就“体有异香”吗？根据人的生理特征，每一个人通过汗腺、皮脂腺，都会分泌出一些气味来，人的五脏六腑内的气味通过人的一些器官也会排出来，几乎一人一味，有的气味浓，有的清淡些。香妃身上的香味是否属于这种气味？我们不得而知。再者，一些爱美、生活讲究的女子，常洗一种“花草浴”或“奶浴”。还有一些女人喜欢搽抹一些具有特殊香气的高级脂粉之类。

香妃戎装

浴后、搽后，身体自然会散发出引人注意的、沁人心脾的香味来。香妃身上的香味是否来自化妆品或者浴液的气味？这对我们而言同样是个难解之谜。反过来，说香妃之得名源于“体有异香”，也可能是一种望文生义的解释，也不能排除由于香妃长得太美、秀色可餐，故美其名曰“香妃”。总之，为什么叫香妃，说法很多，至今尚无定论。

香妃画像

香妃貌美，应当是不用怀疑的，否则乾隆皇帝不会千里迢迢将这位回部女子纳为皇妃。香妃究竟美到什么程度？人们总希望一睹真容。目前，流传于世的、被称为香妃画像的有四种，一是身穿红色旗装的半身像；二是身穿欧式盔甲、手握战刀的半身像；三是身穿西式长裙、一手提花篮、一手拿花铲、头戴凉帽的坐像；四是太仓陆夫人在东陵裕妃园寝拍照的香妃吉服半身像。第一幅旗装像是流传最广、利用率最高、人们最熟悉的画像，许多文章、书籍、画报，甚至商店广告中用的都是这幅画像。在人们的心目中，这幅画像就是香妃像，一提起香妃，自然也就想到这幅画像。第二幅是戎装像，1914 年古物陈列所展出的就是这幅像，当时悬挂在武英殿后右旁的浴德堂内，下面附有文字说明。这幅像出自清宫当没有问题，但画上没有款识。有人说此画的作者是郎世宁。可是郎世宁的画作在《国朝院画录》和《石渠宝笈》中都有记载，此两书中未见有关此画的任何内容。有人说是他的“游戏之笔”。郎世宁有多大的胆子，敢以“游戏之笔”随便画当朝皇上的一名宠妃？曾经在古物陈列所工作过的原故宫博物院副院长单士元先生回忆当时的情况时说：“那时，我和几个同事根据民国政府内务部一位官员说的‘这大概就是香妃’，并考虑到当时社会经济效益商定的，是没有查史料的，是错误的，是一种不负责任的行为，是应该纠正的。”原故宫博物院资深专家朱家溍先生特地写了一篇《“香妃戎装像”定名的由来》一文，进一步否定了这幅画是香妃像。第四幅是香妃吉服像，这幅像一般人很少见到。著名清史大师孟森先生在逝世前的最后一篇文章《香妃考实》中讲了这幅像的来源：近日吴生丰培贻一容妃园寝神像，问其所从得？则云有太仓陆夫人藏。此夫人为陆文慎宝忠之子妇，徐相国郙之女，于民国二三年间至东陵，瞻仰各陵寝。至一处，守者谓即香妃冢，据标题则容妃园寝也。凡陵寝、园寝享殿皆有遗像，一大一小。小者遇有祭祀即张之。大者年仅张设一次。陆夫人以香妃之传说甚庞杂，亲至其园寝，始知流言之非实。请于守者，以摄影法摄容妃像以归。所摄乃其小者，大像封局，未得见也。

香妃葬地

被认为是香妃葬地的，起码有三处，即新疆的喀什、北京陶然亭北和遵化清东陵。

新疆的香妃墓位于喀什市东北郊区的浩罕村，占地 30 亩，始建于明崇祯十三年（1640 年）。300 多年来，经过不断的修缮、扩建，才形成了今天的规模。此墓有墓堆 58 个。以前此墓称“海孜来特麻扎尔”，译为“尊者之墓”。也有人称为“阿帕克和卓扎尔”的，简称为和卓墓，直到现在还有人这样称呼。此墓群最初并无“香妃墓”之称，后来才传说香妃也葬在里边，但连守墓人也不知哪座墓堆是香妃的。再到后来，不仅“香妃墓”叫得越来越多，越来越响亮，而且还明确了哪座墓堆是香妃的。更有甚者，有人将据说是当年运送香妃遗体的废旧驮轿也摆了出来，以证实香妃确实葬在那里。此墓建于 1640 年，而香妃之名正式出现于民国初年，况此墓又为家族合葬墓，而且迄今为止也没见到香妃葬入此墓的明确的文字记载，故称之为“香妃墓”应是后人附会之说。

至于北京陶然亭北丛芦乱苇中的土堆，当地老人称之为“香冢”，有人便说是香妃的坟。此冢旁立有一碑，上面镌刻着：“浩浩愁，茫茫劫。短歌终，明月缺。郁郁佳城，中有碧血。碧亦有时尽，血亦有时灭。一缕香魂无断绝，是耶非耶？化为蝴蝶。”从碑文来看，葬于此处之人确为一女子，生前似乎发生过曲折离奇的情感故事，但其中未提香妃一个字，而且，大清皇妃死后岂能葬在荒草堆中？故此说也不可信。

遵化境内的清东陵是清王朝在关内开辟的规模宏大的皇家陵园，乾隆帝的裕陵就建在那里，其妃园寝建在裕陵旁边。这座妃园寝始建于乾隆十二年（1747 年），位于裕陵西 5 公里，坐北朝南。其建筑布局及规制为：园寝最前面有一道马槽沟，正中建一孔拱桥一座，东侧建三孔平桥一座。往北是东西厢房各5间，单檐硬山顶。东西值班房各3间，单檐卷棚顶。宫门一座，面阔3间，单檐歇山顶。前院内东侧燎炉一座。东西配殿各5间，单檐歇山顶。院内正中享殿一座，面阔5间，单檐歇山顶。享殿两侧各建园寝门一座。后院前部正中建方城、明楼。方城后为宝城、宝顶。在宝城两侧各建小宝顶一座。在宝城后有4排宝顶，计32座。整个园寝共建大小宝顶35座，葬人36位。其中香妃的宝顶建在大宝顶后第一排东端第一位。整座园寝除厢房和值班房为布筒瓦外，其他建筑及墙顶均覆以绿色琉璃瓦。这座园寝规制之高，建筑之完备，在清代妃园寝中仅次于景陵皇贵妃园寝，位居第二。其葬人之多，在清代妃园寝中也数第二。香妃即乾隆帝的容妃，葬在这座园寝，《大清会典》及其他官书、《昌瑞山万年统志》、《陵寝易知》等书不仅有明确的文字记载，而且还绘有葬位图。清宫档案中还有关于容妃遗物、送葬人员等方面的资料。1979年10月，清东陵文物保管所对容妃地宫进行了清理，不仅找到了遗骨，而且还出土了许多有价值的文物，发现了一些文字。这一切都无可辩驳地证实了香妃就葬在这座妃园寝内。

香妃婚姻

根据档案记载，香妃是于乾隆二十五年（1760年）二月进宫的，当时已27岁。那个时代，女子一般都在十几岁就出嫁。清帝挑选秀女，13岁的女孩子就可参选。多尔衮的母亲阿巴亥12岁就嫁给了努尔哈赤。孝庄文皇后13岁就与皇太极成了婚。孝康章皇后15岁就生育了康熙帝。香妃入宫时已经27岁，有人据此推测她很可能已经结过婚，而且婚史不会很短。如果香妃入宫前结过婚，那她以前的丈夫是谁？这次入宫，是因丈夫死了还是离婚了？如果是离婚，离婚的原因是什么？以前是什么时候结的婚？都无从得知。香妃也有可能在入宫前没有结过婚。那个年代虽然盛行早婚，但晚婚的现象也不是没有。当年叶赫部首领布扬古妹，风姿绰约，聪慧柔顺，是有名的美貌佳人。也正因为她的美丽聪慧以及政治上的原因，到33岁才出嫁，成了著名的“老女”。香妃久负美名，远近闻知，她难道就不会是第二个“老女”吗？在民间，也有一些有地位、有财富的美貌女子，依恃自己的财、貌，高不成，低不就，总不能找到遂心如意的郎君，直到妙龄花季已过，耽误了婚期。香妃会不会也属于这种情况呢？这个谜团恐怕真的难以解开了。

相关链接：

香妃墓

香妃墓坐落在喀什市东郊5000米的浩罕村，系新疆维吾尔自治区的重点文物保护单位。这是一座典型的伊斯兰古建筑群，也是伊斯兰教圣裔的陵墓，占地2公顷。陵墓始建于1640年，据说墓内葬有同一家族的五代72人（实际只见大小58个墓穴）。第一代是伊斯兰著名传教士玉素甫霍加。他死后，其长子阿帕克霍加继承了父亲的传教事业，成了明末清初喀什伊斯兰教“依禅派”著名大师，并一度夺得了叶尔羌王朝的政权。他死于1693年，亦葬于此，由于其名望超过了他的父亲，所以后来人们便把这座陵墓称为“阿帕克霍加墓”。

阿帕克霍加墓整个陵园是一组构筑得十分精美宏伟的古建筑，四角各立一座半嵌在墙内的巨大砖砌圆柱，柱顶各建一座精致的圆筒形“邦克楼”，楼顶各有一根铁柱群，由门楼、大小礼拜寺、教经堂和主墓室五部分组成。主体陵墓是一座长方形拱顶的高大建筑，高26米，底长35米，高擎着一弯新月。主墓室顶呈圆形，其圆拱直径达17米，无任何梁柱。主墓室外墙和屋顶全部用绿色琉璃砖贴面，并夹杂一些绘有各色图案和花纹的黄色或蓝色瓷砖，显得格外富丽堂皇、庄严肃穆。陵墓厅堂高大宽敞，平台上排列着坟丘，坟丘是用白底蓝花琉璃砖砌成，晶莹素洁。大礼拜寺在陵园的西半部，名“艾依提甲衣”，节日期间供教徒们做礼拜用。小礼拜寺和门楼是最外面的一组建筑物，彩绘和砖雕图案极为精美。寺外有一池清水，林木参天，清幽宜人。

香妃的坟丘设在平台的东北角，坟丘前用维文、汉文写着她的名字。墓丘都用蓝色玻璃砖包砌，上面再覆盖各种图案的花布，既表示对死者的尊敬，又有保护墓丘的作用。但据考证，香妃并没有葬在这里，她确切的葬地是在河北遵化清东陵的裕妃园寝。

阿根廷别为我哭泣

——玫瑰凋零香犹在

人物小档案：

No.1　伊娃·裴隆（也译作贝隆夫人或艾薇塔，1919 年—1952 年），出生于阿根廷，是阿根廷总统胡安·多明戈·裴隆的第二位妻子。

No.2　胡安·多明戈·裴隆（又作庇隆、贝隆，1895 年—1974 年），出生在阿根廷布宜诺斯艾利斯省的一个农民家庭。阿根廷民粹主义政治家，1946 年至 1955 年、1973 年至 1974 年两次出任阿根廷总统。

“阿根廷别为我哭泣，事实上我从未离开你，即便在我狂野不羁的日子里，我也承诺不离开你”，电影《贝隆夫人》主题曲《阿根廷别为我哭泣》唱出了阿根廷前“第一夫人”艾薇塔·贝隆辛酸曲折、辉煌传奇的一生。

贝隆夫人

艾薇塔·贝隆，即著名的贝隆夫人，她与所有阿根廷贫穷单亲家庭孩子的命运一样，有着梦魇一样的童年回忆。她的出身很卑微，母亲胡安娜拥有一个赖以生存的手艺——裁剪衣服。是一位勤劳、阿根廷传统妇女。但不幸的是，胡安娜痴情地爱上了一个已有妻室的农场主，并为他生了5个孩子。胡安娜天真地以为那个男人会照顾她们母子一辈子，可没想到的是，当艾薇塔还在襁褓中的时候，父亲便抛弃了这个家。为了养活几个孩子，胡安娜日夜不停地干活，在贝隆夫人童年记忆中，家中的缝纫机声似乎从未间断过。而她与她的兄弟姐妹们也经常遭到同伴的欺负，他们称他们是一群没有来历的“野种”。

由于家庭贫穷，艾薇塔与她的兄弟姐妹们往往吃不上饭，更别说成长阶段应该补给的营养品。由于营养不良，艾薇塔儿时的身体十分虚弱清瘦，还因此得到了“小瘦子”的绰号。但与其他几位兄弟姐妹不同的是，她的个性坚定、刚烈、自尊心极强，而且为人处世甚是早熟，并有过人的胆略。比如，在她那位不负责任的父亲去世时，母亲带着几个孩子前去吊唁，被人赶了出来，连灵堂都不让进去。当时艾薇塔就立下一个誓言：“中产阶级算什么，我要当阿根廷的大人物。”不过，很多人认为这只是一个天真小姑娘无稽的幻想。可能正是因为艾薇塔那段痛苦的童年，才使得她想成为一个掌握权力，不受人欺凌的阿根廷女人。

在当时的国家与社会体制之中，女人要想出人头地，做演员绝对是一条捷径。因为，这是一个充满了鲜花、掌声，同时又受到万人瞩目的特殊职业，对于任何略有姿色的女人来说，只要当了演员，便有机会走进上流社会与富翁俱乐部。艾薇塔的母亲开了一家提供包饭的餐馆。一天，艾薇塔在饭店里帮忙，一个当红的探戈歌手奥古斯汀·马加尔迪和一些朋友来到餐馆。在吃完饭的时候，艾薇塔很自豪地为他朗诵了一首诗，并向他表达了想演戏的愿望。

“为什么不行呢？”这位歌手回答道。艾薇塔机敏地认为这是一次摆脱自己命运的绝佳机会。于是，她不惜以身相许，条件是奥古斯汀·马加尔迪带她去首都布宜诺斯艾利斯。马加尔迪把自己的地址告诉了艾薇塔，她怀揣母亲给的100比索，跳上了开往布宜诺斯艾利斯的火车。她知道，只有到了首都布宜诺斯艾利斯，才有实现自己做“大人物”梦想的可能，尽管，这仍然属于一个渺茫的假设。

艾薇塔抵达首都后不久，已有妻室的奥古斯汀·马加尔迪便抛弃了她。举目无亲、身无分文的艾薇塔没有走回头路，而是选择继续留在这个陌生的城市。为了生存与心中的“大人物”目标，艾薇塔从悲伤无奈到变得不择手段。她成天游荡在布宜诺斯艾利斯的酒吧、剧院、宾馆里，穿梭于各种权贵男人之间，一次次地利用身体和“爱情”，将酒吧老板、军官、摄影师、电影导演统统迷醉在她的石榴裙下。只要对她的事业有利用价值的男人，她决不放过。因为，通过其母亲惨痛的情感教训，艾薇塔知道，这些男人只不过是一群品位低下的好色之徒，也只是一群阶段性的利用工具。由于她的天生丽质与不计成本的付出，她很快便在一名摄影师的镜头下，风靡于阿根廷首都的报刊杂志，随即而来的就是拍杂志的封面广告、当主持、演电影……，此刻的她，已经无可非议地挤进不少阿根廷男人的梦乡，而她也俨然成为了阿根廷响当当的娱乐界名人。在艾薇塔所饰演的角色中，最令她偏好的是那些掌握权力、操纵国家的女强人，她演过英国女王伊丽莎白、法国皇后约瑟芬、俄国女沙皇叶卡特琳娜等权力女人。也许，通过饰演这些角色，可以让她在精神上获得暂时的自我安慰，同时，她也需要通过研究这些角色，从内到外地塑造自身的优雅气质，获取观众对她“权贵、优雅女人”的形象认同。总之，通过她的细心筹划与努力，“艾薇塔”已经成为了布宜诺斯艾利斯市上流社交圈无人不晓的名字。当然，这个现状并没有让她十分满足。

20世纪40年代，第二次世界大战正如火如荼地进行着，地处南美洲的阿根廷同样显得躁动不安，资本家与失业群体的矛盾已经达到了不可调和、水火不相容的地步，由失业所带来的饥荒与暴动正将这个国家推向崩溃的边缘。1943年6月，阿根廷发生军事政变，贝隆上校脱颖而出，声望骤升。1944年1月22日，在一次宴会上，艾薇塔和贝隆相遇了，贝隆上校在宴会上发表了精彩的演讲，他痛斥了阿根廷富豪与权力阶层

贝隆

们对阿根廷穷人们的盘剥与不闻不问，并将富豪的奢侈与穷人惨状进行了一个生动深刻的对比，贝隆气宇轩昂的仪表、打动人心的声音深深地吸引了艾薇塔，他的“平等、自由、民主”的思想更是令艾薇塔全身心地崇拜，从那一刻起她就相信，这个男人能够拯救她，也能领导阿根廷，帮助所有穷人。于是，她决定，无论如何要嫁给这个男人，并成为他的妻子。而有趣的是，身为上校的贝隆当时恰巧是一个丧偶后孤独的“单身汉”，也非常欣赏艾薇塔的个性与才华，于是，两个原本不搭界的人，便在短暂的交往中开始恋爱了，当时贝隆已经 49 岁，而艾薇塔只有 25 岁。

艾薇塔与贝隆上校相恋的消息变成了布宜诺斯艾利斯市民嘴中津津乐道的谈资，并在阿根廷上流社会引起了强烈的震荡。在上流社会看来，艾薇塔是一名“出身贫贱、不择手段的放荡女人”，而这样的一个曾经是男人们手中玩物的女人，如今要堂而皇之地成为阿根廷权贵集团中的一员，这是他们无论如何都无法面对的。其实，上流社会拒绝艾薇塔的并非是她做舞女的经历，而是她所代表的广大的阿根廷底层势力。在上流社会看来，艾薇塔与贝隆的结合，无疑对阿根廷的传统权贵是一种挑衅与破坏。

但艾薇塔并未在意这种来自上层社会的冷嘲热讽，她仍然雍容华贵、衣着光鲜地陪着贝隆上校出现在各种社交场合。但与那些养尊处优的贵妇们不同的是，她会经常走到阿根廷的基层，参与各种各样的公益活动，并亲切地与穷人握手交谈，很多人都被她优雅的举止和女人特有的温柔征服。毫无疑问，她在为贝隆上校拉选票的同时，自己也得到了阿根廷公众的认同与爱戴。甚至可以说，阿根廷的公众将她与贝隆看成了一个整体。嫁给贝隆，是艾薇塔政治生涯的开始，也是她个人命运发生质变的转折点。他们的结合除了爱情的因素外，还有更为丰富的政治动因，比如他们在改变阿根廷陈旧与腐朽的政治生态的认识上，便达成了高度一致。当然，这也意味着一场残酷的政治争斗不可避免，甚至，其严重性大大超出了他们夫妇俩的想象。

“平等民主”是所谓“贝隆主义”的核心思想，由于阿根廷社会不平等现象越来越严重，所以，贝隆的这套理论在当时的阿根廷很受欢迎。于是，精力充沛的艾薇塔便到处宣讲她丈夫的“贝隆主义”，艰涩死板的政治主张与词语在她的嘴里似乎成了动听的音乐，在阿根廷的民间与政坛上掀起了一股强劲的政治风暴。她不向中产阶级献媚，而是重点培养社会底层的人民，因为，由于社会体制严重不合理，这个群体正在迅速地扩大。

贝隆与艾薇塔这对“政治情侣”的成功，极大地刺激了阿根廷国内的反对派。再加上阿根廷国内时局动荡，不断发生暴乱和革命，于是，阿根廷当局将贝隆送进了监狱。被囚在监狱的贝隆十分沮丧、身心疲惫，并开始萌发离开政坛，放弃争斗的想法，甚至产生了与艾薇塔一起归隐山野的浪漫念头。但艾薇塔坚决不同意，她坚定地认为，靠贝隆的个人声望与政治品格，完全有把握反败为胜。她反复地向贝隆陈述自己的这个观点，并鼓励贝隆不要气馁，而贝隆也在自己的未婚妻的鼓励下，逐渐地恢复了重出政坛的自信。

在监狱外，艾薇塔四处宣讲“贝隆主义”与其民主思想。当然，在每次演讲中她都不忘提醒公众说，正是为了阿根廷大多数人的利益与幸福，她的恋人，也就是“贝隆主义”的发明者如今正蹲在监狱里。她告诫公众说，只有监狱中的贝隆上校才能使他们摆脱贫穷，走向幸福。她的演讲感染了许多正因没有工作而满腔郁闷的阿根廷平民，他们纷纷扛着标语走向街头，高呼贝隆上校的名字，要求当局释放贝隆，这种抗议游行迅速地在全国各地蔓延，阿根廷处在一种随时都有可能爆发全国暴动的危机之中。无奈，当局只有无条件地将贝隆从监狱里释放了出来。贝隆重获自由后，面对成千上万的喜庆民众，说的第一句话就是：“感谢艾薇塔！感谢人民！”

1945年，贝隆向艾薇塔求婚并成功，其实，艾薇塔亦对此期待已久。婚后的贝隆夫妇在政治更是高度一致，他们乘坐专列在阿根廷宣传他们的民主思想，俨然成为了阿根廷贫苦大众的代言人。虽然谁都没有怀疑过这对政治夫妻良好的政治动机，但谁都能看出这里面也夹杂着不少表演的成分。毫无疑问，贝隆夫妇做这一切的目的，就是为了让贝隆上校成为阿根廷的总统，而艾薇塔则顺理成章地成为阿根廷的第一夫人。

而事情的发展果然不出人们所料，在贝隆夫妇极力营造的民主气氛之中，贝隆于 1946 年正式当选为阿根廷总统。就职当天，阿根廷首都布宜诺斯艾利斯十分热闹，对阿根廷与贝隆的未来都充满希望的选民从四面八方涌到总统府前，高呼着艾薇塔与总统贝隆的名字，甚至叫“艾薇塔”的声音还超出了“贝隆”。成为阿根廷第一夫人后，艾薇塔更是马不停蹄地奔走于工厂、学校、医院、孤儿院之间，她为了阿根廷的社会保障、救济、劳工待遇、教育水平等问题忙得焦头烂额。她能机敏地找到简短的话语来回答十分复杂的问题，这种才能使她周围的人都感到吃惊。她无所不在，身后总有一群记者，拍摄她身着各种各样的服装的形象，她甚至还在一家青年足球俱乐部里用脚掂球。不堪回首的童年，使艾薇塔惧怕贫穷与讨厌过于悬殊的贫富差距，当然，童年的经历从某种程度上也决定了她的政治方向。她不止一次地在演讲时发誓要改善阿根廷底层人民的生活水准，而且永远站在穷人那一边，成为他们最好的朋友与“旗手”；同时，她对阿根廷女性在社会中遭到的不公深恶痛绝，原因是她本人也是在这种陈腐社会氛围下长大并深受其害的，所以，她必须成为一位称职的女性代言人，维护女性应有的权益。

在外人看来，艾薇塔成天忙忙碌碌，只是为了辅助她丈夫管理这个国家，不管她所做的一切是政治表演还是另有目的，但她的政治姿态与实际行动，确实让大多数阿根廷人感到温暖。首先，在男权社会里，一个女人美与不美尤为重要，它的重要性相当于上流社会的“入场券”或者“预选资格”。无疑，艾薇塔首先是一位美丽而性感的女人；其次，她拥有许多大家闺秀所不具备的远见卓识与生存能力。由于她当过演员，所以她具有非凡的演讲才能，她的演讲总能给人带来一种希望，听过她演讲的人无不被她声音中所蕴含的激情所感染。她善于打扮，一件廉价的服装可以在她的身上变得脱俗而高贵；她举止优雅得体，善于活跃气氛，只要有她参与的 Party 或舞会总是显得与众不同。当然，绝大多数男人们去参加有她在的 Party 或舞会只是为了一睹她的芳容，而女人们则是为了前去学习她的穿衣着装与交际技巧；她善于与阿根廷的新闻界打成一片，以便宣讲自己的新主张与新观念。总之，她引领着当时阿根廷的潮流与时尚。

艾薇塔只有在周末才有空休息，那时她才能在家里看到贝隆。他们一起骑马，一起吃巴斯克饭菜、马尾火锅和贝隆做的蛋黄酱。1948 年，艾薇塔与贝隆共同宣布了一个社会住房法案。“每八分半钟造一所房子！”艾薇塔为了使该计划被老百姓认可而这样说道。同时，她开了一所学校，每年都能培养上千名可以把医疗服务带到最偏僻村庄的护士。她为工人们创办了一所大学，并和贝隆一起在这里讲授贝隆主义。

艾薇塔的一系列努力使她的声望开始超过她的那位总统丈夫，不少阿根廷的少男少女们将她视为偶像，穷人将她视为救星。在很多人家中，艾薇塔的画像与耶稣像并排贴在墙上。在穷人们的眼里，她是一位女神和一位仁慈的救世主。可谁知道，正是这种近乎痴狂的偶像崇拜，将她推向了一个危险的边缘，她开始忘乎所以，找不着自己的位置了。

艾薇塔开始不满足自己作为第一夫人的外交形象了，她需要一个更大、更理直气壮的政治平台去展现自己。于是，她盯上了副总统的位子，但遭到了军方强烈的反对。除了军方，还有另一个利益集团要不顾一切地阻止这个野心十足的女人迈进总统官邸。无奈之下，贝隆只能放弃了对妻子的提名。但艾薇塔并不悲观，她相信自己完全可以胜任，只是“时机未到”。于是，她将目光转向了国外，希望通过外界的压力改变局面。于是，她策划了一个长达数月的欧洲之行。她访问了西班牙、意大利、法国等欧洲国家，并获得了巨大反响。她的风采横扫了欧洲，征服了傲慢的欧洲人，并成为了他们的心中偶像。欧洲媒体将艾薇塔此次的出访称作“彩虹之旅”。同时，她也获得了“贝隆手中的王牌”、“阿根廷玫瑰”、“苦难中的钻石”等称号。艾薇塔此次的访问，打开了阿根廷的外交新气象，并成为阿根廷外交史上自豪的一页。

当欧洲人还沉醉在这位传奇性的阿根廷第一夫人的外交风采时，却没有预感到死神正在向这位风华绝代的女人逼近。当“彩虹之旅”刚进行到一半的时候，在法国病倒的艾薇塔不得不放弃英国的旅程。她的病

情十分严重，甚至无法乘坐飞机，只有改乘轮船返回阿根廷。

在住院期间，艾薇塔并没有忘记她所钟情的政治事业，即使躺在病床上，她也坚持工作．她通过电话向全国发号施令，通过广播发表演讲，还在医院接待国内外友人的来访，并在治疗期间通过艰苦努力，为所有阿根廷女人争取到了投票权。而当她的病情稍微有些好转时，她就重新投入轰轰烈烈的社会活动，她开始在阿根廷各大城市进行巡回演讲，有一次，在不到48个小时内，她竟发表了7次演说。医生们劝她要注意休息，她则自豪地回答："我要为穷人燃烧自己的生命！"

1949年1月9日，艾薇塔在一个剪彩现场晕倒，医生诊断她患了子宫癌。第一夫人身患癌症的消息传出后，在阿根廷国内引起了一场巨大的恐慌。人们纷纷走进教堂，为她祈求平安。1952年6月4日，已经重病缠身的她坚持要出席丈夫第二次的就职典礼。她靠一个由金属网构成的盔甲支撑着身体的平衡。显然，她已经虚弱到了极点。

同年7月26日晚8点25分，艾薇塔将贝隆叫到病床前并对他说："我这一生，只有生病时才会流泪。"并轻轻地对贝隆说："小瘦子走了。"然后，她便离开了人世。这一年，她刚好是33岁。当天晚上，阿根廷国家电台的广播员声音哽咽地向全国宣布："艾薇塔·贝隆——国家灵魂，民族的精神领袖逝世。"巨大的悲痛顿时笼罩了整个阿根廷，阿根廷的生活停止了，学校停课、工厂停工……阿根廷人从四面八方涌向首都布宜诺斯艾利斯市，火车、轮船显得异常拥挤，不少人长途跋涉数千公里，只是为了送别他们心目中的"玫瑰"。吊丧那天，70万人向艾薇塔的灵柩致哀，人们反复喊着"艾薇塔"的名字，有的人当场哭晕过去，有的人拼命去吻她的玻璃棺，16人因为挤撞而丧生。政府为平息局势，不得不出动军队维持秩序。为了哀悼她的离去，政府宣布全国服丧，同时将拉普拉塔市更名为艾薇塔·贝隆市。耐人寻味的是，失去艾薇塔的贝隆也不再是傲视阿根廷的贝隆了，他的政权在1955年被推翻，而他本人则遭到流放，"贝隆主义"亦成为过眼云烟。

相关链接：

《贝隆夫人》

《贝隆夫人》是以艾薇塔为原型拍摄的影片，影片再现了这位传奇女性的一生。这部电影在拍摄过程中有许多传奇般的故事。1978年，音乐剧《艾薇塔》在伦敦首演，次年登陆百老汇并大获成功，当时制作人罗伯特将英国导演帕克邀到奢华游艇上，请他将该剧拍成电影。但帕克拒绝了，他说他拍腻了这种情调的电影，结果他被罗伯特用网球拍痛击了一顿后，飞快地逃回饭店。其实，帕克对这一决定一直后悔了15年，在这期间，许多著名导演和演员都试图将它拍成电影，但都没成功。直到1994年，一直关注着该剧发展动态的帕克又受到邀请，这次，他没再错过机会。

《贝隆夫人》剧照

影片中的女主角艾薇塔由麦当娜主演，她为获得该角色，写了4页亲笔信给导演，并专门学习声乐3个月，光在录音棚就录了4个月，每周7天，49段音乐就录了400多个小时。她付出的努力终于得到回报，甚至阿根廷总统也被她的诚心感动，答应出借总统府阳台。拍摄当天，当她出现在阳台，演唱《阿根廷别为我哭泣》时，4000名群众演员和摄制人员都被深深感动，以至人们都疯狂了。

王室陷情殇魔咒

——安德烈王子或破咒

人物小档案：

No.1　兰尼埃三世（1923年—2005年），母亲是摩纳哥路易亲王的私生女。1949年他继承了这个已有652年之久的王位，成为摩纳哥大公第三十一任世袭统治者。

No.2　阿尔贝二世（1958年—　），兰尼埃三世之子。

No.3　安德烈王子（1984年—　），父亲为斯蒂法诺·卡西拉吉，母亲为格蕾丝·凯莉王后的大女儿卡罗琳公主。在摩纳哥的王位继承权上排第三位，他曾入选美国《人物》周刊的全球最美丽50人名单。

摩纳哥王室的情殇魔咒已经闻名世界，它在赫赫有名的四大诅咒中是最引人注意的，摩纳哥王室格里马尔迪家族成员因此受到了全世界人民的关注。

诅咒的由来有两种传闻：其一是说，最初格里马尔迪家族夺取摩纳哥政权的方式并不光彩——1297 年 1 月 8 日，格里马尔迪乔装成修士潜入热那亚人在摩纳哥的城堡。他让手下士兵屠杀百姓，取得王位。这种以不光彩的手段而取得政权的方式使得格里马尔迪的家族遭到了诅咒。其二是说，格里马尔迪进城后强奸了一名女孩，而这个女孩后来成为一名女巫，她对整个王室下了魔咒，她诅咒这个家族世代人员的婚姻都会不得善终。不管诅咒之说是否可靠，真实的现实是几百年来摩纳哥王室几代人似乎无人摆脱婚姻不幸的命运。

格里马尔迪家族中最出名的一段婚姻是兰尼埃三世雷尼尔和当时“世界上最美的女人”——出身平民的奥斯卡影后格蕾丝·凯莉之间的爱情童话。二人的邂逅正值凯莉与喜剧天才格兰特合作，在希区柯克的《捉贼记》中出任主角。该片在摩纳哥拍摄完毕后，凯莉去摩纳哥王宫参观，结果一位风度翩翩的王子殷勤地为她当起了向导，这就是凯莉和雷尼尔“童话般的爱情”的开始。在此之前，凯莉有过几次不成功的恋爱史，身后的追求者更不计其数，但在这次她和亲王见面的瞬间，心灵却受到强烈的震动，对极富魅力的亲王留下深刻的印象。雷尼尔为她抛弃了同居的法国女演员，而凯莉则忘却了与克拉克·盖博、宾·克罗斯比、威廉·霍尔顿等人擦出的火花。大约在第二次见面后，拍摄了 11 部好莱坞电影的女神就接受了雷尼尔的求婚，并决心将与西纳特拉合演的《上流社会》作为息影前的绝唱。

兰尼埃三世

1956 年春天，凯莉和雷尼尔走上了婚礼殿堂。两人举行了长达 3 小时的盛大婚礼，1500 多名来自世界各地的记者在现场进行了报道。蜜月归来不久，雷尼尔宣布凯莉怀孕。很快他们有了第一个孩子卡罗琳娜，漂亮的女婴为亲王幸福家庭注入了新的气氛。一年后，凯莉为摩纳哥人民带来了皇位继承人阿尔贝。阿尔贝的到来给整个摩纳哥公国带来莫大的欢乐，因为早在 1918 年法国就同摩纳哥签订过不结婚便会亡国的条约，条约规定一旦摩纳哥的国家元首逝世而无后裔，摩纳哥将并入法国。现在王位有了法定继承人，凯莉和丈夫都感到极其欣慰。1965年，他们最小的女儿斯蒂芬妮出生。婚后，凯莉放弃银幕生涯，做起了幸福的王后。作为第一夫人，凯莉面临许多社会事务，数不清的仪式、典礼等待着她去主持、参加。但她也从不忘记家庭主妇的责任，1960年与戴高乐夫妇会见时，她是手牵卡罗琳娜，怀抱阿尔贝去的。摩纳哥公民们都很喜欢王后的使节气质和她在公开场合总是面带微笑的形象。据说她每天都会带着孩子们沿地中海骑单车，对过往行礼的路人问候一句“你好”。

1982年9月14日，一辆汽车在王宫通向皇家别墅的盘山路上突然跌进沟壑，人们从报废的车厢里拉出二公主斯蒂芬妮，她居然奇迹般地安然无恙，而亲自驾车的凯莉却陷入昏迷之中。抢救工作持续到第二天，但她终于未能再睁开眼睛。凯莉丧生，使雷尼尔悲痛欲绝，此后终生未娶。当凯莉被国葬时，她身上戴着的唯一珠宝是无任何装饰的黄金结婚戒指，那是26年前雷尼尔亲手给她戴上去的。凯莉和雷尼尔“童话般的爱情”就这样以悲剧收场。

兰尼埃三世雷尼尔后代的婚姻依然笼罩在这个神秘的诅咒之下。雷尼尔的大女儿卡罗琳娜公主屡次在婚姻中受挫。她在少女时代就在蒙特卡洛的海滩上脱光了上身衣服，被记者拍了照，成为世界上第一个这样放荡的公主。22岁时她爱上了风流倜傥、比自己大17岁的法国银行家菲利普·朱诺特，并违背父母意愿和他结婚。不想，朱诺特把两人度蜜月的照片卖给了各大报纸，而且风流成性的他婚后仍处处留情，无奈的卡罗琳娜只得选择离婚，这段婚姻仅维持了2年零4个月。

1983年，卡罗琳娜和比自己小三岁的意大利商人斯蒂法诺·卡西拉奇结婚。婚后卡罗琳娜夫妇曾有一段短暂的幸福时光。只是没多久，卡西拉奇就开始在外面拈花惹草。1990年卡西拉奇在一次快艇比赛中艇毁人亡，33岁的卡罗琳娜成了寡妇。第二次婚姻让卡罗琳娜收获了三个孩子：1984年出生的长子安德烈，1986年出生的长女夏洛特，1988年出生的次子皮埃尔。丈夫死后，为了“远离摩纳哥的闲言碎语”，卡罗琳娜带着三个孩子远走法国普罗旺斯，在圣瑞米的一座小别墅中安顿下来。法国演员文森特曾陪伴她4年，但两人最终没有走到一起。

1999年1月23日，42岁的卡罗琳娜在生日当天第三次步入婚姻殿堂，嫁给了拥有德国汉诺威亲王头衔、英国女王的表弟、名列英国王位第23位继承人的恩斯特·奥古斯都。然而这一次仍不是公主王子“从此幸福地生活在一起”。奥古斯都身材粗壮，脾气暴躁，抽烟酗酒，行事奢侈。成为摩纳哥王室的女婿后，个性简单的他因为不适应经常被公开私生活，曾把一名摄影师打得鼻梁骨骨折，还率领一群彪形大汉将一家夜总会的老板打得血流满身，并因此被罚款15万英镑和被判8个月监禁缓刑。2003年，德国汉诺威举办国际博览会，奥古斯都不顾影响在土耳其馆墙边撒尿，德国《图片报》在头版刊出了这一丑行的大幅照片。2010年1月8日，德国《缤纷》杂志用整版篇幅刊登了奥古斯都和一个并非他妻子的女人于去年圣诞节期间在泰国普吉岛裸泳（从照片上看至少是半裸）的报道：“当时，来自世界各地的游客都可以目睹汉诺威亲王和他那位漂亮同伴——他亲吻她，用双臂拥抱她，和她一起在海中游泳；女伴则让汉诺威亲王为她全身涂抹防晒霜。她简直就是卡罗琳娜公主的翻版，只是更加年轻，大概只有40岁左右，长着一头棕色长发。她戴着大墨镜和耳环，身材苗条。在自由海滩上，两人完全没有将一起玩乐当做秘密。”此报道一出，引得世界各地的八卦媒体都为之兴奋，他们似乎已经看到卡罗琳娜和她具有英国和德国皇家血统的丈夫走上了离婚法庭。原因是整个2009年，汉诺威亲王几乎缺席了所有摩纳哥的官方活动，而夫妇俩最后一次共同亮相公开场合还是在2008年6月27日。当时两人一起出席了摩纳哥的一个超越障碍马术比赛，但卡罗琳娜公主看上去“很不开心”。然后有媒体爆料，卡罗琳娜公主和汉诺威亲王已经分居，汉诺威亲王仍住在夫妇俩位于法国枫丹白露镇的家中，但卡罗琳娜已经返回摩纳哥，并将她和汉诺威亲王所生的女儿亚历山德拉公主转到了摩纳哥的学校读书。法国报纸因此刊登过这样一组照片：奥古斯都因为胰腺功能紊乱到诊所就医，他在诊所里不断吸烟，用手指挖着鼻孔；而卡罗琳娜则坐在一旁，面容苍白，眼神呆滞。显而易见，不幸的婚姻已使得卡罗琳娜身心俱疲。

与姐姐卡罗琳娜相比，摩纳哥二公主斯蒂芬妮在感情世界中更加不幸，婚姻生活几乎可以用混乱不堪来形容。有人怀疑：“那次车祸是否是由她造成的？她由于内疚而自暴自弃？”但官方一直否认。斯蒂芬妮本人在经过20年沉默以后，终于在2002年说出了她的心里话：“我在那么年轻的时候经历了如此可怕的事件，亲眼看到坐在我身边的母亲突然身亡。谁也无法想象我的痛苦，它像魔鬼一样一辈子纠缠着我。”所以她就决定“充分享受生活”，成为了格里马尔迪家族的“野孩子”，并以王室“叛逆公主”闻名。早年她做过摄影模特，拍过未穿上装的照片，还当过一阵子摇滚歌星。不过，更让人津津乐道的是她一桩接一桩的风流韵事。

斯蒂芬妮20多岁时，爱上了自己的保镖丹尼尔·迪克里埃。这时候丹尼尔的前女友正怀着他的孩子，这使兰尼埃三世雷尼尔很愤怒。更不幸的是，不久之后斯蒂芬妮也怀上了丹尼尔的孩子，但雷尼尔仍不同意斯蒂芬妮嫁给丹尼尔。谁知斯蒂芬妮又有了第二个孩子。迫于无奈，雷尼尔才于1995年同意他们结婚。一年多后，斯蒂芬妮看到丈夫与比利时一个脱衣舞女郎调情的照片后决定离婚，这段婚姻维持了15个月。

1997年，32岁的斯蒂芬妮爱上了另一个保镖让·雷蒙，这个31岁的法国小伙子身材魁梧，进入摩纳哥王宫之前，曾在法国小城当过警察。1998年7月15日斯蒂芬妮生下一个女婴，取名卡米耶。人们猜测，这个女孩应该是让·雷蒙的血肉，但很快这段感情也无疾而终。

2001年3月8日，《巴黎竞赛画报》刊登了一条新闻，称斯蒂芬妮很早前就爱上了瑞士的驯象师弗朗哥·柯尼。弗朗哥比斯蒂芬妮大10岁，身高1.81米，长着一双蓝色的大眼睛，嘴唇上留着小胡子。他们在1997年的蒙特卡洛马戏节上认识。后来公主经常带着3个孩子前往瑞士，另外还专门买了一辆旅行挂车，马戏团走到哪里，斯特芬妮的旅行挂车就跟到哪里。小女儿卡米耶还经常客串马戏团的小演员和大象一起演出。唯一的问题是，弗朗哥是有家庭的人，他的妻子坚决不离婚，而他的母亲也不喜欢斯蒂芬妮。公主与驯象师的暧昧关系大约持续了4年。最终，斯蒂芬妮厌倦了，带着孩子回到了摩纳哥。

2002年，离开保镖与驯象师的斯蒂芬妮又曝出恋爱讯息——她爱上了王宫大管家里夏尔·吕卡。吕卡当时45岁，已是2个孩子的父亲，伺候兰尼埃国王的起居生活已有15个年头，深得国王信任。当年3月，因为父亲生病，斯蒂芬妮天天到王宫看望，她和吕卡的关系也慢慢发生了变化。6月，斯蒂芬妮带着吕卡出席了小女儿卡米耶的学校家长会。此后，人们经常见到他们带着公主的3个孩子或在运动场踢球或在海滨浴场野餐。然而，这段恋情的最终结果却是：吕卡从管家的位置上告退，他27岁的儿子取而代之，老管家则回到自己结发妻子身边。

2004年9月17日，38岁的斯蒂芬妮与葡萄牙男友亚当斯·佩雷斯秘密成婚。新郎29岁，是杂技演员。翌年，两人离婚。除了这些多少持续了一段时间的恋情或婚姻，斯蒂芬妮的短暂恋情更是多得数不清。时至今日，天生反骨的她依然我行我素，虽绯闻不断，却仍无固定男友。

和两个公主多次涉婚、多次失败不同，现任摩纳哥元首的阿尔贝完全是另一个类型——至今仍是单身。阿尔贝是一个出名的花花公子，他虽独身至今，但和他有过罗曼史的女人却不计其数，既有像克劳迪娅·希弗、娜奥米·坎贝尔这样的超级名模；也有波姬·小丝、沙朗·斯通这样的女影星；还有像赫斯特媒体帝国女继承人阿曼达·赫斯特、美国前总统小布什的侄女劳伦·布什这样的名门之后；甚至还有猫王的女儿莉莎·玛丽·普莱斯利。

阿尔贝二世

阿尔贝十分爱好体育，曾3次代表摩纳哥的雪橇队参加奥林匹克运动会。许多人曾以为他也会同他父亲一样娶一个好莱坞明星，因为他结交过好几个女明星，可是后来都没有结果。阿尔贝第一次传出订婚传闻是在2002年。他那时的女友是当年只有22岁的哈佛大学经济系学生艾丽西亚·沃利克，一位撑竿跳女运动员。艾丽西亚的个人最好成绩是4.5米，在美国名列第四。在他们可能会订婚的消息风传之后，这段感情却无疾而终。另一位大家认为阿尔贝最有可能迎娶的女友是加拿大演员塔莎，塔莎和阿尔贝同为体育发烧友和慈善工作爱好者，是十多年的老朋友，其间分分合合。据说老国王兰尼埃三世临终前，拉着阿尔贝的手恳求他赶紧娶了塔莎，以了心愿。但即使如此，阿尔贝最终还是和塔莎分道扬镳。

2006年，阿尔贝终于和南非游泳女将沙琳·威斯托举行了订婚仪式。他们相识于2001年的“马里·诺斯特拉姆游泳锦标赛”上。当时，阿尔贝把一束鲜花送到了沙琳手上，并带着她参观了俯瞰大海的王宫。此后他不仅经常到南非度假，甚至还在开普敦市建立了一个新的领事馆。但自从订婚以来，虽已经四度传出他们可能结婚的消息，却每次都没有结果。所以现在摩纳哥人已经不再猜测他们的太子将来会娶一个什么样的女人了。由于阿尔贝一直是单身，而根据摩纳哥在1918年与法国缔结的条约，摩纳哥大公如果没有儿子继位，这个公国将被法国并吞。因此许多人希望阿尔贝能够改邪归正，负起责任来。王室的发言人拉寇斯特说：“阿尔贝将成为一个很好的太子。”但是也有人认为阿尔贝不如干脆搬到巴黎去过快乐的寓公生活，把国家交给别人治理算了。

另外，阿尔贝亲王虽至今未婚，却已经对外公开承认有两个子女。在他执政刚刚一个月后，经过DNA鉴定，阿尔贝公开承认自己有一名3岁的私生子，是他与多哥航空公司一名漂亮空姐的爱情结晶；2006年6月，真人版《公主日记》在加州上演。一名普通女中学生转身变成了皇室血脉——阿尔贝的私生女。女孩的母亲罗托洛是地产公司的销售员，当年曾是一名女服务员。1991年，她前往法国南部的蓝色海岸度假，与阿尔贝相遇，结下短暂情缘。次年3月4日，女儿出生。根据摩纳哥法律，阿尔贝的两名私生子女虽然具有遗产继承权，却无权继承王位。

从兰尼埃三世到他的三个子女，他们在婚姻上都未获得圆满，使得诅咒之说越发甚嚣尘上。不过，有人认为，正值青春年华、活力四射的兰尼埃三世的孙辈，却有望破除这一家族魔咒。由于来自好莱坞的美丽基因，卡罗琳娜公主的几个孩子个个相貌出众。安德烈王子是卡罗琳娜公主的长子，在摩纳哥的王位继承权上排第三位，他精通法语、德语、意大利语以及英语，在足球、田径和水上运动方面是一把好手。他被评选为当今最为俊美的王子，曾入选美国《人物》周刊的全球最美丽50人

安德烈王子

名单。被誉为王子中的王子。

2004年，安德烈王子在枫丹白露学习时，他的妹妹、摩纳哥公主夏洛特将自己的闺蜜、哥伦比亚首富的千金塔提阿娜介绍给了他。彼时的安德烈王子是一个翩翩美少年，琴棋书画、马术、足球、田径等样样精通，还留着一头文艺女青年最心仪的金色长发，忧郁的双眼中时常流露双子星座男特有的扑朔迷离。射手座的塔提阿娜充分发挥了火相女热情奔放的性格特征，对比自己小一岁的王子发起了热烈的爱情攻势。结果，不出几个月，两人就以情侣的身份出现在了公众面前，2005年的海滩裸体秀引得争议无数。塔提阿娜用实际行动向众人宣告：王子是我的男人！现在，安德烈已经完全拜倒在了塔提阿娜的石榴裙下。相恋近十年，两人还是那么如胶似漆，让那些八卦周刊杂志的记者压根没有“看图说话”的机会。如今塔提阿娜已经是摩纳哥内定的“王妃”。

安德烈和塔提阿娜的感情持久甜蜜，这让公众对这个童话中走出的王子给予了厚望，或许格里马尔迪家族的诅咒到了安德烈王子这一代能够有一个终止，以王子为代表的“格里马尔迪”的年轻一代能否打破笼罩家族头顶700年的情殇魔咒，人们正拭目以待。

相关链接：

四大诅咒

传说中世界“四大诅咒”除了摩纳哥王室的婚姻诅咒外，另外的三个是：

埃及法老诅咒——英国探险家卡那封1923年打开埃及法老王图坦卡门的陵墓后不久死于肺炎和败血症，其后几年内挖掘队有12人离奇暴毙，人们相信是因为法老王向骚扰陵墓的人下了死咒。

成吉思汗咒语——成吉思汗陵墓位置700多年来一直成谜，传说陵墓得咒语保护，不会被人发现。但近些年，不断有考古专家爆出陵墓的“可能”位置。

肯尼迪家族诅咒——美国前总统约翰·肯尼迪和弟弟先后遇刺身亡，哥哥小约瑟夫死于轰炸机意外，而儿子小约翰又死于空难。有传闻说肯尼迪的父亲于1937年得罪了犹太教士，被诅咒家族中的所有男丁都要交上噩运。

格蕾丝·凯莉

格蕾丝·凯莉

好莱坞历史上十大电影女神之一。她出生在美国费城的一个富裕人家，从小就立志要成为一名女演员。1947年高中毕业后，凯莉独自前往纽约去碰碰运气，起先她是T型台上的模特，1949年她终于得以在百老汇的舞台上演出，在这一时期还拍过电视剧。后来由于不满在纽约的工作，凯莉去南加州寻找更多的机会。曾经主演的电影《电话谋杀案》、《捉贼记》、《后窗》等均取得非常优异的成绩，更凭借《乡下姑娘》成为奥斯卡影后。1956年，凯莉邂逅、相恋并最终嫁给了摩纳哥亲王雷尼尔，他们的婚礼排场盛大，成为二十世纪最为人称道的婚礼之一。成为了王妃后，凯莉曾希望能主演希区柯克的电影《艳贼》，但遭到摩纳哥人民反对，而她之前拍摄的电影也被雷尼尔宣布在摩纳哥禁放。凯莉只好放弃电影事业，转而热心于公众及慈善事业，并育有两女一子，广受国民爱戴。1982年9月14日，53岁的凯莉在一次车祸中不幸去世。

不结婚会亡国

摩纳哥和法国在历史上有着很深的渊源，摩纳哥曾被法国吞并，但于1861年恢复独立并且受到国际条约保护。法国负责保护摩纳哥的独立、主权和领土完整，如今摩纳哥政府中相当于总理的国务部长仍是由法国任命的。1918年，法国关注到摩纳哥当时的王位继承人路易仍然独身，担心他日后驾崩时，摩纳哥王朝会落在身为王位第二继承人、德国王子乌拉赫公爵手中。于是和摩纳哥签署协议，规定一旦摩纳哥的君主没有直属后裔，摩纳哥便须再次并入法国。